高校“一站式”学生社区建设的理论与实践

马 洁 著

西安交通大学出版社
XI'AN JIAOTONG UNIVERSITY PRESS

内容提要

当前，高校"一站式"学生社区建设在理论层面需要填补研究空白、丰富完善，在实践层面需要总结经验、优化机制。本著作首先以高校"一站式"学生社区建设的价值意蕴为逻辑起点，继而通过理论审视和政策演进两个层面分析高校"一站式"学生社区建设的功能、模式和演进，随后梳理了国内部分省市高校（北京、上海、浙江、陕西地区高校等）的实践探索，然后采用调查问卷、深度访谈等方式，以陕西高校为例查摆现阶段高校"一站式"学生社区建设还存在的现实问题，同时借鉴国外高校学生事务及公寓管理模式的先进经验，最后提出推动高校"一站式"学生社区建设的优化机制。

本书既可以为思想政治教育工作实践者提供借鉴，也可以作为思想政治教育专业或者教育学相关专业的教学参考用书，还可以作为从事思想政治教育或相关专业理论研究者的理论参考书。

图书在版编目(CIP)数据

高校"一站式"学生社区建设的理论与实践 / 马洁著
. — 西安 : 西安交通大学出版社, 2023.10
ISBN 978 - 7 - 5693 - 3397 - 8

Ⅰ. ①高… Ⅱ. ①马… Ⅲ. ①高等学校—学生—社区建设—研究 Ⅳ. ①G647.4

中国国家版本馆 CIP 数据核字(2023)第 163149 号

书　　名 高校"一站式"学生社区建设的理论与实践
GAOXIAO YIZHANSHI XUESHENG SHEQU JIANSHE DE LILUN YU SHIJIAN
著　　者 马　洁
责任编辑 王建洪　袁　娟
责任校对 史菲菲
装帧设计 伍　胜

出版发行 西安交通大学出版社
（西安市兴庆南路 1 号　邮政编码 710048）
网　　址 http://www.xjtupress.com
电　　话 (029)82668357　82667874(市场营销中心)
(029)82668315(总编办)
传　　真 (029)82668280
印　　刷 西安五星印刷有限公司

开　　本 720mm×1000mm　1/16　**印张** 14　**字数** 223 千字
版次印次 2023 年 10 月第 1 版　2024 年 5 月第 1 次印刷
书　　号 ISBN 978 - 7 - 5693 - 3397 - 8
定　　价 98.00 元

如发现印装质量问题，请与本社市场营销中心联系。
订购热线：(029)82665248　(029)82667874
投稿热线：(029)82665379
读者信箱：xj_rwjg@126.com

序　言

党的二十大报告明确指出:“育人的根本在于立德”。

《教育部等八部门关于加快构建高校思想政治工作体系的意见》(教思政〔2020〕1号)明确指出,要健全立德树人的体制机制,在管理服务体系中要推动“一站式”学生社区建设。《教育部2022年工作要点》指出:“推进‘一站式’学生社区综合管理模式,实现对1000所左右高校有效覆盖。”可见,打造富有中国特色、贴近学生实际的“一站式”学生社区建设既是落实三全育人的需要,也是高校人才培养和管理服务工作的重要改革方向。

当前,高校“一站式”学生社区建设在理论层面需要填补研究空白、丰富完善,在实践层面需要总结经验、优化机制。本著作首先以高校“一站式”学生社区建设的价值意蕴为逻辑起点,继而通过理论审视和政策演进两个层面分析高校“一站式”学生社区建设的功能、模式和演进,随后梳理了国内部分省市高校(北京、上海、浙江、陕西地区高校等)的实践探索,然后采用调查问卷、深度访谈等方式,以陕西高校为例查摆现阶段高校“一站式”学生社区建设还存在的现实问题,同时借鉴国外高校学生事务及公寓管理模式的先进经验,最后提出推动高校“一站式”学生社区建设的优化机制。

本著作尝试在如下两个方面有所突破:

一是在研究的理论性和实践性相结合方面有特色。本书是关于高校“一站式”学生社区建设的理论和实践相结合的一本著作,既对高校“一站式”学生社区建设进行了理论阐释,也对现有国内大学“一站式”学生社区建设的实践样本进行了系统梳理和归纳总结。

二是在高校“一站式”学生社区建设优化机制方面以问题为导向进行实证研究并提出对策建议。当前,高校“一站式”学生社区建设在实践层面需要总结优化,在理论层面需要反思提升。本著作采用实证方法能够梳理出当前高校“一站式”学生社区建设存在的问题,并提出了相应的建议。相对于其他不成体系的介绍性、经验式著作,本著作以其深刻性和启发性,对高校“一站式”学生社区建设进行了全新的思考和诠释。

由于时间有限,书中难免存在不足之处,恳请广大读者提出宝贵意见。

著　者

2023年7月

目　录

第一章　高校"一站式"学生社区建设的价值意蕴

"一站式"学生社区，是高校依托书院、宿舍等学生生活园区，探索学生组织形式、管理模式、服务机制改革，推进党团组织、管理部门、服务单位等进驻社区开展工作，将园区打造成为集学生思想教育、师生交流、文化活动、生活服务于一体的教育生活园地。高校"一站式"学生社区建设，是深入学习贯彻习近平总书记关于教育的重要论述，提升新时代高校党建和思想政治工作系统化、精细化水平的重要改革举措，有着丰富的价值内涵和实践意义。

第一节　高校"一站式"学生社区建设的内生价值

一、高校"一站式"学生社区建设的缘起

(一)"一站式"学生社区的释义

"社区"(community)一词源于德国古典社会学家滕尼斯，他在《共同体与社会》一书中将 community 理解为具有共同生活方式、共同信念与情感维系的共同体关系，后又有学者从价值认同的维度予以研究。"社区"一词作为外来词汇传入我国始于 20 世纪 30 年代，由费孝通等学者翻译并引入国内。我国官方文件中第一次使用社区的概念是在 1986 年，由民政部提出开展"社区服务"。"社区"一词在《现代汉语词典》第 7 版中的释义为:"①在一定地域形成的社会生活共同体;②我国城镇按地理位置划分的居住区"。目前对"社区"相对统一的定义是:聚居在一定地域范围内的人们所组成的社会生活共同体。一般来说，"社区"包括两个主要要素，即一定的居民数量和一定的范围地域。

"学生社区"，顾名思义可理解为"聚居在学校内的学生所组成的学习生活成长共同体"。学生社区是高校的基本组成单元，是有效开展大学生思想政治教育的重要场域。学生社区为学生提供安全、舒适的环境，学生可以与来自不同背景和文化的同学交往，互相学习，发展友谊，使他们能够专注于学习和个人成长。

"一站式"学生社区，是为学生提供全方位服务的生活成长共同体空间，通常以学生的共同生活区域为基础，通过整合各种服务、资源和管理力量，为学生提供便利的信息交流、资源分享和支持服务，具有综合性、集中性、全方位、一体化的服务

优势，旨在满足学生在学习、生活等方面的需求，促进学生个体的全面发展和群体的共同成长。

（二）“一站式”学生社区产生的时代背景

高校“一站式”学生社区的产生有着深刻的时代背景，具有鲜明的问题意识和明确的目标导向。

1. 教育环境的变化

随着高等教育的发展，学生对于教育环境的需求在不断变化。近年来，我国高校不断推动“大类招生”“学分制”“宽口径培养”“卓越人才培养”等教育教学改革，这在一定程度上弱化了班级、党（团）支部、年级等传统组织模式的教育服务功能。传统的宿舍管理模式已经无法满足学生的需求，学生需要更加个性化和多元化的服务和管理模式，诸多高校纷纷建立起“大学生事务中心”“学生社区”等形式多样的“一站式”学生服务机构。

2. 学生需求的变化

现代大学生对于生活和学习环境有着较高的要求，他们希望能够在学校中拥有更多的学习机会和更好的生活品质，“一站式”学生社区的建设能够满足学生的多元化需求，提供更加便捷和高效的服务。

3. 社区管理模式的创新

学生社区是学生容易产生各类问题、矛盾纠纷的空间，是维护校园安全的重要场域。传统的公寓管理模式已经无法适应现代教育的需求和学生多元的诉求，需要引入更加先进的共同体管理理念和智能化技术手段，“一站式”学生社区的建设能够实现管理模式的创新，提高管理效能。

4. 思想政治教育的发展

高校思想政治教育工作需要不断创新和发展，以适应时代的需求，“一站式”学生社区的建设为思想政治教育提供了更广阔的场域和更深入的实践机会，提升思想政治教育的亲和力和针对性。教育者可依托学生社区内的育人空间，与学生进行个性化、精准化的情感交流互动，让学生“足不出户”接受思想解惑、心理解压、学习解困、生活解难、就业解忧，全身心为学生成长成才保驾护航，实现学生八小时以外思想政治教育的不断线。

在新时代背景下，高校学生社区功能已由单一生活功能不断向综合功能拓展，已成为大学生延展交流交往交融、朋辈互助彼此成长、创新思想政治教育的育人新阵地。

二、高校"一站式"学生社区的价值内涵

(一)以价值引领彰显立德树人的时代性

党的二十大报告指出,"教育是国之大计、党之大计。培养什么人、怎样培养人、为谁培养人是教育的根本问题。育人的根本在于立德。全面贯彻党的教育方针,落实立德树人根本任务,培养德智体美劳全面发展的社会主义建设者和接班人。"这就要求高校要坚持落实立德树人根本任务。加强学生思想引领是落实立德树人根本任务的重要途径。高校"一站式"学生社区为学生提供了更全面的思想引领,通过丰富多彩的活动和多元化的交流平台,引导学生树立正确的世界观、人生观和价值观。

有研究者认为,大学生社区是"提升大学生社会能力的'第一社会',是培育大学生良好习惯的'第二家庭',是形塑大学生健全人格的'第三课堂'"(杨爱华,2021)。学生社区对于大学生的习惯培育、价值观形塑、人格养成的影响是潜移默化的,良好的宿舍生活环境有利于形成优良学风,避免各类学生矛盾的发生。同时,学生社区也是把握意识形态工作主导权和话语权、筑牢意识形态思想防线的重要阵地。因此,"一站式"学生社区对于传承大学精神、培育和践行社会主义核心价值观、坚定"四个自信"具有积极的意义,是以立德树人为根本、培育德智体美劳全面发展的社会主义建设者和接班人的本质要求。

(二)以"教育即生活"的理念体现"三全育人"的实效性

美国哲学家、心理学家和教育家约翰·杜威提出"教育即生活"的理论,强调教育应融入日常生活,教育是生活的根本,而生活则是教育的中心。我国著名教育家陶行知也提出了"生活即教育""社会即学校"和"教学做合一"等一系列创新的教育理论和教育方式。"教育即生活"的理论对现代教育产生了深远的影响,推动了教育内容、方式和目标的变革与发展,使我们开始重新审视教育的本质与价值,思考如何更好地满足学生的需求和促进其全面发展。

"一站式"学生社区在很大程度上体现了"教育即生活"的理念,强调教育与社会生活、学生生活之间的紧密联系,认为教育不应该脱离现实生活,而应该与生活紧密相连。一是,学生社区为学生提供了一个现实生活的环境。学生不仅在课堂上学习知识,而且在日常生活中也接受教育。学生社区鼓励学生参与各种活动,与他人交往,解决生活中的问题,从而培养其社交技巧、独立思考与解决问题的能力。社区环境有助于学生更好地理解和应用他们在课堂上学到的知识。二是,学生社区提供了多元化的学习机会。学生社区为学生提供了与不同背景、不同文化的个体和群体交流的机会,有助于培养学生的跨文化意识和全球视野。三是,学生社区

促进了学生的个人发展。在社区中，学生可以发展自己的兴趣爱好、发掘自己的潜能，同时也可以了解自己的优势与不足。四是，学生社区是一个安全、舒适的生活环境，学生在此可以得到关心和支持，感受到家的温暖。这种环境有助于学生的身心健康发展，为其未来的生活和事业发展打下坚实的基础。因此，学生社区在诸多方面体现了“教育即生活”的理念，为学生提供了与现实生活紧密相连的学习环境，学生可以更好地发展自己的潜能，培养自己的综合素质，为未来的成长做好准备。

“一站式”学生社区“寓教育于生活”中，在形成“三全育人”格局方面发挥了重要作用。它通过整合校内外资源，建立全员、全过程、全方位育人的工作机制，为学生的成长提供了支持与服务。首先，全员育人方面，高校“一站式”学生社区汇聚了校内外的教育力量，包括教师、辅导员、行政人员、校友等，形成了一个强大的育人团队，通过共同参与学生的教育和管理，实现了全员育人的目标。其次，全过程育人方面，高校“一站式”学生社区关注学生的全链条成长过程，从入学到毕业，提供一系列有针对性的服务。通过提供学业指导、职业规划、心理咨询等服务，帮助学生解决学习和生活中遇到的问题，促进学生的全面发展。最后，全方位育人方面，高校“一站式”学生社区通过管理、服务人员下沉一线社区，把党员领导干部力量、管理力量、教育力量、服务力量等压实到学生中间，把各类育人要素、育人资源等聚集起来，利用开展主题教育活动、组织社会劳动实践、推进校园文化建设等多种途径和形式，培养学生的综合素质与社会责任感，对学生进行全方位的浸润式教育。

（三）以力量协同提升管理服务的质效

力量协同是指高校在学生社区的建设中整合各种力量，形成协同效应，共同为学生提供优质的服务，既包括学校内部的各个部门、教师、辅导员、学生组织等各种力量的协同，也包括学校外部的政府、企业、社会团体等力量的协同。“一站式”学生社区建设以多元主体的力量协同为重点，结合各校实际和学生特点，因地制宜持续推进组织机制化、教育场景化、管理网格化，打造贴近学生需求的社区综合管理模式，不断创设共建共享的校园环境。

力量协同是实现学生社区有效管理和服务的关键因素和重要保障。高校党委通过选聘校院领导干部、党政人员、辅导员与专业教师等担任学生社区楼长、层长、兼职辅导员、学业导师、生活导师、生涯导师等，将各类力量下沉社区，建立社区内外、校园内外联动体系，督促多元主体践行“一线规则”，以社区建设实效检验育人成果。通过各方力量的协同建设，学校能够更加全面、真实地了解学生的生活情况，帮助学生解思想之困、学业之惑，不断提高学校的管理效率和服务水平。

(四)以生为本提高学生“四自”能力

“教育即生活”的理念强调教育要与生活紧密相连,教育的内容应该更加贴近现实生活,这意味着教育更应该关注学生的实际需求,将学生所面临的问题和情境纳入教育内容中,使学生更好地理解和应对现实生活中的各种挑战。以学生为中心,提高学生“四自”能力,是高等教育的重要目标之一。所谓“四自”能力,即自我教育、自我管理、自我服务、自我发展的能力。学生社区是学生学习生活的重要场所。“一站式”学生社区的建设,是在宏观主导下通过间接、内隐的学校活动使学生不知不觉地受到影响的教育过程,是重视发挥学生主体作用、鼓励学生自觉参与社区治理建设的过程,是不断促进学生提升“四自”能力的过程。

自我教育能力,即学生能够自主地接受正确的思想观念和道德规范,自觉地提高自身的思想道德素质的能力。学生是教育的主体,应该积极参与其教育过程。“一站式”学生社区建设,实现教育目的于日常生活中,渗透教育过程于学习生活间,以“潜移默化”“润物无声”的方式对学生的思想、观念、价值、道德、态度、情感等产生影响,注重激发学生主观能动性,激发学生主动探索、思考和创新,尊重学生的个性差异和兴趣爱好,以培养学生的自主学习和终身学习的能力。

自我管理能力,即学生能够有效地利用时间和资源,自主规划和管理自己的学习和生活的能力。在社区的隐性教育中,通过营造良好的校园文化氛围,潜移默化地影响学生;通过制定合理的规章制度、提供学习资源和生活服务等显性教育的方式,培养其良好的思想品德和行为习惯,引导学生自我管理,提升其自我约束能力。

自我服务能力,即学生能够积极参与社区劳动、社会公益活动,自主地为社会和他人提供服务的能力。“教育即生活”的理念强调实践和应用的重要性,认为学生应该通过实践来学习和掌握知识。“一站式”社区的建设,注重应用教育,通过组织志愿服务、劳动实践等方式鼓励学生主动参与各种活动,以提高学生的实践能力,培养其社会责任感与奉献精神。国务院在《关于全面加强新时代大中小学劳动教育的意见》中,对新时代劳动教育的基本内涵做了解释:“劳动教育是国民教育体系的重要内容,是学生成长的必要途径,具有树德、增智、强体、育美的综合育人价值。实施劳动教育重点是在系统的文化知识学习之外,有目的、有计划地组织学生参加日常生活劳动、生产劳动和服务性劳动,让学生动手实践、出力流汗,接受锻炼、磨炼意志,培养学生正确劳动价值观和良好劳动品质。”同时,提出要倡导学生深入城乡社区、公共场所等参加志愿服务,开展公益劳动,参与社区治理。高校学生社区是在校园内的一个具有较完整社会功能的特殊社区,为学生提供必要的学习生活条件和舒适环境,是校园内开展社区劳动和自我服务的最佳实践基地。

自我发展能力,即学生能够自主地发掘自身潜力,提高自身综合素质的能力。在学生社区中,通过开展个性化教育、提供多元化的学习和发展机会,可引导学生自我发展，培养学生的创新思维和探索精神。同时，学生可以在社区内相互交流思想、分享经验，提升其创新思维、批判性思维和解决问题的能力及团队合作精神，以自我发展促进彼此共同成长。

第二节　高校“一站式”学生社区建设的实践意义

教育的目标是培养具有创新精神和实践能力的人才。建设富有中国特色、体现教育目标要求、贴近学生实际的“一站式”学生社区，已成为新时代高校人才培养工作的重要改革方向和实践要求。

一、以党建引领为遵循，推进高校思政工作质效提升

党的十八大以来，习近平总书记高度重视高校思想政治工作，发表了一系列重要讲话。2016 年，习近平总书记在全国高校思想政治工作会议上指出，推动高校思想政治工作改革创新，“要遵循思想政治工作规律，遵循教书育人规律，遵循学生成长规律”。2017 年，中共中央、国务院印发的《关于加强和改进新形势下高校思想政治工作的意见》指出，“坚持党对高校的领导。落实全面从严治党要求，把党的建设贯穿始终，着力解决突出问题，维护党中央权威、保证党的团结统一，牢牢掌握党对高校的领导权”。“要强化思想理论教育和价值引领。”“把思想价值引领贯穿教育教学全过程和各环节，形成教书育人、科研育人、实践育人、管理育人、服务育人、文化育人、组织育人长效机制。”2018 年习近平总书记在全国教育大会上强调，“思想政治工作是学校各项工作的生命线……要把思想政治工作做在日常、做到个人。”习近平总书记发表一系列重要讲话，提出一系列明确要求，深入回答了事关高校党的建设和思想政治工作的方向性、根本性问题，是推进做好高校学生党建和思政工作的根本遵循。“一站式”学生社区建设正是以高质量的党建为引领，在管理育人和服务育人中将习近平新时代中国特色社会主义思想融入学生成长和生活全过程，始终坚持党的领导核心地位，确保思想政治教育工作始终沿着正确的方向前进。

（一）加强党的领导

高校不断加强学生社区党的政治建设、思想建设、组织建设，把学生社区打造成宣传贯彻党的创新理论、加强党的领导的坚强堡垒。高校党委加强对“一站式”学生社区建设的领导，建立健全组织机构，明确工作职责和任务，协调党委领导、学生工作部门、团委、辅导员等各方力量，形成合力，共同推进工作。学生社区通过发挥“党员先锋岗”“党员工作站”等示范引领功能，通过开展各种形式的活动，如主题党课、团日活动、社会实践等，建设彰显特色的学生社区党建品牌，增强学生的思想政治觉悟和道德品质，引导学生树立正确的世界观、人生观和价值观，推动党的建

设与立德树人深度融合。

(二)体现思政教育的亲和力

2005年第14次全国高校党的建设工作会议要求，要积极探索在学生公寓、学生社区和学生社团中间建立党组织，不断创新党的组织设置形式。2020年，中共中央组织部、中共中央宣传部《关于加强高校党的政治建设的若干措施》指出，“着眼党建和思想政治工作对青年学生全员全息覆盖，实施‘一站式’学生社区综合管理模式改革”。近年来，高校在学生社区中建立党团组织，实现对楼宇楼层的全覆盖，安排学生社区党组织与职能部门结对共建，深入开展政治理论学习、党员教育发展等工作。同时，不断创新党建活动方式方法，采用线上与线下相结合的方式，利用互联网和新媒体技术，开展形式多样的教育活动，增强学生的参与感和获得感。

“一站式”学生社区打造浸润式、体验式、立体式的思政教育平台，增强新时代思政教育的引导力与感召力，顺应教育场域的变化，提升育人工作的温度，把思政教育做到学生的心坎上。学生社区承载着思想引领、学习指导、心理教育、生涯规划、实践锻炼、生活服务等功能，将育人力量汇入学生社区、育人平台建在学生身边、育人素材融进学生实践，实现理论和实践教育相统一、显性和隐性教育相统一，在学生社区上好“大思政课”。学生社区建设践行“一线规则”，将重心落实在一线、把问题化解在一线，把准学生工作的真实脉搏，摸清学生成长的实际问题，开展全场域、全时区的思政教育，不断提升思政教育的亲和力和针对性。

二、以服务下沉为抓手，推进高校治理体系和治理能力现代化

“一站式”学生社区，旨在形成网格化管理、精细化服务、信息化支撑的高校学生社区综合管理模式，推动领导力量、管理力量、思政力量、服务力量下沉到学生中间，不断完善内部管理机制，推动学校改革与发展，进一步推动了现代大学治理体系和治理能力的现代化。

(一)优化管理流程

服务下沉有助于管理者更深入地了解学生的诉求。依托与学生面对面的交流，可以及时发现学生在学习生活中的困惑和难题，为后续的精准服务提供依据。基于对学生需求的了解，管理者可以提供个性化和定制化的服务，能够更加优化学生事务的管理流程，实现学生事务的集中处理与协同管理，有助于减少管理成本，使管理更加高效、便捷和透明。

(二)提高资源使用效率

服务下沉有助于管理者更好地整合和优化资源。通过对学生诉求的回应，通过大数据分析可以更加精准地分配人力、物力和财力，提高资源的使用效率，不仅

可以减少浪费和重复投入，还可以提高学校的整体效益。服务下沉有助于“一站式”学生社区更好地促进信息共享和沟通，通过与学生面对面交流，在社区内及时传递学校的各项政策、通知和活动信息，同时也便于收集学生的诉求建议，以利于提高信息传递的准确性，减少沟通障碍，促进各部门的通力协作。

（三）提升应急管理能力

服务下沉有助于管理者及时发现和应对各种紧急事件和突发事件。通过全面掌握学生动态，对学生的需求进行反馈，社区可以快速响应各种紧急情况，协调各方面的资源力量，保障学生的安全和权益，有助于提高学校的应急响应速度和处置能力，提高治理效能。

三、以信息技术为依托，推进高校教育数字化转型和智能升级

《教育部2022年工作要点》指出，要实施教育数字化战略行动，加快推进教育数字转型和智能升级。“一站式”学生社区利用信息技术，不断实现学生教育管理和服务的转型升级，更好满足了学生成长需求。

（一）建设数字化平台

“一站式”学生社区通过建设数字化平台，将对学生的管理和服务事项整合到一个平台上，让“数据多跑路，学生少跑腿”，实现信息共享、流程优化。数字化平台包括学生信息管理系统、宿舍管理系统、课程管理系统、个人消费系统等，通过数据互通和流程协同，提高工作效率和管理水平。

（二）引入智能化技术

“一站式”学生社区通过引入智能化技术，如人工智能、大数据、物联网等，对有关学生的信息数据进行深度分析和挖掘，为学生提供更加精准和个性化的服务。利用大数据分析学生的学习习惯和需求，为其推荐合适的课程和学习资源；利用物联网技术对学生社区的设施进行智能化管理，提高设施的使用效率和安全性。如全面实施刷脸门禁等，可以在减少人工成本的同时，给予学生较大的“个人自由”；引入无人售货机、无人物流车等，满足学生24小时的生活需求，提升学生的服务满意度。在网络时代，更注重“网络虚拟”空间的建设。随着“00后”成为高校的主体，行为偏差与矫正等日常显性管理问题容易被发现，但“虚拟空间”上部分学生的活跃言论及行为较以往更具隐蔽性、短平快等特征，其所引发的舆情造成的影响也是巨大的。利用智能化技术，可以及时发现并采取有效手段避免偏差性言行所引发的舆情。通过线上线下融合的方式，还能为学生提供更加全面和便捷的服务，利用线上平台发布各类通知和活动信息，方便学生获取；同时结合线下实体社区，开展各种形式的交流与互动，可增强学生的归属感和参与感。

(三)建立反馈机制

“一站式”学生社区利用信息化技术，掌握学生学习生活状态，为学生全息画像，并及时收集学生的意见建议，建立“接诉即办”机制和反馈机制，不断改进和优化数字化平台和智能化技术的应用。通过定期开展网络学生满意度调查、设立意见箱、线上评价等方式，鼓励学生积极参与社区建设和管理工作，提高数字化服务质量和水平。

四、以安全稳定为底线，打造新时代高校版“枫桥经验”

“枫桥经验”是党领导人民创造的一整套行之有效的社会治理方案，是我国社会主义治理体系的重要内容。《教育部思想政治工作司 2023 年工作要点》提出：“全面推进高校‘一站式’学生社区建设”“提升党建引领学校基层治理水平，打造新时代高校版‘枫桥经验’”。“枫桥经验”坚持以人民为中心，强调构建人人有责、人人尽责、人人享有的社会治理共同体，不断提高群众的获得感和安全感。“一站式”学生社区，运用整体性和系统性思维整合学生社区资源，将社区安全纳入高校安全稳定全局，利用信息赋能拓展育人功能，有效提升高校防范风险的安全水平。

(一)建立完善的安全管理体系

学生社区以宿舍为基本单元，建立健全“社区-楼宇-楼层-宿舍”的“四级网格化”安全管理体系，明确安全管理职责和流程，制定完善的安全管理制度和应急预案。通过对学生社区进行定期安全检查、隐患排查和整改措施，确保学生社区的安全稳定。通过开展安全知识讲座、组织应急演练等形式，加强学生社区的安全教育宣传，提高学生的安全意识，增强学生自我防护的能力。

(二)建立矛盾调解机制

在学生社区建立矛盾调解机制，及时发现和解决学生之间的矛盾与纠纷。通过设立调解委员会、建立调解工作室等形式，为学生提供调解和服务，化解矛盾纠纷，维护社区的和谐稳定，真正形成“依靠学生、预防纠纷、化解矛盾、维护稳定、促进发展”的高校枫桥新经验。

(三)打造平安校园文化

“一站式”学生社区通过信息沟通与反馈工作，及时了解学生的需求和意见，积极回应学生关切和诉求。通过定期召开学生座谈会等形式，加强与学生的沟通交流，在信息反馈中积极开展平安校园建设，通过平安校园主题活动等形式，增强学生的归属感和凝聚力，营造“平安不出事、矛盾不上交、服务不缺位”的校园文化氛围。

第二章 高校“一站式”学生社区建设的理论审视

理论审视是支撑学科知识体系建构的重要基石。高校“一站式”学生社区建设同任何其他课题研究一样，没有理论基础作为研究的坚强后盾，就难以建立起宏观的知识体系大厦。回望过去，高校思想政治教育历来为国家所重视，开展了一系列富有成效的工作实践，形成了系统全面的高校思想政治教育理论。今天，在新形势下推进建设高校“一站式”学生社区，分析高校“一站式”学生社区的建设目标与功能定位，构建高校“一站式”学生社区的内核体系，从多维角度审视高校“一站式”学生社区建设的发展，具有十分重要的理论意义。

第一节 高校“一站式”学生社区的理论释义

一、人的全面发展的理论

（一）人的全面发展的理论的释义

人的全面发展理论本身有其漫长的概念史和学术史；在不同的历史阶段，人们对于人的全面发展的认识和需求不同，社会对人的全面发展的资源供给和支撑保障也不尽相同（孙元涛 等，2023）。在思想史上，人的发展或人的全面发展或隐或显地贯穿于众多思想家的研究主题之中，形成了极强的历史穿透力。但在众多思想家的理论图谱中，唯有马克思科学地、彻底地解释了人的全面发展的理论内涵，论证了其实现路径。由于马克思在其整个理论探讨中都以这个主题为轴心，但没有集中统一论述，也没有明确的定义，因此关于马克思“人的全面发展”思想的内涵并未获得一致见解，解读方式有多种。

尽管对于马克思人的全面发展的理论内涵尚存分歧，但是回归到经典文本中，抛开其差异性，可以发现在基本规定、基本问题和基本因素上，马克思的界定是一贯明确和一致的：人的全面发展的基本规定，是人的潜能的全面充分发展、丰富和完善；人的发展的基本问题是“类”与个人发展的矛盾。人类作为整体的发展与各个个人的发展在什么条件下是一致的、在什么条件下是冲突的，取决于社会关系，取决于“类”和“个人”之间的中间组织形式。人生活在社会之中，也就是生活在各种组织之中；人趋向全面发展的程度取决于生产方式；人的全面发展是马克思经过严密科学论证的共产主义社会中人的基本状态。在未达到共产主义社会之前，作为价值理念，它是全人类共同价值的根基，是全人类共同价值体系的落脚点。因此，在理论上，人的全面发展是人的本质力量的全面发展和充分发挥（尹庆双 等，2023）。

人的全面发展是“人以一种全面的方式，也就是说，作为一个完整的人，占有自己的全面的本质”。“生产劳动同智育和体育相结合，它不仅是提高社会生产的一种方法，而且是造就全面发展的人的唯一方法。”马克思不仅回答了何谓人的全面发展的问题，而且提出了造就人的全面发展的方法，这些思想与其关于人的本质的思想有着内在的一致性。他指出了人的本质是“具有丰富的、全面而深刻的感觉的人”，在其现实性上是“一切社会关系的总和”，“人的类特性恰恰就是自由自觉的活动”等关涉人的主体需求、社会关系、自主实践的观点。

人的全面发展的理论的核心思想是实现人的自由全面发展，包括五个方面：

1. **人的需求的全面发展**

马克思认为，人的现实需要的结构反映着人的生活方式的性质和人的发展水平。人的需求是多方面的，包括物质需求、精神需求、社交需求、自我实现需求等。在人的全面发展中，应该充分满足人的各种需求，促进人的需求的多样化与全面发展。

2. **人的劳动的全面发展**

劳动是人类的本质，也是人类生存和发展的基础。马克思指出，要实现人的劳动的全面发展，使劳动成为一种自由自主的活动，成为人们实现自我价值、创造幸福生活的手段。

3. **人的能力的全面发展**

马克思、恩格斯关于人的全面发展思想中，特别强调了个人能力的全面发展。人应该具备多种能力，包括体力、智力、社交能力、创造力等。在教育和社会发展中，应该注重培养人的多种能力，使人能够适应多种社会角色和职业要求，成为全面发展的优秀人才。

4. **人的社会关系的全面发展**

人是社会性动物，人的本质在于其社会性。在人的全面发展中，应该注重发展人的社会关系，使人能够与他人建立广泛、平等、和谐的关系，积极参与社会生活和公共事务，增强社会责任感与公民意识。

5. **人的个性的全面发展**

每个人都有自己的独特个性，人的个性应该得到充分的发展。在人的全面发展中，应该尊重人的个性差异，鼓励人们发展自己的兴趣爱好和特长，培养具有创新精神和创造力的人才。

(二)人的全面发展的理论视阈下高校“一站式”学生社区建设的逻辑理路

思想政治教育以人作为出发点和落脚点,实现人的全面发展是马克思主义理论的核心内容,也是思想政治教育的目标。人的本质是一切社会关系的总和,社会关系决定着人的发展的广度与深度,全面发展的人必然伴随着社会关系的全面发展,而社会关系的全面发展也必然导致人的全面发展。高校“一站式”学生社区的内涵,正是马克思主义视域下“人的全面发展”载体的构建,通过建构人本化、集约化的社会关系,以此促进学生自由全面的发展。

1.“一站式”学生社区是促进学生全面发展的关系共同体

人的全面发展理论,强调人的知识、能力、情感、品德等多方面素质的全面提升,也提倡人与人之间的和谐相处。马克思认为,“个人间的联系”“团结一致”“共同活动”都是决定人实现自由全面发展的必要基础。因此,摆脱个体主义的发展取向,迈向和谐共享、团结共生是实现人的全面发展的必要选择。在新时代,高校大学生的全面发展应克服马太效应,超越零和博弈,倡导彼此玉成的协同发展理念。“一站式”学生社区是促进人的全面发展的社会基础组织共同体,这一关系共同体是以价值共同体和实践共同体为连接纽带建立而成的。在学生社区的场域内,一方面,通过整合各类资源和提供多样化的教育服务,来促进学生的综合素质发展,其全面发展表现在物质与精神的需求、个体与他者协同发展、自我异化的扬弃,表现在与主体需求、师生关系、自主实践形成一定的共振;另一方面,通过文化建设营造良好的社区氛围,促进师生之间的交流与互动,构建和谐共享的社区。

2.“一站式”学生社区是教育价值实现从“用人”到“为人”迭代的生动体现

从马克思关于人的本质的思想出发,新时代大学生的全面发展在主体需求、社会关系、自主实践三个维度呈现出新特征。工业化时代的教育价值,基于服务社会发展需要的功能性谋划,以“开发人力”为培养人的主要目标;现代化时代的教育价值,实现从“用人”到“为人”的迭代。“一站式”学生社区,正是体现从“满足学生”即通过价值引领实现学生精神世界的富足,到“承认学生”即促进学生自我认同与共同体意识的培养的多重功能。

3.“一站式”学生社区是培养学生创新能力与社会责任感的实践场域

人的全面发展理论认为,创新实践是推动人的全面发展的根本动力;人的创新创造能力是衡量人的全面发展的重要标志。学生的全面发展,即是一个不断实践的过程,在实践中主体客体化、客体主体化,主体的全方位的才能和本质力量逐步得到扩展。在高校“一站式”学生社区建设中,需要充分考虑学生不同发展阶段的不同需求,提供个性化的学习支持和生活指导,不断激发潜能,通过组织各类社区活动、志愿服务等实践方式,引导学生关注社会问题,使得其个性获得差异化发展,主体的能动性得到充分发挥,从而不断地趋向全面发展状态,培养学生的社会责任感。

二、自我同一性发展理论

(一)自我同一性发展理论的释义

自我同一性发展理论，是社会心理学领域研究个体人格、所处环境和社会化作用关系的重要理论，是关于个体在社会化过程中，自我意识的独立性、不变性和连续性以及个体与某一群体及其成员之间共有的连带感、价值观、目标追求等形成过程的理论。这一理论强调个体在发展过程中，通过不断探索和整合自己的内在心理和外在环境，形成自我同一性的过程，同时也强调个体在成长过程中，需要不断地探索自我、理解自我、明确自我定位和发展自我同一性，以实现个体的自我认知、自我接纳和自我实现。

自我同一性发展理论是由多个心理学流派和学者提出的，其起源可以追溯到20世纪初期。美国心理学家威廉·詹姆斯在其经典著作《心理学原理》中首次提出了个体的“自我概念”，为自我同一性理论的提出奠定了基础。然而，真正将“自我同一性”作为独立的概念进行探讨的是心理学家埃里克森。他在1950年提出了人格发展的八阶段理论，其中在第五阶段即青春期阶段，个体需要整合自己的过去和未来，以及自己的内在和外在，形成自我同一性，以克服角色混乱的危机。自埃里克森之后，自我同一性发展理论得到了广泛的研究和应用。其中，Marcia 在1966年提出了自我同一性状态模型，根据个体对自我同一性的探索和承诺两个维度，将个体分为四种类型：弥散型、排他型、同一型和自我型。这一模型在当时引起了广泛的关注和讨论，为自我同一性理论的发展做出了重要贡献。随着时间的推移，自我同一性理论得到了进一步的发展和完善。例如，Berzonsky 在1989年提出了自我同一性的动态模型，强调了个体在发展自我同一性过程中所面临的内部和外部挑战，以及自我同一性对于个体适应和发展的重要性。

1993年美国学者亚瑟·齐克瑞提出了“自我同一性发展理论”，认为大学重要的教育目的，不仅是要培养学生的人际交往能力和多元文化理解能力，而且是要让学生构建强大的同一性，即对自我特有的行为方式、喜好、情感、思维模式等具有完整的认知、理解、认同以及整合。此外，还有学者提出了自我同一性的文化模型，强调了文化因素对于自我同一性发展的影响。

近年来，随着研究的深入和应用的需要，自我同一性发展理论也在不断发展和演进。例如，Luyckx 等人于2008年提出了双环模型，将自我同一性的发展分为两个阶段：核心自我同一性的形成和身份认同的建立。这一模型进一步丰富了自我同一性理论，为个体心理发展和辅导提供了更为具体的指导。

总的来说，自我同一性发展理论是一个不断发展和演进的领域，多个流派和学者都为其做出了重要的贡献。这一理论在个体心理发展、教育等多个领域都有着广泛的应用价值，对于个体的发展和成长具有重要的指导意义。

(二)自我同一性发展理论视阈下高校"一站式"学生社区建设的逻辑理路

基于高等院校学生事务管理的实践需求，自 20 世纪六七十年代以来，美国开始借鉴心理学领域关于个体自我发展的相关成果，迅速形成了美国学生发展理论。尤其是 1993 年美国学者亚瑟·齐克瑞的"自我同一性发展"对高校学生工作有较大启发，他提出了大学生发展的七个"向量"(能力提升、情商管理、自立合作、成熟人际、自我同一性建立、目的感培养和品格塑造)、影响学生发展的七大关键因素(院校目标、院校规模、师生关系、课程、教学、同伴友谊与学生共同体、学生发展项目和服务)，以及改进教育实践的七项良好原则(促进师生交流、加强合作互惠、促使积极学习、给予及时反馈、强调按时完成、传达较高期望、尊重智力差异和多样学习方式)所组成的学生发展综合性模型，通过多年的实践和应用，深入理解和描述了学生自我成长的社会性发展。齐克瑞认为，教育工作者需要全面地看待每一个学生个体并且认识到每一个学生的核心价值，因材施教，使之不仅能认知自身的天赋，也能认知其他学生的独特性，并且尊重和欣赏与自身不同的文化。

自我同一性发展理论为我国高校"一站式"学生社区建设提供了重要的理论指导。该理论强调个体在成长过程中，需要不断地探索自我、理解自我、明确自我定位和发展自我同一性，以实现个体的自我认知、自我接纳和自我实现。这一理论有助于高校理解学生发展的需求和过程，从而更好地设计和实施"一站式"学生社区建设。

高校"一站式"学生社区建设是实现自我同一性发展理论的重要途径。自我同一性发展理论将学生个体全面发展、高校育人队伍和育人环境紧密结合，为我国高校"一站式"学生社区建设中的"以人为本与科学管理"提供了新的思路。以自我同一性发展理论审视当前高校"一站式"学生社区建设，可以激发学生自我发展，实现自我与院校发展目标一致。学生社区是高校大学生学习、生活的主要场所，建立"以生为本"的社区治理体系与学生发展息息相关。学生的自我发展涵括由大学期间学生需要掌握的能力、素质、人格三个层面构成的七个向量，同时受到来自学校、教师、学生和社团组织等七个方面的因素影响。通过"一站式"学生社区的建设，高校可以为学生提供更加个性化和全面化的教育服务，满足学生在成长过程中的多元化需求。同时，"一站式"学生社区的建设也有助于营造积极向上的学习和生活环境，促进学生之间的交流与合作，提升学生的社会适应能力和综合素质。

1. 促进学生的自我认知与自我探索

高校通过"一站式"学生社区建设，提供多元化的课程、活动和实践机会，帮助学生认识自己的兴趣、特长、价值观和人生目标，鼓励他们积极参与社区活动，尝试不同的角色和任务，以深化自我认知。同时，引导学生思考自己的未来规划，激发其自我探索精神。

2. 强化学生的自我接纳与自我价值

每个学生都有自己的独特性和价值，学生社区营造一个包容、多元的环境，让学生感受到被接纳和尊重，从而增强自我价值感。在“一站式”学生社区建设中，注重培养学生的自尊心、自信心和责任感，鼓励其积极参与到社区的建设和管理中。同时，在学生社区为学生提供心理咨询和辅导服务，帮助学生解决心理和情感问题，促进他们的心理健康和情感成熟。

3. 推动学生的自我实现与自我发展

高校关注学生的个性化需求和发展潜力，提供多元化的学习资源和支持措施，帮助学生实现自我发展和成长。在“一站式”学生社区建设中，建立有效的支持体系，满足学生的多元化需求，鼓励其发挥自己的特长和创造力。

4. 强化学生的集体归属感与交流合作

高校引导学生关注社会问题和发展，积极参与社区劳动和社会公益活动，培养其社会责任感。在“一站式”学生社区建设中，注重培养学生的社会责任感和集体归属感，鼓励他们为社区的发展做出贡献，同时营造互帮互助的学习和生活氛围。学生社区的空间场域便于加强师生之间的互动交流，建立有效的合作机制，鼓励学生之间的交互学习，促进彼此成长。

（三）基于自我同一性发展理论的高校“一站式”学生社区建设的实践案例

近年来，诸多高校在“一站式”学生社区的建设中体现了自我同一性发展理论的理念，为学生提供了更加个性化和全面化的教育服务，满足了学生在成长过程中的多元化需求。例如，中山大学构建了学生社区服务中心，打造了智慧社区服务体系，提供了一站式的服务，方便了学生的生活和学习；长安大学通过智慧享联赋能，提升了管理服务效能，为学生提供了更加高效和便捷的服务；新疆大学通过技术赋能，建设了“一站式”智慧学生社区，实现了智慧服务和管理，提高了服务质量和效率；西安外事学院完善了智慧服务，助力学生成长，通过提供个性化的学习和发展机会，促进了学生的自我同一性发展。

下面以浙江大学为例进行重点分析。浙江大学在学生社区建设中，注重培养学生的自我同一性，采取了多种措施引导学生认同自我、社区、学校和社会，逐步形成自我同一性。通过引导学生探索自我、认知自我，促进学生的自我实现。

1. 开展自我探索课程和活动

浙江大学开设了一系列自我探索的课程和活动，帮助学生了解自己的兴趣、价值观和优势。通过引导学生深入思考自己的内心世界，使他们更好地认识自我，明确自己的发展方向和目标。抓好低年级学生思考人生的“启蒙期”，通过入学前全覆盖 MOOC 学习、理想信念宣讲团下军训连队宣讲、爱国主义教育将军报告会等方式，紧紧将学生的目光集中到自身思想建设和发展上。推出“马兰精神”社区党员之家、社区“理论学习室和红色放映厅”的一室一厅等党建和思想教育阵地化建设，通过故事再现、影视教学和理论研讨使理想信念教育与主题教育深度融合，更有利于促进学生自我发展目标关注点的集中和升华。建成“红船精神”“到祖国最需要的地方去”“国防教育”等主题化党员之家，举办“在鲜红的党旗下”主题教育活动，引导学生传承红色基因、弘扬爱国精神，勇担青春使命。以榜样文化引领人，通过设立优秀人物展、文化墙等形式，大力宣传“竺可桢奖获得者”“十佳大学生”等身边榜样人物、先进事迹，让身边人讲身边事，以身边人育身边人，传播青春正能量。

2. 打造社会化自我发展环境

浙江大学制订一流学生社区建设方案，划拨2000万元专项经费用于学生生活园区空间改造升级。成立园区学生工作指导委员会，健全院系与园区协同育人工作机制，把解决学生思想问题与解决生活问题等结合起来，着力提升园区育人功能。推出园区“五个一”项目和宿舍“六个一”项目，通过学生和社区之间的联动生态，使学生觉察到自我行为与社区目标的匹配，思考自我目标的存在与缺失、坚定与动摇。通过开展丰富多彩的社区活动，加强学生之间的交流与互动，使他们更好地融入社区生活，同时也有助于形成积极向上的社区氛围。同时，以制度文化管理人，出台园区功能用房使用公约，制订育人空间使用管理规范，成立学生自我管理委员会，推动学生由“要我干”向“我要干”转变，不断提升学生自我管理、自我服务、自我教育、自我监督的能力。浙江大学聚焦“引、助、聚、化”，创新打造“一站式”社区数智育人工作矩阵，通过数据平台赋能精准思政，智慧系统服务学生全面发展。

3. 拓宽学生自我发展路径

自我同一性发展理论在七项原则基础上又提出三个层面的影响原则，其中，在组织文化建设上强调期望目标多样、人才培养多元和学习风格多彩；在课程实践建设上注重学习目标一致性，学习技能实践性和教育经验整合性；在质量指导建设上落实积极学习评估化、及时反馈协作化、任务时间弹性化和师生沟通全程化。浙江大学创建高年级本科生“教练营”制度，请优秀学长进行“一对一”答疑指导，不断挖掘优秀学长发展路径中的积极因素；依托社区可塑的环境体系和规律的活动体系，通过“三全育人”社区学生信息平台建设进行数据协同一体化的建设，通过将党建、课程、学业、生活、体育等模块的数据赋能和联动，以角色视域为切入点，以助人自助为着力点，以数据贯通为支撑点，实现学生发展信息可溯源、学生能力提升可记录、学生成长轨迹可追踪，运用信息管理载体拓展学生自我发展实践路径，实现个人成长现状的多彩展现和自我发展的多样指引。“一站式”社区根据学生综合素质能力水平的动态变化，随时调整社区实践路径的发展目标和实践技能的培养重点；社区内的学生、辅导员、班主任、新生之友、专业导师通过信息平台可定期关注实践效果大数据，及时参与评估和反馈，共同打造社区实践智能决策中心。同时，学院鼓励学生参与学校事务和社会实践，提供多种机会让学生了解社会、服务社会。通过参与学校事务和社会实践，学生更好地了解了学校和社会的发展状况，极大增强了社会责任感与集体归属感。

三、社会工作理论

（一）社会工作理论的释义

社会工作理论是关于社会工作理念、社会工作实践的系统化观点，是由一系列逻辑上相互联系的概念和判断组成的知识体系，包括抽象化的理论知识和作为模式的实践理论。社会工作理论的核心，是有关“人在情境中”的假设，它的理论建构是建立在对这一核心假设的理解上。有学者直接从人与环境的关系出发，将社会工作理论区分为系统视角、问题解决视角、能力和寻解视角、现代批判视角以及后现代视角五种类型。

就“人在情境中”这一核心假设而言，它包括两种完全不同的理论建构逻辑。第一种解释是，关注其中的人，把“人在环境中”理解成人适应环境，这样人也就变成单个的独立体，人的理性分析和思考能力成为人们成长改变的关键，这种理性能力意味着人能客观地理解现实环境的要求，能找到有效适应环境要求的现实办法。与理性相对应的，是人的情绪、感受等感性的部分，它与理性正好相反，来自人们自身的体验，受到人们自身主观偏好的影响，因而需要人们运用理性来控制自己的感性体验。第二种解释是，关注情境，把情境看作是人生活的前提，强调情境是不断变化的，只有在这种不断变化的生活情境中，人们才能够找到成长改变的方向和途径。这样，人的成长改变就与生活情境的变化紧密联系在一起，人根本无法与生活情境割裂开来变成单个的独立体，必须放弃先入为主的理性判断，接纳生活的现实环境，学会融入生活的情境中，就成为人们理解现实环境要求的前提（童敏 等，2020）。

20 世纪末的经济全球化，使人们开始关注文化和知识，由此场景化和多元化成为社会工作实践的关键，多元主体的生活经验感受成为重点。此时的“情”已经转换成多元主体共同参与的日常生活场景，具有了多样性，而此时的“理”也拥有审视差异性经验的功能，让个人独特的生活经验得以彰显。因此，社会工作理论倡导放弃二元对立的思维，推崇多元主体“共赢”（both-and）的差异化的思维。这种情理逻辑拥有了社会建构的理论哲学基础。

（二）社会工作理论视阈下高校“一站式”学生社区建设的逻辑理路

“人在情境中”是社会工作理论的一个重要观点，它强调个人与环境的相互影响和相互作用。这一核心观点见诸社会工作的生态系统理论和心理-社会学派理论内，其理论渊源可以分为两部分，一种是“person-in-environment”，环境倾向代表物理空间,强调宏观或微观空间对个体的影响;另一种是"person-in-situation","情境"更加贴近我们所讲的"人在情境中"的内涵,充分关注"人"的重要意义和"人"的主观感受,以及个体与生活情境内的互动。无论是"environment"还是"situation"的诠释,也都指向了"人"与"环境"的双向互动关系,这一观点与学生社区"人本和科学管理"高度契合,对社会工作与学生社区思政化的协同研究均具有理论与现实价值。

1.学生个人与社区环境的双向互动

一方面,学生作为个体,其行为、心理状态以及个人发展都受到他们所在环境的影响。例如,学生宿舍环境、学校的氛围、学生之间的互动关系等,都会影响学生的心理状态和行为模式。在建设"一站式"学生社区时,需要充分考虑到这些外部环境因素,为学生提供良好的学习和生活环境。另一方面,学生在社区中的行为也会影响到他们所处的环境。例如,学生的行为举止、态度和情感表达等,都会影响到其与其他师生的互动关系,以及整个社区的氛围。在"一站式"学生社区建设中,需要注重引导学生形成良好的行为习惯与价值观,促进社区的和谐与稳定。因此,"人在情境中"理论与高校"一站式"学生社区建设有着密切的联系,这一理论的应用可以帮助我们更好地理解学生与社区的关系问题,并提供更加精准和有效的解决方案,并通过引导学生与环境的互动来促进学生个体和社区整体的共同发展。

2.学生与情境的交融使多元主体共赢

"人在情境中"的理论使高校"一站式"学生社区建设成为一个多元主体共赢的过程,在这一过程中,学生、教师、员工、学校管理层和家长等主体共同参与、协作配合,实现了资源的优化配置和效益的最大化,这不仅有利于提升学生的综合素质,还有助于推动学校和社区的共同发展。首先,学生作为社区的重要主体,其个人发展在"一站式"学生社区中得到充分关注。通过提供个性化的支持和指导,其学术、职业和社交能力得到全面提升,这不仅有助于个人成长,也促使学生更好地适应社会,实现个人价值。其次,教师和员工在"一站式"学生社区中发挥各自的作用,形成协同效应。教师通过参与社区活动,更好地理解学生需求,改进方法,提高教学质量。教职员工则通过提供高效的服务,保障学生社区的正常运转,这种协同作用有助于提升整体的教育水平,实现教育目标。此外,学校管理层在"一站式"学生社区建设中扮演着关键角色,他们需要制定相关政策和措施,为学生提供支持和保障,同时还需要与社区其他利益相关者进行沟通与合作,共同推动社区的发展。这种合作有助于形成良好的教育生态,提升学校的整体竞争力。最后,家长作为学生发展的重要支持者,在"一站式"学生社区中发挥着不可替代的作用。通过与学校、社区的紧密联系,家长能够更好地了解学生的情况,提供必要的支持和帮助,这有助于增强家校之间的信任与合作,促进学生的全面发展。

四、整体性治理理论

(一)整体性治理理论的释义

英国社会科学家佩里·希克斯(Perri Six,原名 David Ashworth)提出的整体性治理,是在新公共管理基础上发展形成的治理模式。希克斯认为,无论是协同性、整体性还是整合或协调,都一直是政府所要追求的目标(Six,2002)。整体性治理的优势在于:以信息技术的创新应用为依托,不仅可以克服"碎片化"管理的困境,还能建立一种多元管理主体全合作关系。因此,整体性治理理论强调领导核心机构对管理过程的控制和协调能力,将多部门的协同办公整合为有机整体。整体性治理,是以解决部门分工和层级分化造成的公共服务与管理中的问题转嫁、目标冲突、沟通缺乏、各自为政、服务性较弱等问题为主要目标,以公民需求为治理导向,以信息技术为治理手段,以协调整合为治理机制,对治理层级、功能、公私部门关系及信息系统进行协调与整合,不断从分散走向集中、从部分走向整体、从破碎走向整合,为公民提供无缝隙的整体型服务的政府治理图式,是对新公共管理模式下功能和服务碎片化的反思与修正,从而形成的一种全新的治理模式。

整体性治理理论进入大学治理的视野,是从信息技术的发展开始的。国内外教育领域信息技术和大数据应用主要体现在教育数据的挖掘、保护、开放和教育应用四个方面,在日常校园事务管理中,具体应用到工作层面中涉及决策管理、学生管理、科研管理等方面。高校运用大数据技术,建构了全新的数据治理平台,其高校治理方式诸如办公实践方式、辅政决策方式、人才需求、管理层级以及信息数据开放程度等也由此发生了一系列转变。比如,梅西大学(Massey University)远程教育的探索,实现了从人工操作场域向智能化空间转变;密歇根大学(University of Michigan)的数据治理体系,推动了辅政决策从单一处理信息向综合智库转变;爱丁堡大学(University of Edinburgh)建立的数字策展中心(DCC),实现了由信息数据各自为政向数据开放共享的转变等。信息技术的快速发展、全球高等教育科技赛道的变化,也为我国高等教育管理数字化转型提供了新的视角与驱动力。

(二)整体性治理理论视阈下高校"一站式"学生社区建设的逻辑理路

整体性治理理论,虽然发轫于西方,但是从其理念、方法以及在我国部分领域的实践检验结果来看,与高校"一站式"学生社区综合管理的目标要求具有一定的内在契合性。在社会治理体系中,高校学生社区综合管理也隶属于公共管理范畴,而且教育部明确提出,全面推进"一站式"学生社区综合管理模式改革,指导院校领导力量、管理力量、思政力量、服务力量下沉到学生中间,加快把高校学生社区打造成为学生党建前沿阵地、"三全育人"实践园地、平安校园样板高地。因此,高校层面需要系统规划、整体协调地推进该项工作,这实际上就是整体性治理理论在高校应用的实践体现。无论从理论应用的范畴,还是该理论产生的问题背景,整体性治理理论在高校学生社区综合管理方面都具有较强的适用性。

1.“一站式”学生社区建设的大数据思维,体现了“整体性治理理论”的适用性

学生社区建设所面临的环境亟须一种“整体性治理”的观照视野。“整体性治理”即指“数字治理时代”必须以整体视角为导向,兼顾全面的需求结构,并且涉及高校如何进行整合,以此实现学生社区建设的数字化。大数据思维与“整体性治理理论”相契合,其无缝对接、整合多个治理主体之间的目标、手段及执行路径,从而建立更为高效、便捷的科学之路。大数据技术的普及,促使学生社区建设的数字化与管理理念、管理目标和管理手段进行理论与实践的双重接轨,主要体现为以服务为理念、以实现学生自我价值为目标、以预测为手段的数据核心竞争态势。

大数据在学生社区管理系统中,呈现出学生数据采集和分析、学生行为模拟、实时协同输出等表征,促使学工部门、后勤人员主动服务学生,提升系统智能性,帮助学生更便捷地进行必要的诉求申请与填报,转变为“获取→处理→使用→服务→反馈→评估”的用户逻辑。如果大数据平台提供的画像信息与记录,能够判定学生诉求符合高校某项服务的条件,那么学校管理部门可以主动代学生进行服务申请,提前进行程序审批;如果学校管理部门根据画像信息预测出学生最近的学习与生活需求,那么就可在资源到位的情况下主动将资源服务推送给学生和二级学院。

整体性治理理论的应用,使信息化时代的学生社区管理“数字化转型”势在必行。这一理论能够引导学生社区管理层领导以提高服务效能为核心,从自身的实际工作出发,坚持顶层设计,合理规划、分步实施,逐步建立互联互通的大数据平台,充分实现信息技术与管理服务深度融合、信息技术与学生管理要素全域可视。

整体性治理的政策协调、超越分工的组织架构,对高校“一站式”学生社区在构建大数据协同创新中有重要的启发和应用价值,数字技术的应用直接影响着整体性治理的成效。在“一站式”学生社区建设中,整体性治理以信息技术为治理手段,通过信息共享、互联互通来打破组织边界,以信息的有序整合和科学分析来提升管理的科学化水平。学生信息资源技术的设计、开发、使用都有着较高的技术要求门槛,而社区作为学生生活的集聚地,是整体性治理得以全面应用的最佳场域。在社区建设中,整体性治理要求以服务学生需求为导向,坚持学生为本,从学生用户的视角,优化行政管理服务的内容、流程、渠道和模式,不断提升学生服务体验和学生满意度,促使行政、后勤部门以信息技术为治理手段,以协调、整合与责任感为治理策略,建构整体性社区治理模式。因此,整体性治理可以发挥信息技术在学生社区建设中的引领作用,推进信息技术与业务工作的深度融合。

2.“一站式”学生社区多元主体参与的新趋势，体现了“整体性治理理论”的适用性

教育部明确提出：“全面推进‘一站式’学生社区综合管理模式改革，指导高校打造党委领导、学工牵头、教师协同、学生参与、支部引领、社团助力、辅导员入驻的学生党建前沿阵地、‘三全育人’实践园地、平安校园样板高地，创造高校版‘枫桥经验’”。各试点高校依据此项要求，成立党委领导下的专项工作推进小组，统筹学工、教务、后勤、组织人事、财务等多个部门，整体性、系统性、协同性推进该项工作。在实际工作中，已经蕴含着丰富的整体性治理思想。高校在组织结构上通过构建大数据互联互通平台，对“一站式”学生社区的治理层级和功能进行横向和纵向的整合与调适，构建多元主体、多个职能部门相互依赖与相互制约的合生共治新格局，展现了整体性服务的学生社区治理场景。主体的多样性决定了服务方式的多样化，它能够将具体的服务程序量化为科学、可行的标准，不断拉近与学生的距离，更好统筹各部门的业务，实现社区服务效能的整体优化。

3.“一站式”学生社区综合管理的碎片化改变现象，体现了“整体性治理理论”的适用性

“碎片化”，相对于整体性的概念而言，是指一个本应完整的东西被切割成了各自独立的碎片。整体性治理理论是一种新型的公共管理理论，兴起于社会结构日益复杂、社会利益多元激荡的大背景之下，是为了解决国家和政府必须面对的诸如社会危机管理、环境生态保护等问题，需要跨越政府和社会、部门和部门之间边界，改变碎片化现象来共同解决棘手问题而逐渐产生的。在我国，随着高等教育的发展，学生成长成才的诉求发生了巨大变化，衍生出大量需要跨部门合作的教育问题，高校学生社区综合管理的碎片化问题便是其中之一。近年来，部分高校在“一站式”学生社区的建设中，由于职能部门分工相对独立、部门和部门之间存在壁垒，因而提供给学生的教育和服务资源往往呈现出碎片化的特征，未能满足学生学习生活和个人发展的整体性需求，具体表现为社区功能碎片化、治理机制碎片化、教育服务资源碎片化。针对诸多碎片化问题，高校提出学生社区整体性治理方案，构建多元主体共同参与的治理结构，形成协调、整合的治理机制，是推进高等教育治理体系和治理能力现代化的重要举措。

（三）高校“一站式”学生社区整体性治理的特点

高校在“一站式”学生社区综合管理工作中，以满足学生成长需求为目标理念，以制度建设为治理保障，以信息技术为治理手段，针对原有治理体系中的碎片化问题，提出整体性治理方案，构建多元主体共同参与的治理结构，形成协调、整合的治理机制，为扎根中国大地办好中国特色社会主义大学提供了实践路径。其特点表现在以下三方面：

1.“一站式”学生社区的整体性治理需要通过强化党建引领来贯彻落实

习近平总书记在全国高校思想政治工作会议上指出:“办好我国高等教育,必须坚持党的领导,牢牢掌握党对高校工作的领导权,使高校成为坚持党的领导的坚强阵地。”“一站式”学生社区的整体性治理必须通过加强党的领导来凝聚共识。强化党建引领,是构建符合我国高校学生社区实际情况的整体性治理体系的重要前提。学生社区作为坚持党的领导的重要载体,是确保党的组织和党的工作覆盖面横向到边、纵向到底的重要实践场域。在学生社区,科学设置党的基层组织,加强对学生的政治和思想引领,只有发挥党建引领的组织力量,明确“一站式”学生社区综合管理的牵头部门,建立携手共进的工作机制,才能形成党委统一领导、有关单位各负其责、全员协同配合的整体性工作格局。

2.“一站式”学生社区的整体性治理需要通过整合育人资源来构建治理机制

“一站式”学生社区的建设,要求高校在学生社区这一场域内基于学生成长需求不断改进工作方法,改革管理机制,其中必然涉及多元主体发力、多个部门协同、全局资源导入等多项需要整体性协调的内容。因此,学生社区建设并不是一个或某几个部门就能完成的,而是要在党委的统一领导下,打破部门壁垒,通过不断整合育人资源,凝聚合力,才能更好地满足学生的需求,提高整体性治理机制。

一是资源共享:整合校内外的各种育人资源,包括但不限于教师、辅导员、校内外专家、校友等,通过建立资源共享平台,将这些资源有效地整合在一起,为学生提供更加全面和个性化的服务。二是组织协同:打破传统的部门壁垒,形成党委统一领导、党政齐抓共管、二级学院协同推进、职能部门共同参与的工作格局,以利于更好地协调各方资源,提高治理效率。三是党团建设:加强党团组织在学生社区的建设,发挥党团员的模范带头作用,引导学生树立正确的价值观和世界观,积极参与社区治理。四是平台建设:建立学生社区数字化服务平台,实现信息共享、流程优化和服务提升,以便更好地收集和分析学生需求,提供更加精准的服务。五是文化育人:将校园文化融入学生社区,通过举办各类文化活动,培养学生的社会责任感、创新精神和实践能力,同时加强社区文化建设,形成良好的社区氛围。六是实践教学:将实践教学与学生社区治理相结合,让学生在实践中学习如何解决问题、团队协作和创新思考,培养学生的综合素质和社会适应能力。七是评价反馈:整体性治理作为学生社区综合管理的新模式,也需要不断以制度化来巩固治理成果,以制度保障学生社区育人工作整体性开展,只有建立有效的评价和反馈机制,及时了解学生社区治理的效果和学生的需求,才能持续改进和优化治理机制,提高社区治理的针对性和有效性。

3.“一站式”学生社区的整体性治理需要通过信息集成共享来提升治理效能

在高校建立全覆盖、综合性的“一站式”学生社区综合管理数据信息平台,实现信息集成共享至关重要。信息集成共享主要表现在:一是数据整合。各二级单位、职能部门应打破长期以来形成的以部门为主体的信息运作模式，由信息化工作部门建设以学生为中心，涵盖学生学习情况、党团（社团、学生组织）活动情况、校园行为、社区生活等大数据信息平台，成为海量学生数据的整合地。通过对学生社区的各种数据信息进行整合，形成一个完整的数据视图，以此全面了解社区的运行状态。二是信息共享。在数据整合的基础上，通过建立信息共享平台，可以实现不同部门、不同组织之间的信息流通，有助于打破信息孤岛，提高治理效率，减少重复工作。运用智能门禁、人脸识别等技术手段记录学生作息、出入信息，代替传统的宿管查寝，降低人工成本，提高数据的准确性，提升社区数据信息安全管理能级。三是数据分析。通过对学生社区的数据进行可视化的深入分析，可以及时发现社区中存在的问题以及需要改进的方面。同时，数据分析还可以为决策提供支持，以制定更加科学合理的治理策略。在平台中，来自不同部门的数据得以交互耦合验证，从而更加完整且真实地为学生“画像”，实现育人工作精准识别、分析、预测、实施、评价和追踪，形成工作闭环。四是实时监控。通过集成各种监控设备和技术，可以实现对学生社区的实时监控，有助于及时处理问题，提高治理的响应速度和准确性。五是智能化服务。整体性推进线上“一站式”服务平台建设，可以整合各部门学生事务，简化程序、再造流程，运用大数据为学生提供线上个性化导航服务，实现真正“一站式”办理。通过人工智能、大数据等先进技术，为学生社区提供更加智能化、个性化的服务，包括推荐智能学习资源、智能安排社区活动等。通过以上方式，信息集成共享可以大大提升“一站式”学生社区的整体性治理效能，更好地满足学生的需求，不断提升学生社区治理能级和效率。

第二节　高校“一站式”学生社区的构建逻辑

高校“一站式”学生社区综合管理模式的推进已成为新形势下高等教育改革创新发展的一种战略性选择，是用战略性眼光研究、探索学生社区从生活、文化、教育等多场域多维度的拓展升级（沈燕 等，2022）。2020 年，教育部等八部门联合引发《关于加快构建高校思想政治工作体系的意见》，在“管理服务体系”部分中明确指出，要推动“一站式”学生社区建设，将园区打造成为集学生思想教育、师生交流、文化活动、生活服务于一体的教育生活园地。

一、构建目标

（一）打造富有中国特色、体现思政要求的育人新格局

习近平总书记在中共中央政治局第五次集体学习时指出，“培养什么人、怎样培养人、为谁培养人是教育的根本问题，也是建设教育强国的核心课题”。“一站

式”学生社区建设，是回答这一核心课题的重要实践环节和方式，是推进“时代新人铸魂工程”的重要载体，是提升新时代学校党建和思想政治工作系统化、精准化、科学化水平的重要举措。高校要深化一流党建引领、优化一流人才培养、强化一流保障支撑，让各类教育教学主体、要素、环节和资源适配学生成长需求，构建契合一流大学建设需要、充满生机活力而又协调有序、体现良性循环的一流育人生态，着力培养在社会主义现代化建设中可堪大用、能担重任的栋梁之材，打造富有中国特色、体现思政要求、贴近学生实际的高校学生社区育人新格局。同时，成立社区学生组织，成立社区党总支委员、学生代表大会、宿舍生活委员会等专项委员会，搭建诸多党建平台帮助学生参与社区实践工作，提升思想道德素质。

（二）构建“横向交融、纵向贯通”的学生社区教育管理服务新模式

高校“一站式”学生社区，是中国特色社会主义大学治理体系下学生管理模式改革的重要抓手和实现途径。高校要进一步深化教育培养模式、管理服务体制、协同育人体系、支撑保障机制改革，将学生教育管理和服务职能进行优化、集成、下沉，不断完善“制度保障-管理协同-服务下沉-技术支撑”的联动机制，发挥信息技术优势，构建“横向交融、纵向贯通”的学生社区“空间一体化”的教育管理服务模式。“一站式”学生社区推进各部门、学院与社区合力育人，通过队伍互通、平台联通、载体贯通、内容融通、信息畅通，建设思想引领与专业教育、第一课堂与第二课堂、线下与线上的协同管理格局，实现学生社区治理高效运转，不断提高管理服务效能，加强高校育人工作合力。

（三）形成满足学生多元诉求的系统性治理机制

在百年未有之大变局的新时代背景下，传统管教式的学生管理已不足以适应知识迭代、社会创新的要求。高校管理者若仅仅追求表面的平安稳定，不注重学生个体和群体内在需求的变化，不回应社会的关切，那么人才培养必将脱离现实，落后于社会发展，“一站式”学生社区建设正是对解决学生多元诉求的时代回应。以往的学工条线对学生社区的管理，集中在宿舍安全、行为规范等领域，定期进驻宿舍除了硬性考核，只能凭借辅导员、班主任的自觉性。一线学工队伍只有贴近学生，下沉到社区才能真正了解学生多元、个性化的要求。学生社区是集体生活的场所，既有个体空间的私密性，也有公共空间的开放性，这也使得“一站式”学生社区建设的难点在于资源整合、空间适配和人员协调。从结构功能主义的视角看，单独构建结构模块都将导致对应功能的外移，多中心治理模式只有在体系内才有正向建构的意义，如若多中心分散在外围甚至超出系统范围，思想引领目标必然只能是空中楼阁（吴杰，2021）。要处理好学生社区信息系统多、乱、杂的弊病及“信息孤岛”的问题，就要以系统性治理模式破解学生事务庞杂分散难题，集成服务项目，整合子系统，让“一站式”“一键式”来解决各类学生事务，简化事务时耗，避免精力内耗，驱动社区育人质量提升。一是要以大数据治理模式破解育人工作难题。构建精准教育体系，以“动态调研”“数据画像”等信息化手段，对学生个体、群体的现实需求、思想动态等精准把握，推动社区学生工作向精准服务、个性教育方向发展。二是要通过工作联席会议制度、定期研究协商等途径，建立常态沟通互动机制，增强部门间的交流与合作，使育人环节和育人渠道有序衔接。三是要将思想政治工作贯穿于学科体系、教学系统、教材系统、管理制度等多个系统中，加强校内外协调和校社家联动，以系统性思维促进“十大育人体系”和人才培训机制的融合贯通。

（四）解决思政工作“最后一公里”的难题

思政课程是大学里最重要的引导大学生建立良好修养、高尚情操的抓手，课程思政则保证了知识体系实现全方位育人目标。然而，在现实生活中，年轻人潮流文化娱乐社区和视频平台上的内容包罗万象，加之年轻化、时尚化，类似B站等内容的传播占据了大学生课外学习生活的诸多空间，即便有一定的正向导引，对传统课堂内容也是极大的冲击，课内和课外的界限分明，使思政工作实际上难以进入学生个人生活空间。“一站式”学生社区建设，正是在学生生活区域内建立主体聚合的一种交互模式，师生关系不应限于课堂，更应该融进学习生活的全部。所谓交互，即不再是完全依靠学生自主，而是将思政力量切实前移到学生社区，为学生提供各种支持。针对网络化时代的传播特点，构建贴近学生的生活场域，打造思政工作的前沿阵地，已成为新时代的课题。学生社区是“育人环节中贴近学生的‘最后一公里’”（李刁 等，2019），如何因地制宜真正打通这“最后一公里”便成为需要探索和潜心研究的课题。在传统教学楼、行政楼之外，在学生生活区建立起提供心理咨询、生涯规划、学业指导、朋辈帮扶、健康生活等设施，能够真正贴近学生，吸引学生，为学生提供最近的帮助，这也将使专业老师、辅导员、班主任甚至院系领导真正贴近学生，为学生提供服务和价值指引。学生社区建设必须以学生为中心，以学生的体验为检验，学生的便利和满意与否是学生社区建设是否成功的关键。高校“一站式”学生社区建设的实质，就是在“三全育人”理念的指导下，为应对立德树人工作面临的现实挑战而建构的育人空间形态，通过空间治理、提能增效，促进教育资源的整合和思政教育供给结构的改进，转变宿舍楼宇单一生活空间功能，构建多样化育人新场域，营造浓厚的育人氛围，建成学习型、服务型、成长型功能性社区，以增强育人场域的亲和力，从而畅通育人“最后一公里”。

二、功能定位

高校“一站式”学生社区，是通过对学生集中生活区域的教育、管理、服务等综合功能建设，推进党建引领的示范，落实三全育人的实践，实现立德树人的培养目标（张宝兵，2020）。

(一)党建引领功能

新时代高校党的建设与思想政治教育的要求,必然侧重于人才培养核心点,聚焦在时代新人培育,落实在青年学生的价值引领上。"一站式"学生社区实现了育人工作理念、主体、组织的价值一致性,将党建工作延展至学生日常教育管理服务一线,强化党建引领,形成党委领导、基层凝聚、全员参与、齐抓共管的工作格局。党委书记履行"一站式"学生社区建设工作第一责任人职责,领导班子成员强化"一岗双责",强化统筹协调、组织推进、管理监督,确保多方力量和资源在学生社区实现整合协同。

高校党委紧紧抓住基层党支部这个党的"工作细胞",把支部建在社区,建立由下沉社区的党员干部、专业教师、思政教师、专职辅导员和学生党员组成的社区党支部,探索打造"一区一品"。依托充沛的校内外资源、畅通的师生互动、优质的育人力量,充分调动学生的自觉性和积极性,引导学生将社会主义核心价值观内化为自我追求、外化为自觉行为,是新时代高校加强党的建设、提升人才培养质量和思想政治教育工作的重要抓手。同时,"一站式"学生社区充分发挥了基层组织的核心功能和战斗堡垒作用,加强了党的领导,实现了有学生党员的地方就有学生党组织,就有健全的党组织和组织生活的目标。在社区,建立接诉即办工作机制,完善"学生反映-集中转办-限期反馈-跟踪问效"的工作闭环,组织学生党员参与社区事务管理,以党建带团建、促班建,将党建工作扎实有效地落实在广泛的学生群体中。

(二)三全育人功能

大学生社区是新时代高校大学生日常生活、学习交流的重要场域和聚集地,是落实全员育人、全程育人、全方位育人的重要平台。一是聚合全员育人力量。"一站式"学生社区把校党政领导、专业教师、学工队伍、行政管理等育人力量下沉到学生社区一线,同时积极连接校外育人资源,把各类育人要素聚集起来,充分发挥不同育人主体的作用,增强育人合力。二是畅通全过程育人链条。"一站式"学生社区将思想引领、专业教育、社会实践、职业规划融入其中,彰显"十大育人体系"内在要求,集中学生学习、生活、实践、成长等多重功能,实现隐性教育和显性教育的结合,覆盖学生从入校到毕业各阶段的成长要素,形成了畅通的全程育人工作链条。三是打造全方位育人平台。"一站式"学生社区通过勤工助学、社团组织、文艺活动、文化建设等各类教育教学载体,形成以党建为引领开展德育、以学业辅导为基础发展智育、以设施优化拓展体育、以氛围熏陶提升美育、以志愿服务充实劳动教育的"五育并举"的育人空间,形成了全方位育人的新格局。

(三)管理服务功能

高校管理服务育人是时代发展的需要,也是办好人民满意教育的需要。高校"一站式"学生社区,既是以学生为中心工作理念的确立,也是对学生工作管理运行机制和服务模式的创新。"一站式"理念最早源自商务活动,是指一次性为客户提供完整的服务。"一站式"学生社区要求实现学生工作理念的变革,即以部门职能为中心转变为以学生需求为中心,要求深刻把握学生内核需求,要求各种教育服务职能在学生社区优化、集成、下沉,要求高校学生工作从行政管理向教育服务进行转变,确保学生获得最佳教育。扁平化管理服务是高校学生工作发展的必然趋势和选择,在学生社区减少管理层级,以扁平化的模式直面学生需求,实现了管理服务的架构调整、流程再造、职责优化,是对现行管理机制的创新发展。各职能部门在社区下沉集聚,在推动部门沟通、消解部门壁垒的同时,也"精减"院系这个中间层级,既加快信息传递,也避免信息失真,提升了学生服务质量。"一站式"学生社区从全校工作和人才培养协同全局来重新审视学生工作,实现学生思想、学习、生活服务的融合,以服务协同推动部门协同,进而实现管理流程再造基础上的跨部门业务整合,推动形成开放互动立体的学生工作体系,体现着学生管理服务工作发展的新趋向。

广义的"服务育人"强调"大服务"理念,即高校各个工作部门都和学生息息相关,所有工作环节都具有服务学生的意义(冯刚,2017a)。"一站式"学生社区构建了围绕学生、关爱学生、服务学生的服务育人体系。在服务场域方面,强调"线上线下"联动,线上建立学生社区互联网服务平台,线下设立舒适美观的功能区域等,让与时俱进的互联网思维和现代服务理念融入高校服务育人体系,极大地改善社区学习、活动和生活空间的服务功能,实现社区育人全要素全时空的工作格局,进而提升思想政治教育的吸引力和实效性。在服务职能方面,践行"一线规则",形成"下沉式服务"格局,促使教育、管理、服务资源统筹推进,满足学生需求,促进学生身心健康及人格完善。同时,学生社区以服务守牢安全底线,将校园安全稳定工作纳入学生社区思想政治教育中,提供安全稳定的校园生活学习环境,提升了学生社区的应急管理能力。在服务队伍方面,"一站式"学生社区促进学生工作体系重新架构,协同辅导员、学业导师、党政干部、思想政治理论课教师、后勤服务人员及学生骨干等多支队伍进驻社区,以扁平化的组织形式减少了行政管理层级,在"三全育人"的逻辑联系和发展历程中提升了服务效能。

(四)学生全面发展功能

高校"一站式"学生社区建设,以服务学生全面发展为逻辑起点。尊重人的发展需要,是人类进步、社会发展的必由之路。正视、重视、理解学生成长发展需求,是激发思想政治教育内生动力的重要内容(冯刚,2017b)。一方面,"一站式"学生社区增强学生在服务自我成长中的自主性。学生社区融思想引领、学习发展、生活指导、文化交流于一体，实现其由单一生活功能向多元育人场域的拓展。通过嵌入文化育人资源，开展文化体育活动，营造浓郁文化氛围，潜移默化地影响学生言行。思政、管理、服务队伍的入驻，推动思想引领、专业教育在课堂和学生社区实现无缝衔接，发挥着各类育人力量的合力，为学生的全面发展提供了全新环境。因此，“一站式”学生社区建设是学生的成长发展需求与思想政治教育的基本目标的内在统一，是思想政治教育供需关系的统一，极大地发挥了学生的主观能动性，增强了学生在服务自我成长中的自主性，彰显了学生主体责任和主体价值，促进了学生的全面发展(李伟，2022)。另一方面，“一站式”学生社区重视自我教育在人才成长过程中的重要性。学生社区秉承“以生为本”的理念，从学生实际需求出发，对学生工作业务进行流程再造、优化升级，充分服务学生的成长成才。同时，以朋辈互助为核心，开展各类学生教育和服务，重视自我教育在人才成长过程中的重要作用，帮助学生形成和谐的人际关系。通过学生组织、社团活动、志愿服务让学生参与社区建设、服务社区发展，多样化的社区空间、灵活多变的多功能室为学生个性化发展、团队精神培育提供了支撑，成为学生自我教育、自我管理、自我服务和自我监督的新平台。

第三节　高校“一站式”学生社区的内核体系

“一站式”学生社区重构了高校治理主体间的关系结构、治理方式和治理制度，如多支育人队伍的进驻、各类资源的下沉、新技术的支撑以及制度体系建设等。

一、党建引领是“一站式”学生社区建构的核心

办好我国高等教育，必须坚持党的领导，牢牢掌握党对高校工作的领导权，使高校成为坚持党的领导的坚强阵地。坚持和加强党对高校的全面领导，是办好中国特色社会主义大学的根本保证，必须要落实到高校办学治校的全过程。学生社区日渐成为学生交流互动最经常最稳定的场所，是课堂之外的重要教育阵地，因此，推进高校“一站式”学生社区建设，必须秉承“学生在哪里，党员在哪里，党建工作就推进到哪里，思想政治工作就延伸到哪里”的工作理念，把党的领导贯穿社区建设的各个环节，在学生社区构建良好的政治生态。

一是党委保落实。学校党委要保证高校正确的办学方向，掌握高校思想政治工作主导权，保证高校始终成为培养社会主义建设者和接班人的坚强阵地。完善党的全面领导体制，是确保党的教育方针和党中央决策部署不折不扣贯彻落实、取得实效的重要前提。高校党委要把“一站式”学生社区建设作为“一把手”工程来抓，纳入学校重点工作高位谋划、高标部署。建立党委统一领导、各部门分工负责、

全员协同参与的责任体系，不断完善工作制度体系，形成党的领导“纵到底、横到边、全覆盖”的社区党建工作格局。

二是推动理想信念教育常态化。立足新时代新征程，中国青年的奋斗目标和前行方向是坚定不移听党话、跟党走，努力成长为堪当民族复兴重任的时代新人。坚持用习近平新时代中国特色社会主义思想铸魂育人，推动理想信念教育常态化制度化，引导青年学生扣好人生的第一粒扣子。组建青年讲师团、辅导员领航宣讲团等进学生社区宣讲，在学生社区广泛传播习近平总书记关于青年工作的重要论述，不断增进青年学生对党的创新理论的政治认同、思想认同、理论认同和情感认同，引导学生更加深刻认识“两个确立”的决定性意义，不断增强“四个意识”、坚定“四个自信”、做到“两个维护”。

三是筑牢基层党组织的战斗堡垒。党的工作最坚实的力量支撑在基层，高校党支部是党联系和团结师生、做好思想政治工作的组织依托。“一站式”学生社区建设，要充分发挥党的组织优势，让组织育人延伸至学生社区的各个场域。在学生社区设立功能型党支部，不断扩大党的组织覆盖和工作覆盖，推动院系基层党组织和学生社区党支部建设双向融合。将学生党支部“三会一课”活动带进社区党团活动室，把学生的社区行为表现纳入发展党员考察内容，在学生社区设立党员先锋岗，为党员宿舍挂牌，完善党员责任宿舍网格化管理，充分发挥社区学生党员的先锋模范作用。

二、队伍入驻是“一站式”学生社区建构的关键

队伍入驻是“一站式”学生社区育人主体的重要力量来源，是对学生给予过程性陪伴的关键因素。“一站式”学生社区的治理工作，关键靠人、靠队伍，学生社区治理得好不好，更关键的是要让队伍走得进来、留得下来，要深入践行“一线规则”，着力解决“集结”问题。

学校、部处、院系领导干部带头践行“一线规则”，常态化深入学生社区，建立与学生常态化交流互动机制，及时解决涉及学生思想、学习、生活、发展等实际问题；辅导员在学生社区与学生同吃、同住、同生活，开展思想引领、心理健康教育、日常事务管理等工作，促进学生全面发展，引领学生成长成才；优秀专任教师担任学业导师，在社区指导学生学业发展、科研训练、技能实训、项目实践等；心理咨询老师、生涯规划和就业创业指导教师等专业力量进驻社区，为学生的未来规划、专业选择等给予指导，以满足个性化需求；兼职辅导员由思想政治理论课教师、离退休教师、高年级学生等担任；校外导师由时代楷模、杰出校友等担任，在社区配合开展思想政治教育；校院领导、机关干部常态化、后勤服务人员进驻学生社区，在重要时间和节点深入学生社区，与学生面对面接触交流，及时掌握学生真实需求、回应学生成

长诉求，定期开展师生见面会、问政会，解决学生学习、生活等方面的实际问题，对接学生发展的实际需求，支持保障社区工作。因此，各支育人队伍在学生社区空间聚合成结构合理、分工协作的复合型团队，在服务学生成长、解决学生困惑的过程中形成合力，共同落实育人举措。

三、空间建构是“一站式”学生社区建构的载体

与传统的多部门分散化管理模式相比，“一站式”是空间概念。传统大学管理由学校、学院和各个职能部门共同构成，职能分割、业务交叉，每一管理主体对所属领域负责，整体性协作共进较弱。在场域理论中，场域由三要素组成，关系是其中不可缺失的内容。场域理论昭示了空间的整体性，场域就是“在各种位置之间存在的客观关系的一个网络或是一个构型”（布尔迪厄 等，1998），空间的边界、事务的全貌全程和所有主体三者共同决定了场域的边界，只有实现三者同构才能完整建构一个学生社区。从结构功能主义的视角看，单独构建结构模块都将导致对应功能的外移，多中心治理模式只有在体系内才有正向建构的意义，如若多中心分散在外围甚至超出系统范围，思想引领目标必然只能是空中楼阁（吴杰，2021）。因而，“一站式”学生社区，本质上要将以学生为中心的事务性工程和学习生活空间聚集起来，实现空间整合和空间一体化，一个整而全的空间系统才能实现思政工作在社区开展这一要求。

学生社区的空间建构包括物理空间和线上空间。物理空间涵盖党团工作站、学习辅导、职业规划室、心理咨询室等模块，为合力育人提供聚集场域，增进师生的实际体验感。线上空间以互联网思维提升治理效能，着力加强学生社区的信息化建设，通过大数据分析建立智慧场域，提升思政育人、管理服务育人的精准性。

四、资源下沉是“一站式”学生社区建构的重点

“一站式”学生社区治理体系的完善，是“一站式”学生社区综合管理改革的重要命题。高校要始终坚持“围绕学生、关照学生、服务学生”的理念，将实现学生在学生社区的自我成长作为根本目标，将育人力量、服务资源整体下沉学生社区，营造良性循环的服务生态。“一站式”学生社区要把课程育人、科研育人、实践育人等优势资源下沉汇聚到学生身边，为学生提供精细化、差异化、专业化成长服务，实现多维度、全方位聚合育人资源，服务学生成长的各阶段、各环节。

一是思想政治教育资源下沉。通过组织马克思主义学院教师在学生社区空间开展实践教学，不断增进思想政治理论课教师队伍与辅导员队伍的协同。推动党建活动深入学生社区，推进“双带头人”教师党支部书记工作室、党建工作样板支部入驻学生社区，把思想政治教育贯穿学生成长的全过程，引导学生深刻体悟党的创

新理论的真理魅力。

二是教学科研育人资源下沉。组织学院学科和学术带头人等下沉到学生社区，对学生开展科学研究指导；组织专业课、公共课教师在学生社区开展课程辅导，形成学院教师、社区辅导员、学生朋辈协同参与的学业帮扶体系；规范学生社区第二课堂的课程体系，围绕提升学生的思辨能力、文化素养、表达能力等，开设综合素养提升课程。

三是实践育人资源下沉。将学生社区建设成学生实践锻炼的成长平台，在学生社区设立勤工助学、志愿服务岗位，将劳动教育与社区生活有机结合，深化学生对劳动价值的理解。

五、信息赋能是“一站式”学生社区建构的支撑

打造集成化、便捷化、智能化的“一站式”学生社区数据可视化平台，是做好新时代高校思想政治工作的必然选择。信息赋能提升满意度，高校应在数字化建设上重点发力，着力、全面推动学生社区治理提质增效。将学生社区重要管理模块集中于“一块大屏”，将学生重要住宿数据集于“一份报表”，将学生重要信息查询、业务办理集于“一个掌中宝”，服务学生和专（兼）职辅导员，实现学生社区事务的业务协同、流程优化和精准管理。充分运用云计算等信息技术，建设大数据分析与服务平台，涵盖学生基本信息、思想品德发展、学业水平、身心成长、业余生活等主题，实现学生学期画像、主题画像等特征库在群体共性发现、群体差异性分析、特征关联分析等场景的应用，提升社区育人的精准性。

通过整合劳动教育、志愿服务、违规告诫、卫生检查等系统，强化对学生学习生活、成长发展数据的记录与挖掘，搭建学生社区行为积分体系，构造集价值引领、成长助力、资源整合为一体的数字化育人工作矩阵。一方面，依托学生综合事务管理平台，构建第二课堂信息数据库，通过活动管理、资助管理、宿舍管理、社团管理、党团建设等模块，给学生“精准画像”，生成客观写实、全面量化的“一站式”学生社区成长档案，反映学生各项能力分布及提升情况，成为学校人才培养评估、学生综合素质评价、社会单位选人用人的观测参考依据。另一方面，通过大数据分析与服务平台，实时采集学生学业、社团、社交等各方面数据，结合学生学习状态、异常行为分析、生活行为习惯、社交关系模型等精确算法，依托多类多维评价体系，实现学生行为预警、学业预警、精准资助等功能，推动社区学生工作向精准服务、个性教育、前置管理、科学决策迭代升级。“一站式”学生社区的信息化平台，促进学生社区思想政治工作从主观经验到量化精准，从阶段结果性评价到实时过程性评价，从事后被动帮扶到即时主动辅导与引领的转变。

六、制度体系是“一站式”学生空间建构的保障

服务科教兴国战略，全面提高人才自主培养质量，不断为中国式现代化提供强有力的人才支撑，是高校的神圣使命。在学生社区涵养一流的创新生态是培养拔尖创新人才不可或缺的土壤，关系着高校创新人才培养的质量。推进“一站式”学生社区建设，要把增强创新创业创造能力作为突破口，打造符合人才成长规律、有利于激发活力的创新生态，完善学生社区平台载体协同互促、教育效果倍增提升的工作机制。“一站式”学生社区要不断完善和规范领导体制、运行机制，厘清任务与职责，保障社区育人新模式的有力推进。

一是建立领导决策机制。高校“一站式”学生社区工作领导小组实行“双组长”制度，由学校党委书记、校长共同担任组长，构建党委统一领导、党政齐抓共管的社区组织领导机制。打破部门壁垒，促进学院、职能部门等育人单位与社区形成联动机制，统筹推进“一站式”学生社区建设。

二是建立育人队伍合力机制。建立学生社区各支育人队伍的工作制度，规范聘任管理、职责要求、激励措施等机制，保障多种育人队伍在学生社区形成育人合力。通过不断完善社区工作制度体系，把制度优势转化为治理效能，保障“一站式”学生社区育人工作的有序推进(周远 等，2022a)。

三是健全管理服务机制。定期召开师生联席会、学院社区联席会，形成学院与社区协同育人工作制度，研究部署协同育人工作，实施社区与学院的互访计划，完善学院、社区领导交叉任职制度，实行学院与社区的干部互兼、联络员互派等工作机制，保障学院社区协同联动、各有侧重，共同开展大学生思想政治教育和日常管理工作，形成畅通的学生社区管理服务机制。

七、学生参与是“一站式”学生社区建构的动能

现代大学治理的重要意义是充分发挥多元主体在高校治理中的作用，打造共建共治共享的高校治理格局。学生是高校多元主体中的重要组成部分，推进学生参与高校治理是理解和创新“一站式”学生社区建设的基本要求和关键所在。党委领导在我国高校治理中一直受到重视且成效显著，但学生主体参与学校治理还存在重视不够、活力不足、成效不佳等问题。以学生为中心，不仅要围绕学生做好引领和服务，更要对学生主体参与社区治理进行深度观照，要立足学生的自我管理和自主教育，引导学生在服务社区、反哺社区中成长。学校要积极构建学生参与社区建设长效机制，将学生社区打造成无形课堂，发挥学生在朋辈教育帮扶中的作用，将“学长辅助、朋辈帮扶”引入宿舍。遴选学生社区楼长、层长参与协调处理社区事务、开展宿舍卫生安全大检查；推动学生自主运营、维护“一站式”学习共享空间，由

学生自主研发"学习共享空间预约系统"微信小程序。在"校-院-班-宿舍"四级心理工作网络基础上,组建宿舍朋辈心理联络员队伍,学生联络员在社区内广泛普及心理健康知识,在"一站式"学生社区形成自助、互助、友爱、融洽的生生关系和团结向上、共同进步的文化氛围。

第三章 高校“一站式”学生社区建设的政策演进

高校思想政治教育工作，是一项由学校、社会、家庭、社区和个人等多主体参与、多要素融入、多环节互动的系统工程。对思想政治教育的认识、解释和实践始终是放在不断变化和发展的社会结构和时代背景下进行的，要深入研究思想政治教育的规律，就必须研究不同历史时期思想政治教育的发展脉络及其产生背景，不断总结运用历史经验，才能在培养德智体美劳全面发展的社会主义建设者和接班人实践中把握思想政治教育政策的系统演化规律。新时代高校“一站式”学生社区，正是立足我国发展实际，在思想政治教育理论研究不断深化、学科持续发展、实践稳步推进的过程中逐渐形成的。

第一节 我国高校思政教育政策的整体演进

高校思想政治教育政策，是党和政府在一定时期内制定与颁布的用以指导、规范、推进高校思想政治教育工作的行动纲领、方针和准则，通常表现为通知、意见、办法、纲要等文本形式。建党百年来，我国高校思想政治教育政策，经历了从早期萌芽到创新发展的阶段。尤其是自新中国成立以来，党和政府出台了大量政策以指导高校思想政治教育工作实践，思想政治教育政策从无到有，从有到优，为高校人才培养提供了坚实保障，亮明了社会主义大学的鲜明底色。结合不同历史时期思想政治教育政策的中心任务和特征，其演进轨迹可以大致划分为八个阶段：早起萌芽阶段（1921—1948 年）、初步探索阶段（1949—1957 年）、曲折徘徊阶段（1958—1977 年）、恢复重建阶段（1978—1990 年）、迅速发展阶段（1991—2003 年）、加速健全阶段（2004—2011 年）、快速提升阶段（2012—2018 年）和创新发展阶段（2019 年至今）。

一、高校思想政治教育政策的早期萌芽阶段（1921—1948 年）

大革命和土地革命时期，是中国共产党独立探索大学生思想政治教育的重要起始阶段。1924 年黄埔军校建立，周恩来于 11 月担任政治部主任后，专门制定了工作计划和工作方案，主要有《政治部服务细则》《中央军事政治学校政治教育大纲草案》《本校政治部政治指导员条例》《政治讨论会原则》等方案和工作计划。

1929 年通过的《古田会议决议》，是中国共产党开始独立探索思想政治教育工作的纲领性文件，为红军建党建军及其政治工作开展指明了方向，也为当时的苏区高校思想政治教育工作指明了方向，确立了马克思主义在思想政治教育中的指导地位。《古田会议决议》明确指出：“中国的红军是一个执行革命的政治任务的武装集团。”“红军党内最迫切的问题，要算是教育问题。”思想政治教育既然明确被认为是红军党内最迫切的问题，那么，把思想政治工作摆在突出的重要地位自然是理所当然的。随后，我党在古田会议基础上，不断阐释一个重要的论述：“思想政治工作是经济工作和其他一切工作的生命线”。《古田会议决议》关于思想政治工作方法的众多论述不乏精辟之处，如决议强调要“理论联系实际，实行马克思主义”。《古田会议决议》规定了开展思想政治工作的富有特色的著名十大教授法，如启发式、由近及远、由浅入深、说话通俗化（新名词要释俗）、说话要明白、说话要有趣味等。这些教授方法沿用至今，而且仍然显现出较强的针对性和实用性。

为培养具有良好思想政治觉悟的人才，中国共产党围绕苏维埃工作的理论和实践问题、马克思主义基本原理、党的建设等相关课程开展青年大学生的思想政治教育工作，并创办了新型的高等学校，如苏维埃大学、中央列宁师范学校等，专门培养为党服务、思想觉悟高的革命军事干部人才。在该阶段，高校思想政治教育政策蕴含在党开展的思想政治教育工作中，为后期系统性制定高校思想政治教育政策奠定了基础。

二、高校思想政治教育政策的初步探索阶段（1949—1957 年）

新中国成立初期，百废待兴，我国面临着国际资本主义的外部封锁和国内反革命势力的破坏，国家建设的各个方面均面临着改革旧体制、建立新体制的任务，高校思想政治教育领域同样需要改革大学生旧有的政治观念，帮助其树立新的社会信仰。在社会主义过渡时期，由于我国经济水平低下，重工业还处于发展过程中，该时期高校思想政治教育政策目标的价值取向，主要是为我国政治服务。基于国情，当时的思想政治教育政策内容，着重要求加强爱国主义和集体主义教育，并结合苏联建设的实际情况，引导大学生要支持国家建设和抗美援朝，抵制各种资产阶级思想。因此，这一时期党在政策制定和实施方面正在初步摸索前进，体系不太健全，但为今后思想政治教育的政策发展奠定了坚实的基础。

一是高校思想政治工作遵循有计划、有步骤开展的特点。1949 年 9 月，中国人民政治协商会议第一次全体会议通过的《中国人民政治协商会议共同纲领》明确指出，文化教育工作要将“肃清封建的、买办的、法西斯主义的思想，发展为人民服务的思想”作为主要任务（教育部社会科学司，2008）。围绕这一主要任务，党和政府大力强调，要在各高校进行政治与思想教育，要求各高校遵循思想政治工作长期而细腻的特点，不能性急、粗暴、草率和简单说教，而是要有计划、有步骤、谨慎地开展教育，鼓励广大教师积极探索、大胆创造，努力寻找科学有效的方法改造学生的旧思想。

二是高校思想政治教育课程体系初步构建并建立起思政教师队伍。1949 年颁布的《华北专科以上学校一九四九年度公共必修课过渡时期实施暂行办法》，对我国高校思政课进行了初步探索。1952 年，教育部提出在全国开展马列主义、毛泽东思想等课程，要求学生深入学习马列主义思想，提升高校学生的思想政治觉悟。1956 年 9 月，中华人民共和国高等教育部《关于高等学校政治理论课程的规定（试行方案）》出台，确定以马列主义基础、中国革命史、政治经济学和社会主义教育为主，分专业、有选择性地开设辩证唯物主义与历史唯物主义课程。为推动课程发展，党和政府还大力支持教师队伍建设及其素养提升培训，注重加强对其思想政治上的引领。

三是开始加强学校思想政治工作的领导。1955 年 4 月，时任国家高等教育部副部长刘子载在高等工业学校、综合大学校院长座谈会上发言，肯定了几年来高校政治思想教育工作在中央和地方党委领导下的成绩，指出了工作中仍然面临的问题，要求积极加强学校思想政治工作的领导，“学校行政领导和学校的党、团组织对学生的共产主义道德教育和学生的全面发展都负有重大责任”（教育部社会科学司，2008）。1957 年中华人民共和国高等教育部颁布的《关于在全国高等学校开设社会主义教育课程的指示》明确提出，要开设社会主义课程以更好地为建设社会主义服务。

三、高校思想政治教育政策的曲折徘徊阶段（1958—1977 年）

1958 年至 1977 年的 20 年间，我国经历了“大跃进”和“人民公社化”运动、文化大革命。这一时期由于对社会主义建设缺乏充分的理论准备和实践经验，加之国际共产主义运动形势动荡，以及我国相关政策的误导，高校思想政治教育政策也走入误区，认为在具体教育工作中存在严重的教条主义和修正主义倾向，将中心任务聚焦于开展阶级教育，同资产阶级争夺青年一代。受“左”倾错误思想影响，政策运行强调鼓足干劲、力争上游、一味追求速度和结果，不免存在脱离实际和盲动冒进的问题。一方面，将政治运动作为教育的主要手段。要求加强大学生的阶级斗争锻炼，以至于广大师生不仅未能接受社会主义的思想政治教育，反而深受“左”倾错误思想的流毒。另一方面，将劳动教育狭隘地限定在体力劳动方面。在“教育必须与生产劳动相结合”思想的指导下，各级党团组织对劳动教育作出更为细致的规定，要求一切学校均要将生产劳动列为正式课程，所有学生均须按照规定参加一定时间的劳动，但主要强调体力劳动是改造大学生思想的重要途径，以至于大学生参加体力劳动时间过长、任务过重，反而冲击了高校正常的教育活动。需要肯定的是，这一时期明确强调高校党委的领导责任，同时对研究生思想政治教育进行了专门规定，安排专人负责，对研究生政治理论课作出总体规划，有力推动了研究生阶段思想政治工作（范春婷，2022）。

四、高校思想政治教育政策的恢复重建阶段（1978—1990 年）

1978 年 12 月，党的十一届三中全会召开，重新确立了“解放思想，实事求是”的思想路线，为高校思想政治教育政策提供了新的发展方向。在改革开放政策影响下，高校思想政治教育环境也发生重大变化，在解放思想的同时，也面临着西方无政府主义和自由主义等不良思潮的干扰。因此，党和政府作出重要决策，积极应对。

一是巩固高校马列主义理论课程地位。由于这一时期的高校思想政治工作在应对新形势、新问题时分析不够、准备不足、措施不力，一些大学生受到西方资本主义思想的影响。对此，党和政府要求积极引导大学生坚持四项基本原则和改革开放，增强他们对各种错误思潮和西方“和平演变”图谋的辨别力，不断巩固高校马列主义理论课程地位，坚决同一切不良倾向作斗争。同时，明确要求大力培养和发扬无产阶级的好思想、好品德，为“四化”培养人才；对马列主义课程的教学任务、教学方法、教学制度和环节、科研、大纲、教材及任务、教师队伍建设作出全面规定，并对领导体制有了明确要求，高校思想政治理论课的体系建设逐步完善。

二是正式宣布学生思想政治教育也是一门科学。自 1980 年 8 月《光明日报》刊载《思想政治工作是一门科学》的文章之后，学术界开始从不同视角探讨思想政治教育科学化命题。1981 年 4 月，教育部发布《关于在十二所院校设置思想政治教育专业的意见》。同年 8 月，教育部召开全国高校思想政治教育工作会议，正式宣布学生思想政治教育也是一门科学，要探索其客观规律，不断积累和总结经验，有力地推动了思想政治工作在理论基础、基本内容、发展规律及其与其他学科之间联系等方面的科学研究。

三是加强高校思想政治教育队伍建设。改革开放迎来了我国社会主义现代化建设的新阶段，在新的历史阶段，我国高校思想政治教育工作队伍面临着理论深度不够、专业化人才缺乏的局面。为此，1984 年颁布的《关于加强高等学校思想政治教育工作队伍建设的意见》，提出了通过将高校思想政治教育工作队伍实行专职与兼职相结合的方式，提升思想政治教育工作队伍的理论水平以及专业化程度。1986 年，出台《关于选配品学兼优的应届毕业生充实高等学校思想政治教育工作队伍通知》，指出要选派深度理论素养和业务能力较强的应届毕业生来充实高校思想政治教育工作队伍建设。该文件的颁布，为高校思想政治教育工作队伍补充了新鲜血液，在某种程度上弥补了我国高校思想政治教育工作队伍年龄老化不足的情况。此外,还颁布了《关于高等学校学生思想政治工作兼职人员若干问题的规定》等文件。通过颁布以上文件,加强了对高校思想政治教育工作队伍的重视,思想政治教育工作队伍的业务能力、理论基础、专业能力等方面都得以大幅提高。

五、高校思想政治教育政策的迅速发展阶段(1991—2003年)

自20世纪90年代以来,我国初步建立起高校思政教育政策的综合型文件的体系框架。基于邓小平1978年在全国教育工作会议上的讲话,《关于加强高等学校学生思想政治工作的意见》《国家教委关于加强高等学校思想政治工作的决定》《关于改进和加强高等学校思想政治工作的决定》以及《关于进一步做好高等学校毕业生思想政治教育工作的通知》等四项重要的政策文件相继颁发。

1993年,国务院颁布了《中国教育改革和发展纲要》,正式提出“以马克思主义、毛泽东思想和建设有中国特色社会主义理论教育学生,把坚定正确的政治方向摆在首位,培养有理想、有道德、有文化、有纪律的社会主义新人”。目前,我国将这一纲要正式作为我国思想政治教育政策的根本任务。在该阶段还形成了诸多具有政治意义的政策,除了《中国教育改革和发展纲要》之外,国家也颁布了一系列的关于思政体系政策的文件。1994年,颁布了《关于学习贯彻〈中共中央关于进一步加强和改进学校德育工作的若干意见〉的通知》。1999年,颁布了《关于加强和改进思想政治工作的若干意见》。2000年,颁布了《关于加强高等学校思想政治教育进网络工作的若干意见》文件,在该文件中明确指出,要加强马克思主义思想在高校思想政治教育中的政治地位。2001年,颁布了《公民道德建设实施纲要》等文件。

六、高校思想政治教育政策的加速健全阶段(2004—2011年)

2004年至2011年,是我国的高校思想政治教育政策加速健全的阶段。2004年,颁发了《中共中央 国务院关于进一步加强和改进大学生思想政治教育的意见》,该文件从9个方面对我国的思政政策进行了全方位的规划,在我国高校政治教育政策史上具有里程碑的意义。2005年《教育部关于印发〈学习贯彻落实中发〔2004〕16号文件和全国加强和改进大学生思想政治教育工作会议精神的宣讲提纲〉的通知》,以及2009年《教育部办公厅关于对贯彻落实中发〔2004〕16号文件精神情况进行自查的通知》等文件,充分说明该时期的思想政治教育政策已经具备了系统化、科学化以及学科化的特征,并逐步形成了党中央、教育部、地方区域三级联通的配套政策体系。

一是提出“立德树人”的教育理念。针对教育的根本问题,基于新中国成立以来的教育实践,总结提炼出“以人为本”“德育为先”“立德树人”的先进理念,指导教育实践深入发展。

二是构建完整的思政课教学体系并建立结构合理的思政师资队伍。在课程建设方面，思想政治教育专业在出台"85 方案""98 方案"之后，相继又出台了"05 方案"，构建起本科、硕士、博士思想政治理论课基本内容相衔接、层次要求有区别的完整的课程设置和教学体系。这一时期，对师资来源、师资培养、师生比、骨干教师研修等师资队伍建设问题作出具体规定，形成一支政治信念坚定、教学科研能力强、学历和年龄结构合理的师资队伍。

三是不断拓展高校思想政治教育内容并推动实施马克思主义理论研究和建设工程。这一时期，对辅导员队伍建设、大学生心理健康教育、劳动教育、创新创业教育、基层服务意识教育、实践能力培育等方面也作出重要政策指导，切实丰富和完善了高校思想政治教育的内容。同时，出版《马克思恩格斯文集》《列宁专题文集》《马列主义经典著作选编学习导读》等重要文献，丰富学习研究的理论资料，明确要求各高校应当建立独立的、直属学校领导的思想政治理论课教学科研二级机构，大力建设马克思主义理论学科及其教学科研平台。

七、高校思想政治教育政策的快速提升阶段(2012—2018 年)

2012 年 11 月，党的十八大明确提出，要坚持教育优先发展战略，努力办好人民满意的教育。之后，习近平总书记发表一系列重要讲话，提出一系列明确要求，深入回答了事关高校党的建设和思想政治工作的方向性、根本性问题，为推进做好高校党建和思想政治教育工作指明了方向。党的工作最坚实的力量支撑在基层，学生党建要落实高校贯彻为党育人、为国育才的重任，不断加强大学生的信念教育，培养德智体美劳全面发展的社会主义建设者和接班人。

一是推动高校思想政治工作改革创新。2016 年 12 月，习近平总书记在全国高校思想政治工作会议上指出，"要遵循思想政治工作规律，遵循教书育人规律，遵循学生成长规律，不断提高工作能力和水平。""好的思想政治工作应该像盐，但不能光吃盐，最好的方式是将盐溶解到各种食物中自然而然吸收。"2017 年 2 月，中共中央、国务院印发了《关于加强和改进新形势下高校思想政治工作的意见》，强调指出，高校肩负着人才培养、科学研究、社会服务、文化传承创新、国际交流合作的重要使命。加强和改进高校思想政治工作，事关办什么样的大学、怎样办大学的根本问题，事关党对高校的领导，事关中国特色社会主义事业后继有人，是一项重大的政治任务和战略工程。2018 年，习近平总书记在全国教育大会上强调，思想政治工作是学校各项工作的生命线，各级党委、各级教育主管部门、学校党组织都必须紧紧抓在手上。要精心培养和组织一支会做思想政治工作的政工队伍，把思想政治工作做在日常、做到个人。高校开展思想政治工作要顺应学生成长发展规律和教育教学规律，做到"春风化雨""润物细无声"。

二是注重思想政治理论课主渠道和思想政治理论课教师的关键作用。进入新时代，思想政治教育政策注重社会主义核心价值观的引领作用，注重优秀传统文化的创造性转化、创新性发展，注重思想政治理论课主渠道和思想政治理论课教师的关键作用。2013 年，教育部连续印发《普通高等学校辅导员培训规划（2013—2017 年）》《普通高等学校思想政治理论课教师队伍培养规划（2013—2017 年）》两个文件，通过系统化培训，使辅导员、思想政治理论课教师作为大学生思想政治教育的骨干力量得以加强，向着专业化、职业化、专家型方向发展。全国宣传思想工作会议和全国高校思想政治工作会议的相继召开，为思想政治教育政策指明了发展的方向。思想政治教育更加注重对教育对象的人文关怀和心理疏导，同时对教育者的师德师风也提出了更高的要求。2014 年，教育部出台《关于建立健全高校师德建设长效机制的意见》。2018 年，中共中央、国务院出台《关于全面深化新时代教师队伍建设改革的意见》，突出强调了高校加强师德师风建设的重要性。同年，教育部先后印发《高校思想政治理论课教师队伍建设专项工作总体方案》《教育部关于加强新时代高校“形势与政策”课建设的若干意见》等文件，将思想政治理论课教师和思想政治理论课摆在更加重要的位置，更加突出了教师和课程在大学生思想政治教育中的重要作用。

三是提出思政课程与课程思政融合育人。2018 年 9 月，习近平总书记在全国教育大会上，做出了“思想政治工作是学校各项工作生命线”的重要论断，提出要坚持中国特色社会主义教育发展的道路。“新时代高教 40 条”从宏观层面和微观层面强调了思政课程与课程思政的融合育人的格局。

这一时期，以习近平同志为核心的党中央把高校思想政治工作摆在突出位置，作出一系列重大决策部署，各地区各有关部门和各高校采取有力有效措施，积极主动开展工作，创造了许多成功做法，积累了诸多宝贵经验。大学生思想政治教育成效显著，教师思想政治素质明显提高，各类思想文化阵地建设不断加强，中国特色社会主义理论体系进教材、进课堂、进头脑工作扎实有效，社会主义核心价值观建设持续推进，高校意识形态领域主流积极健康向上。广大师生对以习近平同志为核心的党中央拥护信任，对党中央治国理政新理念新思想新战略高度认同，对中国特色社会主义和中华民族伟大复兴中国梦充满信心。高校思想政治工作持续加强和改进，呈现出良好发展态势，为保证高等教育改革发展、服务党和国家工作大局作出了重要贡献。

八、高校思想政治教育政策的创新发展阶段（2019 年至今）

2019 年 3 月 18 日，习近平总书记主持召开学校思想政治理论课教师座谈会并发表重要讲话。习近平总书记强调指出，办好思想政治理论课，最根本的是要全面贯彻党的教育方针，解决好培养什么人、怎样培养人、为谁培养人这个根本问题。党的总书记亲自主持召开这个主题的会议，在我们党的历史上是第一次，在新中国教育史上更是具有里程碑意义的大事件。在新的历史起点上，高校思想政治教育政策更加注重教育工作的广度、深度及其系统性与协同性。

一是推动思想政治理论课改革创新。2019 年，习近平总书记在学校思想政治理论课教师座谈会上指出，思想政治理论课教师要坚持“六个要”，推动思想政治理论课改革创新要坚持“八个相统一”。习近平总书记着重强调，新时代贯彻党的教育方针，要坚持马克思主义指导地位，贯彻新时代中国特色社会主义思想，坚持社会主义办学方向，落实立德树人的根本任务，坚持教育为人民服务、为中国共产党治国理政服务、为巩固和发展中国特色社会主义制度服务、为改革开放和社会主义现代化建设服务。同年，中共中央办公厅、国务院办公厅印发的《关于深化新时代学校思想政治理论课改革创新的若干意见》以及中共教育部党组印发的《“新时代高校思想政治理论课创优行动”工作方案》，即是贯彻落实习近平总书记在学校思想政治理论课教师座谈会上的重要讲话精神的重要举措。

二是党的二十大报告为做好高校思想政治工作提供了根本遵循。2022 年，党的二十大报告指出，“办好人民满意的教育。教育是国之大计、党之大计。培养什么人、怎样培养人、为谁培养人是教育的根本问题。育人的根本在于立德。全面贯彻党的教育方针，落实立德树人根本任务，培养德智体美劳全面发展的社会主义建设者和接班人。”习近平总书记关于高校思想政治工作和青年学生成长成才的重要讲话精神，以及党的二十大对新时代新征程教育事业的战略部署，为进一步做好高校思想政治工作提供了根本遵循。之后，教育部提出要牢牢把握教育的政治属性，更加突出从国家利益的大政治上看教育，坚定不移培养社会主义建设者和接班人；要牢牢把握教育的战略属性，更加突出从教育科技人才一体推进的大战略上办教育，坚定不移服务社会主义现代化强国建设；要牢牢把握教育的民生属性，更加突出从经济社会发展的大民生上抓教育。要着力构建落实立德树人根本任务新生态新格局，坚持不懈用习近平新时代中国特色社会主义思想铸魂育人，启动实施立德树人工程。

三是加快构建高校思想政治工作体系。2020 年，教育部印发《教育部等八部门关于加快构建高校思想政治工作体系的意见》。意见明确提出，以习近平新时代中国特色社会主义思想为指导，全面贯彻党的教育方针，坚持和加强党的全面领导，坚持社会主义办学方向，以立德树人为根本，以理想信念教育为核心，以培育和践行社会主义核心价值观为主线，以建立完善全员、全程、全方位育人体制机制为关键，全面提升高校思想政治工作质量。要健全立德树人体制机制，把立德树人融入思想道德、文化知识、社会实践教育各环节，贯通学科体系、教学体系、教材体系、管理体系，加快构建目标明确、内容完善、标准健全、运行科学、保障有力、成效显著的高校思想政治工作体系。意见突出强调，要加强党的全面领导，要把高校思想政治工作摆到重要位置，切实加强组织领导和工作指导。要强化工作协同保障，推动形成学校、家庭和社会教育协同思政育人机制。

四是提升马克思主义学院建设的科学化、规范化、现代化水平。为切实发挥思政课立德树人关键课程作用和马克思主义理论学科引领作用，打造马克思主义理论教育教学、研究、宣传和人才培养的坚强阵地，教育部自 2019 年以来，相继出台了一系列配套文件。同时，对课程、学科、科研平台以及师资队伍建设提出了更高要求，作出了更加细致的规定，研究制定了《普通高等学校马克思主义学院建设标准》（目前是 2023 版，2019 版已废止），明确了组织领导与管理、思政课教学、教师队伍培养、马克思主义理论学科建设、党的建设与思想政治工作等指标要求，为进一步建强建好马克思主义学院，使之成为办好高校思政课的坚强战斗堡垒提供了科学指南。

五是实施课程思政建设指导纲要。2020 年 6 月，教育部印发《高等学校课程思政建设指导纲要》，要求统筹协调所有高校、教师和课程共同承担育人责任，解决专业教育与思政教育“两张皮”问题，发挥各门课程育人与育才的重要作用，要求思政课程与课程思政同向发力，推动“思政课程”与“课程思政”协同育人。

这一时期，在习近平新时代中国特色社会主义思想的指导下，结合新时代发展要求、思想政治工作规律和大学生思想行为新动态，我国不断拓展高校思政教育工作的内容、方法和路径，更加强调借助融媒体技术的传播作用，运用群众性主题实践和中华优秀传统文化的教育内涵，切实将广大大学生凝聚在中国特色社会主义伟大旗帜下。随着新时期政策的大量出台，各级各部门对思想政治工作的重视程度、支持力度与管理要求都大幅提升，广大师生参与思想政治工作的积极性和主动性也在不断增强，各高校乃至全社会营造起浓厚的育人氛围，思政政策发展进入全新历史阶段。

第二节　高校“一站式”学生社区的政策推进

为深入贯彻落实习近平新时代中国特色社会主义思想，加快构建高校思想政治工作体系，努力培养担当民族复兴大任的时代新人，培养德智体美劳全面发展的社会主义建设者和接班人，自 2019 年起，教育部启动了高校“一站式”学生社区综合管理模式建设工作，依托书院、宿舍等学生生活园区，探索学生组织形式、管理模式、服务机制改革，将园区打造成为集学生思想教育、师生交流、文化活动、生活服务于一体的教育生活园地。

一、从学生公寓到学生社区的演变

（一）学生公寓到学生社区的演变，是从单一的居住空间向多功能、复合型的社交空间的转变

学生公寓主要是为学生提供基本的居住空间，包括床铺、书桌、衣柜等基本设施，其功能相对单一，主要是满足学生的基本生活需求。伴随学生需求的多样化，宿舍开始不仅仅是居住空间，还逐渐发展成为社交空间。学生可能在公寓内进行学习、交流、娱乐等活动，公寓内部也逐渐出现了共享设施，如公共厨房、休息区等。2002 年，教育部《关于进一步加强高等学校学生公寓管理的若干意见》指出，“学生公寓是学生日常生活与学习的重要场所，是课堂之外对学生进行思想政治工作和素质教育的重要阵地”。新形势下，学生公寓所承载的学习、生活、交往等复杂属性正不断叠加，使得育人工作开展的复杂性与不确定性也逐步增强。通过学生公寓生活思政的教育引导效应，将显性教育与隐性教育有机结合，将解决思想问题与实际问题有机融合，使得学生公寓成为高校协同育人的重要空间载体。因此，党建进公寓工作真正延展了高校育人链条，有效弥补了传统党建工作的局限与“盲区”，成为继承和创新高校学生党建工作的重要支撑。

随着学生公寓功能的不断丰富和完善，学生社区的概念逐渐形成。学生社区不仅提供居住空间，还包含各种公共设施和服务，如图书馆、健身房、餐饮店等。这一阶段，学生社区已经成为学生生活的重要组成部分，满足了学生在学习、生活、娱乐等多方面的需求。从学生宿舍到社区的演变，可能受到多种因素的影响，包括学生需求的变化、政策的推动、技术发展的推动等。

（二）首次将“社区”概念引入思政教育工作，将高校思政工作与学生社区建设相结合

2004 年，教育部、共青团中央《关于进一步加强高等学校校园文化建设的意见》指出，“要充分发挥学生社区、学生公寓、网络虚拟群体等新型大学生组织在校园文化建设中的重要作用，加强有效引导，确保校园文化的正确发展方向”，首次在高校的思想政治教育工作中提出了“学生社区”这一概念。同年，中共中央、国务院印发的《关于进一步加强和改进大学生思想政治教育的意见》，对高校在大学生生活社区、学生公寓进行思想政治教育工作提出了明确的要求。该文件也是首次将“社区”概念引入思想政治教育工作，将高校思政工作与学生社区建设相结合。

2005 年，第 14 次全国高校党的建设工作会议要求，要积极探索在学生公寓、学生社区和学生社团中建立党组织，不断创新党的组织设置形式。之后，教育部持

续推进加强高校学生住宿管理，要求选派足够数量的辅导员进驻学生公寓，做到“同住、知情、关心、引导”。

2011年，教育部《普通高等学校学生心理健康教育工作基本建设标准(试行)》首次提出，在学生社区中开展心理健康教育，要求“有条件的高校可在院系及学生宿舍设立心理健康教育辅导室”。

2012年，《全国大学生思想政治教育工作测评体系(试行)》将“定期开展学生宿舍及生活园区文化活动”“生活园区设有学生党团活动室”等内容列为评价指标。

2016年，中共中央、国务院《关于加强和改进新形势下高校思想政治工作的意见》指出，要贴近师生思想实际，以改革创新精神做好高校思想政治工作，建立健全校领导、院系领导联系师生、谈心谈话制度，加强学生互动社区建设，运用大学生喜欢的表达方式开展思想政治教育。随着领导力量、管理力量、思政力量、服务力量有序下沉到学生公寓，学生公寓党建工作将育人工作与日常生活学习相结合，正在成为思政工作的主阵地、主渠道。在此背景下，高校学生公寓在为学生提供更为多元化、差异化成长服务的同时，也进一步凝聚自身比较优势，不断拓宽高校党建工作路径。

(三)学生社区既具有鲜明的学校特色，又具有典型的社区属性

学生社区作为学生学习生活的重要场所，既具有鲜明的学校特色，又具有典型的社区属性。一方面，学生社区突出“五育并举”，凸显在第二课堂和第三课堂的阵地优势，成为美育与劳动教育的重要抓手，为思想观念、道德品质和行为习惯等非智力因素培养提供拓展功能；另一方面，学生社区成为党员发展培养和学生干部队伍建设的重要观测点，成为生活教育的重要阵地，兼顾立体化引导与过程化表现，构建起学生个体“画像”，为学生的综合发展提供助推力。因此，学生社区本身就是一个功能齐全的小型社会，除了有其自身的特点外，也具备其他居民社区的功能和设施。在学生社区内开展思想政治教育和劳动实践活动具有重要的意义，既能充分发挥其生活功能优势，又能拓展学生社区的育人功能。

二、高校“一站式”学生社区建设的政策演进

实施高校“一站式”学生社区综合管理模式建设，是深入学习贯彻习近平总书记关于教育的重要论述，提升新时代高校党建和思想政治工作系统化、精细化水平的重要改革举措。中央高度重视、高位推动，中央教育工作领导小组专门作出部署安排，教育部会同中央有关部门在《关于加强高校党的政治建设的若干措施》《关于加快构建高校思想政治工作体系的意见》等重要文件中提出具体举措。

(一)从启动试点到深化试点的政策演进

2019 年,第 26 次全国高校党的建设工作会议上,中央领导同志讲话强调,要针对大类招生、书院制等新情况给高校党建和思想政治工作带来的挑战开展研究。同年,教育部发布《关于深化本科教育教学改革全面提高人才培养质量的意见》,积极开展“一站式”学生社区综合管理模式建设试点工作,并设立了 10 所试点高校,明确要求“通过一站式综合管理模式建设试点,推动学生社区教育培养模式、管理服务体制、协同育人体系、支撑保障体系改革”,要求配齐配强学业导师、心理辅导员、校医等,建设师生交流活动专门场所。

2020 年,教育部等八部门印发的《关于加快构建高校思想政治工作体系的意见》指出,“将园区打造成为集学生思想教育、师生交流、文化活动、生活服务于一体的教育生活园地”。同年,中共教育部党组、中共中央纪委机关、中共中央组织部、中共中央宣传部《关于加强高校党的政治建设的若干措施》提出,“全面推进“三全育人”综合改革,加快构建高校思想政治工作体系。着眼党建和思想政治工作对青年学生全员全息覆盖,实施一站式学生社区综合管理模式改革,把校院领导力量、管理力量、思政力量、服务力量压到学生中间。”

2021 年,教育部印发《关于深化“一站式”学生社区综合管理模式建设试点工作的通知》,明确新增 21 所试点高校,要求创造新时代高校版“枫桥经验”,“在全部或部分试点领域形成面向全国高校可推广、可复制的经验模式”。同年,教育部出台《关于依托云平台深化“一站式”学生社区综合管理模式建设工作的通知》,要求吸纳高校自主开展试点,凝练特色做法,推动交流互鉴,深化“一站式”学生社区育人成效。依托云平台,拓展高校参与试点渠道,实现试点工作网络管理,发挥试点高校示范带动作用,加快把高校学生社区打造成为学生党建前沿阵地、“三全育人”实践园地、平安校园样板高地的进程,创造新时代高校版“枫桥经验”。同时,要强化与主流媒体、新兴媒体的密切合作,推动“一站式”改革信息资源全网共享、全媒体推送、全渠道宣传,深化工作成效。

2021 年初,在系统总结前一阶段试点进展基础上,教育部思政司研究提出深化试点工作的指导意见,制定试点工作指南,推动高校系统升级试点任务,全面提升工作力度。在教育部印发的《关于深化“一站式”学生社区综合管理模式建设试点工作的通知》中,指导 31 所试点高校深化教育培养模式、管理服务体制、协同育人体系、支撑保障机制改革,在党委领导、队伍入驻、学生参与、条件保障等方面,创机制、拿举措、出办法,在全部或部分试点领域形成面向全国高校可推广、可复制的经验模式。试点工作总体思路是:坚持以“党委领导”强责任、聚合力,以“学工牵头”强体系、显特色,以“教师协同”强支撑、促长效,以“学生参与”强覆盖、育自觉,以“支部引领”强阵地、树导向,以“社团助力”强载体、建氛围,以“辅导员入驻”强机制、抓落实,引领学校党员干部、教职员工践行“一线规则”,为推进高等教育治理体系和治理能力现代化、扎根中国大地办好中国特色社会主义大学延伸实践路径、夯实内涵支撑。

(二)从深化试点到全面覆盖的政策演进

2023年3月21日,教育部党组召开高校“一站式”学生社区综合管理模式建设工作推进会。会议指出,从2019年10所高校率先试点,到2021年31所高校集成探索,再到2022年扩大覆盖至1447所各级各类高校,实现了“三步迈进”,通过各地各高校的督促落实和创新推动,将学生社区建设成为学生党建前沿阵地、“三全育人”实践园地、智慧服务创新基地、平安校园样板高地,取得了明显成效。会议强调,要把在全国高校全面推进“一站式”学生社区综合管理模式建设,作为教育系统贯彻落实党的二十大精神和2023年全国两会精神的重要举措,作为构建高校思想政治工作新生态的重要支撑,作为推进“时代新人铸魂工程”的重要行动,落到实处、抓出实效。同时,会议要求,要扛起工作责任,加快推动高校“一站式”学生社区综合管理模式应建尽建、全面覆盖。

三、高校“一站式”学生社区建设的实践演进

(一)摸索阶段

2019年,教育部启动“一站式”学生社区综合管理模式建设试点工作,遴选确定北京航空航天大学、浙江大学、厦门大学、西安交通大学、东北大学、华南理工大学、河北大学、上海大学、深圳职业技术学院、西安外事学院等10所高校作为首批试点单位。各试点高校党委落实主体责任,从党建引领、管理协同、队伍进驻、服务下沉、文化浸润、自我治理6个方面入手,强化目标导向,坚持改革驱动,拿出真招实招,着力打造了富有中国特色、体现思政要求、贴近学生实际的生活园区,在实践中积累宝贵经验,深化了对“一站式”学生社区综合管理模式建设规律的认识,促进形成“三全育人”工作格局,各项工作取得积极进展和初步成效。

2021年7月,教育部新增21所试点高校(北京大学、清华大学、天津大学、哈尔滨工业大学、复旦大学、上海交通大学、同济大学、南京大学、东南大学、华中科技大学、中南大学、中山大学、四川大学、南昌大学、北京工业大学、太原理工大学、苏州大学、河北工业职业技术大学、黄河水利职业技术学院、北京城市学院、武汉东湖学院),进一步扩大试点范围。7月底,在西安交通大学召开现场推进会,就深化试点作出具体部署,安排首批10所试点高校逐一介绍做法和经验,组织参会人员实地观摩学生社区。

(二)凝练阶段

2021年8月以来，为推广试点经验，鼓励更多的高校积极参与“一站式”学生社区建设，教育部在第27次全国高校党建会上，安排西安交通大学以“学生社区育人工作”为主题作交流发言，向参会代表发放试点阶段性成果画册、播放专题宣传片。同时，在光明网等平台面向全国高校专题展示试点高校做法和成效。另外，建设“一站式”学生社区试点工作云平台，开展信息即时发布、数据汇总集成、经验交流互动、项目评比展示，吸引、鼓励、支持更多有意向有条件的高校主动开展学生社区“一站式”改革，积极探索，凝练典型做法、工作品牌、成熟机制，形成一整套可复制、可推广的制度体系，为全国各级各类高校提供路径探索和典型示范。2021年，“一站式”学生社区综合管理模式建设试点高校已扩大至100所。

(三)覆盖阶段

《教育部2022年工作要点》提出，“推进‘一站式’学生社区综合管理模式，实现对1000所左右高校有效覆盖”。2022年，已有1447所高校开展“一站式”学生社区建设，约占高等院校总数的52.4%(核算基数以教育部官网发布的截至2022年5月31日《全国普通高等学校名单》数据为准)，其间在学生社区内共成立党组织2.1万个，团组织近10万个，实现党团组织基本覆盖，纵到底、横到边、全覆盖的基层党建工作格局进一步巩固拓展，学生社区逐步成长为学生党建的前沿阵地(教育部网站，2023年1月29日)。可见，打造富有中国特色、体现思政要求、贴近学生实际的“一站式”学生社区综合服务管理模式，已成为新时代高校人才培养工作的重要改革方向和要求。此后，教育部积极贯彻落实习近平总书记重要讲话精神，站稳人民立场，践行“一线规则”，推进高校“一站式”学生社区综合管理模式建设工作，确保党的组织和党的工作全覆盖，努力做到学生在哪里，哪里就有党的工作，有党的引领，着力构建培养时代新人的创新场域。

2023年3月，教育部组织召开高校“一站式”学生社区综合管理模式建设工作推进会，要求在全国高校全面推进“一站式”学生社区综合管理模式建设。这一阶段，在高校“一站式”学生社区建设中强化党的基层组织建设，主要围绕加强思想政治工作及其队伍建设、学生会和学生社团改革提出了明确要求。一方面，党的基层组织建设嵌入社区。“一站式”学生社区需要统筹各要素的有效衔接和高效协同，推动校院领导、专业教师、思政队伍、管理力量、服务资源下沉到学生身边，形成强大育人合力，进而整体提升育人质量，服务学生成长成才。这就要求全校教职工要切实提高政治站位，从坚守“为党育人、为国育才”初心使命的角度，来认识“一站式”学生社区建设，从而打破壁垒、弥合差异；要建立由上至下的党组织架构，实现纵向拉伸，筑牢党的基层阵地堡垒，使其成为各层各级党组织服务、思想政治教育、党员培养、学生组织、社团管理等方面工作有力推进和宣传展现的重要平台。另一方面，各个高校在顶层设计上系统谋划社区建设。各高校的发展情况、基建情况、人力物力财力各不相同，因而学校要在顶层设计上围绕“一站式”学生社区的体制机制、项目布局、队伍建设、条件保障等方面进行系统谋划，统筹谋划“一站式”学生社区建设方向。

通过以上政策梳理不难发现，“一站式”学生社区的建设已成为新时代高等教育改革创新发展的战略选择，是加强高校党的建设和思政工作的体制机制创新，是现代大学治理体系建设的时代诉求，是高校育人体系的实践创新平台。

第四章　高校“一站式”学生社区建设的实践探索

自2019年起，我国启动高校“一站式”学生社区综合管理模式建设试点工作以来，教育部委托清华大学、浙江大学、厦门大学、北京航空航天大学、西安交通大学等高校开展了试点建设，并以试点高校带动全国高校，以“网格化”管理推动教育培养模式、管理服务体制、协同育人体系、支撑保障机制等的改革创新，进一步夯实基础、突出重点、建立规范、落实责任，在全国范围内开始了富有中国特色、体现思政要求的“一站式”学生社区建设的实践探索。

第一节　北京地区高校“一站式”学生社区建设探索实例

一、清华大学：“从游”育人文化＋“四位一体”学生社区管理模式

作为教育部深化“一站式”学生社区综合管理模式建设试点高校，清华大学依托书院，贯彻“以生为本”的管理理念，从党建引领、队伍入住、学生参与、条件保障等维度，构建起“四位一体”的学生社区教育管理模式，将学校管理经验转化为机制创新，将资源优势转化为育人优势，形成了“从游”的社区育人文化，进一步夯实全员、全过程、全方位的育人格局。

(一)“从游”文化：“一站式”学生社区建设的落脚点

清华大学“一站式”学生社区建设是围绕书院制而展开的。自2014年起，学校先后成立新雅、致理、日新、未央、探微、行健、求真等书院，推动人才培养创新探索。书院在推进“一站式”学生社区建设方面具有先天优势。书院建设具有“住宿学院制”的部分特点，既可满足学生对良好的住宿、生活环境的需要，又便于构建书院教师与学生教学相长的共同体，实现了“一站式”学生社区在物理空间与社会空间、管理空间与育人空间上的耦合。同时，传统开展学生思政工作的组织载体主要是按专业、年级等划分形成的团支部、班级，但随着学分制、大类招生、“宽口径培养”等举措和理念的推行，学生差异化的时间安排和个性化的生活习惯，在一定程度上弱化了班团组织的功能，依托传统模式的组织化引导渐渐乏力。“一站式”学生社区建设的重要目标就是解决此类问题。依托书院制开展“一站式”学生社区建设，可

实现传统班团组织模式与社区组织模式相结合，延拓育人空间场域，达到相互补位、相辅相成的育人效果。

清华大学在"一站式"学生社区建设过程中，形成了"从游"的育人文化。所谓"从游"，源自春秋时期的私家讲学活动，即"跟从游历""从游而学"。其教育特点是学生与老师相伴相随，通过老师的言传身教、耳濡目染，承接智慧、增长阅历，完成思想的升华。1941年，《清华大学学报》刊载了清华大学老校长梅贻琦的《大学一解》一文，文中将师生关系概括为"从游"关系："学校犹水也，师生犹鱼也，其行动犹游泳也。大鱼前导，小鱼尾随，是从游也。从游既久，其濡染观摩之效，自不求而至，不为而成。"（梅贻琦，1941）"从游"社区育人文化的形成，是"一站式"学生社区建设的落脚点，在于能否形成优秀的、积极的、先进的社区育人文化，并内化为社区中每个独立个体都能树立起的思想认同、外化为能自觉践行的行为规范，达到在社区实现以文化人、社区群体共同涵养社区文化的良性状态。

"从游"教育，不仅讲究言传教育，也突出了在日常场景下"于无声处"对学生进行施教，与"一站式"学生社区建设所强调的各类育人力量的下沉与学生自我教育、自我管理的目标相通相近，二者是可以相互促进的。一方面，"从游"文化的形成是"一站式"学生社区"以生为本"管理理念的集中彰显；另一方面，"从游"所倡导的浸润式育人环境，为进一步落实"以生为本"的管理理念奠定了基础。

"一站式"学生社区建设的最终目标，是培养可堪大任的时代新人。因此，学生社区综合管理模式的构建，必须贯彻"以生为本"的管理理念，让管理机制、管理路径、管理手段的创新紧紧围绕育人目标。

（二）"四位一体"："一站式"学生社区建设的实践分析

清华大学在"一站式"学生社区综合管理模式建设试点工作中，开展了以党建引领为核心、以队伍入驻为抓手、以学生参与为重点、以条件保障为支撑的探索实践，"四位一体"，并举发力（魏晶 等，2023）。

1. 党建引领，提供组织保障

"一站式"学生社区建设，必须坚持党对一切工作的领导，自上而下提供充分的组织和思想保障。在工作推进过程中，学校党委高度重视，领导班子成员强化"一岗双责"，将建设工作"提上来""落下去"，及时协调解决机制构建、资源配置、联络协调、经费保障等方面的问题，形成党委统一领导、各单位各负其责、全员协同配合的工作格局。同时，"一站式"学生社区是高校基层党组织凝聚党员力量、夯实群众基础的空间载体，将党组织生活、党员先锋模范作用的发挥下沉到社区，可以有效增强基层党组织的组织力，是加强学生党建工作的重要抓手。在试点建设中，清华大学将横向组织体系与纵向组织体系相结合，实现了党团组织对楼宇的全覆盖。一方面，以"书院党总支-各党支部-各班党小组或党课小组"为横向组织体系，以

“党委学生部-书院党总支学生组-各带班辅导员-学生党员”为纵向组织体系，并借助团委、学生会等群团组织的作用发挥，横纵交织，织密学生思想引领与服务管理网络。同时，创造性地提出了教工党员深度参与的积极分子培养模式，邀请书院导师、校机关教师中经验丰富的老党员，担任学生的积极分子联系人，强化党员发展工作。另一方面，探索建立线上线下党员责任区、先锋岗等机制，积极推动学生党员通过志愿公益、勤工助学等方式，在垃圾分类、社区环境治理、自行车管理等社区事务中积极发挥作用，通过广泛设立党员责任区、先锋岗，让学生党员在社区“亮身份、担表率、作贡献”，充分发挥党员的先锋模范作用和党支部的战斗堡垒作用。

2. 队伍入驻，践行“一线规则”

“一站式”学生社区建设所强调的队伍入驻，是践行“一线规则”的重要体现。从清华大学的经验做法来看，入驻社区的队伍主要可以分为三支：第一支队伍是学校、部门、院系（书院）的党员领导干部。通过定期开展座谈会、班团集体活动等形式，及时解决学生思想、学习、生活、发展等方面的实际问题。同时，党员领导干部担任社区“楼长”，参与社区管理，促进师生交流。第二支队伍是学生发展支持机构。例如，常态化引入学生心理辅导、学业发展指导、职业发展指导、相关课程授课指导等专业资源，派驻专业教师进入社区提供服务，把心理咨询、学业辅导、生涯规划、学术微沙龙等服务送到学生身边，满足学生日益增长的个性化发展需求，同时及时发现和化解学生学业困难和心理危机等问题，打造良好的社区环境。第三支队伍是包括辅导员、学业导师等在内的各方育人资源和力量。清华大学为“双肩挑”辅导员提供在书院的工作和住宿空间，实现与学生同吃、同住、同生活，做到全员覆盖、全时保障、全面指导，做好深入细致的思想政治工作。同时，推行学业导师制，选拔各学科、各院系的优秀专任教师担任学生的学业导师，建立起和谐的师生关系。

3. 学生参与，强化自我管理

除了“自上而下”的组织保障，清华大学探索在社区中建立学生自我管理、自我服务的组织体系，推动学生组织参与社区治理，共同构成了含有“自下而上”的“双线程”管理模式。在校党委领导和各级党组织的具体指导下，推进各公寓楼的学生楼委会建设，通过完善职能、规范运作、建强骨干队伍，充分调动学生参与社区治理的积极性和主动性。选拔楼内在住院系代表和“学生楼长”加入楼委会，通过与宿管、楼长的密切配合，参与楼内事务管理，及时沟通解决社区内各类问题，搭建“社区”与“学生”之间的沟通桥梁，助力和谐社区建设。同时，结合各书院的建设发展理念，发挥学生在校园文化、社区文化建设方面的重要作用，挖掘和利用好社区公共空间和资源，融入学生文明教育，积极打造各具特色的社区文化环境，为学生营造文明、安全、美丽、绿色、宜居的社区场所，实现“硬”管理向“软”浸润转变，让学生参与其中、活跃其中、受教其中。另外，积极挖掘社区内的劳动育人资源，鼓励学生通过党支部、班团集体活动或个人参与，通过志愿服务、勤工助学等方式参与社区建设，强化学生在社区建设中的主人翁意识。

4.**条件保障，精准对接学生需求**

社区的物理空间建设是社区发挥育人功能的现实载体，在“一站式”学生社区建设中起着基础性作用。在传统的住宿功能外，清华大学在加强社区楼宇公共空间的建设，并结合楼宇分布特点，通过各片区学生活动中心和楼内“轻空间”建设的结合，充分满足学生阅读、研讨、咨询、展示、健身、休闲、党团班活动等需求，提升学生在社区的学习生活体验。同时，单纯物理空间的建设，往往难以满足“一站式”学生社区在功能整合、服务供给等方面的要求，因此在实践中，进一步融入了社会空间的打造。所谓社会空间，即学生生活、服务、交流等需求依托的载体。例如，清华大学通过建设“云上学生清华”等信息化系统，打造学生线上“一站式”服务平台，精准对接学生需求，常态化提供便捷服务；推进完善线下“一站式”服务大厅建设，实现线上、线下服务的高效融合。

“一站式”学生社区综合管理模式建设，归根结底，是要把握学生社区这一学生在校学习生活的重要场景，结合思政教育的新形势以及学生群体的新特点、新需求，通过合理的要素分配，加强党建引领、队伍入驻、学生参与、条件保障，汇聚协同育人合力。同时，综合管理模式探索和改革的“出口”，在于优秀的社区育人文化的形成，进而回答好“为谁培养人、培养什么人、怎样培养人”这一根本问题。这一点，是值得在“一站式”学生社区建设过程中不断积累和沉淀的(魏晶等，2023)。

二、北京航空航天大学：把最好的资源给学生，用最好的条件建社区

北京航空航天大学作为入选教育部“一站式”学生社区建设试点首批高校之一，着力推动机制创新，有效汇聚校内外资源，初步建成富有北航特色、体现思政要求、贴近学生实际的生活园区，推动思政工作科学化和精细化水平不断提升。

(一)“一站式”学生社区建设现状

北京航空航天大学汇聚校内外全员育人强大合力，坚持立德树人根本任务，依托大类培养和书院制建设，持续推进教育培养模式、管理服务体制、协同育人体系、支撑保障机制等改革探索，在构建体系机制、实施精准思政、建设一流学生社区等方面下功夫，推动校院领导力量、管理力量、思政力量、服务力量压到学生中间，着力打造党建引领前沿阵地和“三全育人”实践园及“一站式”试点的北航模式，推动学校思政工作科学化和精细化水平不断提升。

1. 党建引领，构建一体贯通新格局

第一，强化党委统筹领导。一是党委高度重视。学校成立试点工作领导小组，党委书记和校长亲自任组长，学校党委常委会将"一站式"建设作为重要议题，党委多次召开专题会议，研究空间建设、机制构建等关键问题。二是加强顶层设计。将"一站式"学生社区建设纳入"北航新时代人才培养领航行动计划"，在2022年学校人才培养大会上专题报告，凝聚全校共识。三是形成制度举措。相继出台有关学风建设、导师制、学生评价等十余份文件，健全工作机制保障。

第二，提升社区基层党建质量。一是试点设立社区功能型党支部。汇聚全校党建资源，选聘优秀党员担任联系人，创新开设"党史导学""四史导学"等专题思政课，举办学生成长成才报告会，提升入党积极分子培养质量。二是打造"书院＋学院"协同党建模式。制定书院与学院本科生党建工作协同实施办法，明确各方责任，建立书院学院双向覆盖、培养过程相互衔接、模范作用共同发挥的党建工作协同模式。三是发挥党员先锋模范作用。为党员宿舍挂牌，设立党员先锋岗、责任区，践行学业辅导、科技指导、社区志愿等，彰显党员"头雁效应"。

第三，加强精准思政建设。一是系统打造工作体系。建立校级、院级、学生基层组织为"三横"，党组织线、学工线、团学线为"三纵"的"三横三纵"学生工作体系，落实工作任务，建强基层组织。二是分级分类压实责任。明确校党委常委会、校长办公会、学院党政联席会等各级会议关于学生工作的议事内容，厘清辅导员、班主任、导师三支队伍的职责和工作途径，实现校院生贯通、党团班联动，全面提升学校学生工作水平。三是建好学生大数据中心。建立集教育、管理、服务多功能于一体的思政系统及便捷化信息平台，打通学生全域业务应用，利用信息化手段实现精准服务。

2. 队伍入驻，构建全员思政新体系

坚持用最优秀的教师、最贴心的行动培养、关爱学生，形成"以学生为中心"的力量汇聚机制，实现思政、教学、管理、服务队伍与学生零距离。

第一，领导干部深入学生基层。一是学校党委书记、校长带头践行"一线规则"。党委书记面向万名本科生、研究生新生主讲"开学第一课"；校长为党校入党积极分子讲授党课。二是全体校领导深入学生一线。全体校领导带头参加班级活动、下宿舍、为学生讲思政课、到课堂听课，授业解惑、关爱学生。三是部处院系领导深入社区。机关部处、学院领导每人联系学生支部、班级，担任专属导师，掌握学生状态和成长需求，帮助学生解决思想、学习、生活等实际问题。

第二，着力推进辅导员驻楼制。一是明确工作职责。制定辅导员驻楼工作指南，专兼职辅导员入驻宿舍楼，每周走访宿舍，至少5天与学生同吃、同住、同生活。二是开展主题交流。在社区内组织小组座谈、谈心谈话、导员夜话等活动，强化思想引领，有效解决学生疑惑，实现"开门办思政"。三是做好重点学生深度辅导工作。全面了解学生思想动态和生活状态，全力化解风险隐患，有效保障学生身心健康。

第三，推动专业力量入驻社区。一是开展思政教师驻楼试点工作。每周安排1名教师入驻学生社区至少1天，与辅导员协同备课，与学生辨析理论问题和时事政策，实现思政课堂的有效延伸。二是加强心理健康教育。加强制度建设，试点心理咨询师进驻社区，开展个体咨询、团体辅导等活动，送服务进社区。三是全覆盖配备本科生导师。大一学生配备学业导师，大二、大三学生配备专属导师，每月至少开展一次导学活动，在学业、生活、心理、生涯规划等方面实现导心、导向、导行，使学生匿名满意度达95%以上。

3. **学生参与，构建自我服务新模式**

学校充分激发学生主人翁意识，引导学生参与社区建设，推进朋辈辅导常态化和志愿服务全覆盖，形成党委领导、社区搭台、学生唱戏的工作模式。

第一，加强学生社区组织建设。一是设置社区学生管理中心。社区管理实行"预约-审批-使用"机制，由学生团队自我管理、自我服务，做好交流空间的运营、维护、装饰和管理工作。二是组建学生社区志愿服务队伍。学生主动开展宣传提醒、校园清扫、退休教师帮扶等志愿服务。三是加大社区学生勤工助学激励力度。修订勤工助学管理办法，提升酬金标准，增加岗位数量，鼓励学生积极参与社区服务。

第二，形成特色社区文化。一是突出榜样示范引领。自编自导自演《罗阳》《百年守锷》等校园大师剧，传承"空天报国"情怀。二是营造社区"家"文化。开展学生宿舍行为规范教育，定期举办"同读一本经典""阳光晨跑""宿舍文化月"等活动，引导学生共同打造和谐共进的社区氛围。三是强化学生劳动习惯。出台《北京航空航天大学劳动教育工作方案》，开展"五一"劳动嘉年华、劳动教育月、社区网格化志愿服务等，评选社区劳动模范、最美宿舍，持续提升学生劳动素养。

第三，实施"梦拓"计划。一是配备新生朋辈"梦拓"。选聘高年级优秀学生，按照新、老生5∶1组成近千个"梦拓"小组。二是组织多样化"梦拓"活动。开展红色宣讲、领学助学、文化欣赏、集体出游等活动，为新生提供情感支持和贴心陪伴。三是评选"十佳梦拓"。分享朋辈互助优秀经验做法，强化新生对"梦拓"的情感认同和工作传承。

4. **条件保障，构建社区育人新平台**

学校加快推进沙河校区"一站式"社区功能空间工程，建成$2\times104\ m^2$公共空间，提高社区软硬件条件和便利化水平。

第一，建成多功能便捷化住宿空间。一是打造单元式住宿新模式。新建成学生公寓4栋，一栋2个单元，每单元8间宿舍，配套20 m^2集体活动空间，用于辅导员与学生谈心、宿舍内学生交流，足不出户办思政。二是建设个性化辅导空间。分类建成党团活动室、师生研讨室、“心灵氧吧”等19间社区活动室，每年开展活动1200余次，参与师生3万余人次。三是建成社区生活服务空间。设置特色书吧、健身房、24小时超市等设施，学生表示“除了去教室上课，一切都可以在社区解决”。

第二，完善学生社区政策保障机制。一是学业导师职称晋升与学生工作经历挂钩。每年认定32课时工作量，连续两年导师工作合格可认定职称晋级达到学生工作经历的条件，激发教师参与社区工作的积极性。二是建立社区工作人员培训机制。组织全体辅导员开展岗前全面培训，每月组织专题培训，在暑期组织集中培训，不断提高辅导员工作胜任力。三是建立健全学生社区联席会制度。学生社区联席会每学期举办2次，辅导员、导师、班主任、心理教师等共同参加，通报社区工作开展情况，分享交流工作体会，与问题学生交流和沟通学生问题，汇聚合力解决学生成长中的实际困难。

第三，建成线上线下综合服务大厅。一是上线“智慧北航”信息化系统。精准对接学生需求，实现选课、图书预约、自助缴费、出入校申请等一网通办。二是打造“一站通办”线下综合服务大厅。设立公共服务区、自助服务区、24小时客服中心等，为学生办理成绩打印、学籍事务、就业派遣、校园卡充值等业务，实现业务办理最多跑一次的目标。

（二）“一站式”学生社区建设的实践思考

通过“一站式”学生社区建设探索实践，学校思政工作的科学化和精细化水平明显提高，全校上下对学生思政工作的认识更加深化，思路更加清晰，行动更加自觉。

第一，坚持党建引领是根本。持续打造党委统一领导、党政齐抓共管、部门各司其职、全员协同配合的工作格局，完善工作体系。抓牢“学习日”制度和功能型党支部建设，党员在社区亮身份、践承诺、办实事、做表率，切实发挥了党员“头雁作用”，让党旗在社区一线高高飘扬。

第二，坚持“一线规则”是关键。坚持“以学生为中心”，驱动育人资源要素不断汇聚整合，让校院领导力量、管理力量、思政力量、服务力量深入学生社区，实现学业、思政、校友等导师体系覆盖全学段，不断丰富学生大数据、心理健康教育、学业辅导等专业平台，引领支持学生成长发展。

第三，坚持资源供给是保障。建成满足学生多元需求的智慧化系统和多功能社区活动空间，树立一批积极心理、学业支持、资助育人等社区品牌，提升社区建设软硬件水平。建立社区工作人员培训机制,不断提高工作胜任力。优化社区建设人员待遇保障,制定落实工作认定细则、津贴发放标准、激励表彰办法,激发教师参与社区工作的积极性(宋晓东 等,2023)。

第二节 上海地区高校“一站式”学生社区建设探索实例

一、复旦大学:推进公共空间升级改造,全方位构建学生社区体系

复旦大学在住宿制书院建设基础上,以“一站式”学生社区试点工作为契机,深入细致地了解公共空间的使用现状和学生的真实需求,发现有利于学生交流和举办各类活动的空间设计要素,因地制宜推进公共空间升级改造,有效促进了师生之间、学生之间的交流,为学生的全面发展提供了空间保障。

(一)“一站式”学生社区建设背景

1. 系统性空间内学生互动交流的需要

随着现代高等教育的发展,师生之间、学生之间的交流需求越来越迫切,对公共空间硬件建设的需求逐年提高。在校园公共空间中,学生公寓是一种比较特殊的建筑类型,它既有教育建筑的属性,又有居住建筑的属性;既有私密的空间,又有开放的空间。但无论是私密空间还是开放空间,它们共同在公寓建筑内组成了一个服务于学生成长的系统性空间,每个功能分区都是这个系统的一部分,彼此关联,缺一不可。学生在这些公共空间内开展各类活动,有利于在交流中产生创新火花,在情感分享中缓解压力,在人际沟通中健全人格,培养独立思考、追求真理的品格。

2. 由学院制管理模式向“书院-学院”协同的全新书院制管理模式转变的需要

当前,深化新时代教育评价改革,落实三全育人政策要求,推动“一站式”学生社区综合管理模式建设,对高校在开展好常规学生工作的同时创新育人模式,不断满足学生成长成才的需求提出了新的要求。实施书院制教育改革,推动“一站式”学生社区的建设成为中国高校教育改革、创新育人机制的一种积极探索和有效尝试,但随着学院制管理模式转向“书院-学院”协同的全新书院制管理模式,这种转变势必带来新的挑战,如何应对教育管理模式的变革,优化育人环境,构建以促进学生综合素质培养为目标的学生发展平台,已成为现阶段促进学生成长成才与推动教育改革迫切需要解决的现实问题。

3.“六维度育人空间”概念的提出

复旦大学推进公共空间升级改造。2017 年复旦大学发布的《2020 一流本科教育提升行动计划》提出教室、书院、社会实践、科研创新创业、海外学习、网络新媒体

“六个维度育人空间”概念，将住宿制书院纳入育人空间范畴，要求全面落实书院建设总体规划，新建或改建一批学生宿舍，完成各书院文化环境和公共空间的改建工作。2019 年，《复旦大学书院立德修身行动计划实施方案》出台，明确提出“推动书院公共空间改造和建设，为师生学术、文化、生活共同体建设提供硬件保障”的建设目标。2021 年，学校入选教育部第二批“一站式”学生社区综合管理模式建设试点单位。近年来，复旦大学在学生公寓公共空间的改造和建设方面加大资金投入力度，由学生工作部牵头，基建处、总务处、保卫处和信息办等职能部处协同，在住宿制书院公共空间建设方面倾注了对学生的真情实感。

（二）“一站式”学生社区需求分析

公寓楼内的公共空间总体呈现“少”“散”“旧”的特点。“少”体现为空间总量少，生均面积少，中型以上空间少。公寓内的公共空间资源较为匮乏，加之住宿学生的性别原因，共享性有限。“散”体现为物理空间分布散，功能配置散。同时，休闲、健身和艺术类空间匮乏。“旧”体现为功能类型旧、空间质量旧、内部设施旧。有的公共空间年份已久，内饰朴素、设施设备陈旧，无法与学生全面发展的教育功能相适应，无法满足学生对美好生活的需求。总体而言，公寓楼内公共空间的总量和生均面积均无法满足书院师生的需求，空间布局上存在结构性不平衡，空间功能上存在结构性短缺，空间品质上无法顺应时代发展需求。学生对某些功能空间的需求迫切，对功能定位和使用体验有较强的预期，主要体现在两个方面：

1. 便捷性需求

学生对空间使用提出了便捷性的需求。学生心中的使用便捷实际上有三个层面的含义，第一个层面是物理空间上的便捷性。学生一般不会超越其日常活动半径前往使用，以求在最短的时间内到达目的地。因此物理空间要尽可能贴近学生，足不出户最为理想。第二个层面是学生使用空间的便利性。学生在考虑空间借用时，除了考虑空间是否满足其功能外，还会考虑借用流程、借用方法和管理单位等因素。与室外空间相比，学生更倾向于无须办理手续或可网上借用的室内空间；与其他室内公共空间相比，学生更倾向于选择就近的教室或院系空间。第三个层面是心理空间上的便捷性。人类有从众的习性和集群本能，把公共空间集聚化安排，会有较强的集聚效应，吸引更多的学生到公共空间交流。

2. 装修品质化的需求

学生认为公寓公共空间的装修设计水平有待提升。多数空间安排在底楼，较为潮湿，加之设施陈旧、设备简陋，学生对空间品质的体验较差。而有品质的氛围营造可以引导和激发学生的情绪，让学生有亲近感和归属感。光线方面，同学们普遍偏好公共空间明亮而温暖。人有向光的本能，光线会给人们带来安全感，良好的空间采光对提升学生交往活力起着积极作用(裴刚 等,1998)。色彩表现上,同学们认为淡雅明快的色彩会使他们对各自书院的标识系统色有认同感。色彩是极具感染力的因素,容易使人形成丰富的联想,使室内空间变得生动有趣,激发学生交往意愿。

(三)“一站式”学生社区实践措施

住宿制书院公共空间既是生活空间,也是教育空间。书院的公共空间既包含室内空间,也包含室外空间,室内空间承载生活功能(盥洗淋浴、洗衣晾晒等)和交流功能(健身娱乐、交流研讨等),室外空间承载怡情养性和户外交流等功能。为此,不同书院应有相对独立的院落区域,包含生活住宿区和景观绿化区。室外空间的宜人性越强,学生自发性活动的频率就会越高,而随着自发性活动水平的提高,社会性活动的水平也会越来越高,进入良性循环。随着书院教育的深化改革,复旦大学对书院区域、学生公寓的整体空间进行系统性、全局性考量。

1. 完善公寓公共空间的功能设计

学生公寓的公共空间功能涵盖生活、学习、交流、体育和美育等五个方面的十大功能房,包含盥洗、淋浴、洗衣、健身、自习、党团活动等六大标准配置功能房和办公、艺术、休闲、娱乐类等四大非标功能房。另外,学生公寓的共享大空间还需要进行合理的空间再界定。部分大型筒子楼的门厅空间稍显活力不足,通过人流规律的研究,重新界定穿越区、停滞区和活动区等,以促进楼内不同专业、不同年级的学生交流。

2. 营造公寓公共空间的人文氛围

营造有效的交流氛围,可以引导和激发学生情绪,增强学生交往活力。氛围营造主要从三个方面着手:首先是依靠家具的设计和装饰材料的运用给人们带来情感变化。比如在大型筒子楼的大厅增加木质元素的运用,在公共空间放置一些盆栽、竹木等,增强文化感和亲切感。其次通过色彩环境设计增强表现力和感染力。白色乳胶漆占据大部分墙面会给人单调乏味感,降低学生的活动兴趣。而色彩可以通过人的视觉感受产生一系列的生理和心理反应,进而引发丰富的联想,这种联想可以大大增加环境的表现力,对环境气氛起到很好的强化作用(姚欣,2007)。复旦的五个书院各有为师生认同的标识色,为此,设计师结合不同书院的基础色进行个性化设计,增强学生的书院归属感和文化认同感。最后结合空间功能、使用者性别等因素,设计师传递出特定的文化符号和气质元素。比如,腾飞书院的茶室,作为一种富有传统文化气息的交流空间,就必然要有场所精神、传统文化和茶文化特色的要素表达;志德书院的健身空间,就根据男女性别不同,在传递朝气和活力的基础上,分别营造出了阳刚和柔美的特质。

3. 重视室外公共空间的景观设计

中国传统书院对选址的高度重视启示我们，校园环境不仅要有各类功能性建筑，还要穿插园林绿化景观。传统书院营建过程中，十分重视园林景观的教化作用，为师生提供与自然接触的场所，使他们能欣赏自然、参悟自然，实现心灵内省和思想创新。为此，住宿区域的园林景观设计方案主要强调两点：一是植物的比德功能。孔子认为赋予园林植物人文含义应该是有选择的，应以弘扬"德"为前提，植物的象征意义甚至大于审美意义。二是交流功能的发挥。室外的园林空间空气清新、环境优美、视野开阔，有利于开展一些交流活动和聚集性团体活动。以任重书院为例，通过交通动线再设计，对建筑组团进行了开放式的半围合设计，下沉式小广场和室外景观绿化天然结合，配以多层次的生态层落，错落有致的景观小品，满足休憩的石桌石凳，受到了学生的青睐，越来越多的学生愿意在此汇聚交流，成为艺术集市、招新宣传、户外电影等活动场地的首选。

（四）"一站式"学生社区建设总结

复旦大学书院制以学生综合素质评价改革试点工作为契机，为促进学生德智体美劳全面发展，推出了书院立德修身六大计划，即思想引领计划、学术拓展计划、身心健康计划、文化涵养计划、创新实践计划、领袖人才计划，积极构建思政育人体系，突出育人项目的系统性和育人工作的计划性，形成师生育人合力，引导师生围绕社区育人目标，开展公寓文化建设、社区公共事务管理和书院项目建设。

复旦大学以书院制改革推动育人模式重构，以全面提升学生综合素质，促进学生德、智、体、美、劳全面发展为目标，建设"一站式"学生社区发展空间，聚焦"全面发展的第二课堂、文化育人的生活园区、师生共享的公共空间、学生自我管理的教育平台"四大功能定位，立足学生的价值引领、人格养成和全面发展，不断提升书院的育人能级，将学校丰富的育人资源有效集聚和下沉到书院，将书院打造成师生学习、文化、生活共同体，从而为学生的终身发展与幸福生活奠定基础（黄洁 等，2022）。

二、同济大学：学生社区协同育人中心＋主理人团队

同济大学自 2021 年入选教育部"一站式"学生社区综合管理模式建设试点单位以来，聚焦时代新人发展需求，通过延展社区空间功能、营造浸润式育人环境、提升精准服务品质、凝聚协同育人力量、唤醒社区治理内在动力等方式，有力推动了了"一站式"学生社区建设，深化了"三全育人"综合改革，在社区育人方面取得了明显成效。

(一)“一站式”协同育人中心营造良好育人生态

2023 年 5 月,同济大学党委研工部牵头建成“一站式”学生社区协同育人中心。研工部联合相关职能部门、学院力量,结合各单位业务特色,依托机关党委“党建引领聚合力,支部共建促发展”活动,围绕“一站式”学生社区协同育人中心建设重点及难点问题,提出有效解决方案。

1. 融入“生态雨林”概念的“青春会客厅”引领社区风尚

“青春会客厅”的建设,融入了学生社区育人“生态雨林”的概念,让育人场景有了“生命”,在绘制社区蓝图、打造社区团队、培育社区精品、引领社区风尚等方面下功夫,依托“一站式”学生社区建设推动育人资源下沉“一线”,不断完善学生成长发展支持系统,不断提升人才培养模式,全面推进人才培养工作迈上新台阶。

2. 驻楼导师工作站体现育人全方位协同

同济大学于 2023 年 9 月启动学生社区特色文化工作室建设项目创建工作,不断拓展驻楼导师工作站建设内涵,打造学生社区育人阵地。6 个工作室立项,工作室负责人既有专业教师、辅导员,也有后勤工作人员,充分体现了社区育人的全方位协同。

3. “五大课堂”品牌彰显育人效果

协同育人中心全面考虑并满足学生对高品质学生社区活动需求,以驻楼导师工作站品牌活动为基础,以“课程+”赋能学生五育培养,打造“初心课堂”“博雅课堂”“幸福课堂”“尚美课堂”“行知课堂”学生社区“五大课堂”品牌,为时代新人培育提供良好的社区育人生态环境。

(二)“学生社区主理人”团队助力学生可持续发展

“一站式”学生社区协同育人中心开展学生社区成长“可持续发展培力计划”,成立“学生社区主理人”团队。主理人团队通过开展社区公共空间运行管理、社区文化氛围营造、主题教育开展、社区日常管理督导等工作,实现“自我运营、自我服务、自我教育、自我管理”。学生社区主理人不断学习提升自己,用实际行动为育人中心的发展、为一站式学生社区建设贡献力量。

三、上海对外经贸大学:育人力量“沉下去”,管理服务“提上来”

上海对外经贸大学坚持党建引领,强基提质,规划绘制“一站式”学生社区建设“路线图”;坚持协同推进,创新机制,不断构建社区“三全育人”生态圈;坚持特色发展,精耕细作,打造好社区文化育人“金名片”。“一站式”社区综合管理模式建设,关键在于育人力量“沉下去”,管理服务“提上来”。

(一)建成全国首个大学生居委会

学校在学生社区成立了功能型党委,以全国首个大学生居委会为基础,不断完善学生为主、多方参与的社区治理机制。建设“楼宇责任学院-专职辅导员-兼职驻楼辅导员-楼长-层(厅)长-寝室长”六级学生社区工作队伍。“一站式”学生社区,设置驻楼导师工作站、心理健康工作站、就业创业工作站、退役军人服务站等功能,推动教授、科研骨干、教学名师、关工委老同志等进社区,满足学生多元化需求,不断提高社区“三全育人”质效,打造社区育人工作品牌。

(二)设立“三全育人”下午茶服务点

学校设立了“三全育人”下午茶基金,建成“三全育人”下午茶服务点,助力学生与老师在社区“梦享咖啡”,预约一场育人下午茶。“梦享咖啡”全国首个大学生居委会位于学生社区创享家,是社区拓展功能空间、打造学生社区育人时空综合体的重要组成部分。社区内社区青年中心、社区众创中心、社区一站式服务中心、社区党建服务中心和社区艺术教育空间五大共享空间,形成“X 享家”文化空间品牌和文化养成基地;深耕红色主流、感恩自治、劳动实践、创新创业和艺术教育五类文化育人工程,将五育元素融入社区文化育人时空。同时,由学院承办的社区文化建设轮值机制,形成了“社区搭台,学院唱戏”育人特色。“一楼宇一品牌,一学院一特色”文化项目建设,推进学生社区“两节两季一月”建设活动,营造“天天有活动、周周有讲座、月月有沙龙”的文化氛围。

(三)推出“接诉即办”综合服务平台

主题教育期间,上海对外经贸大学梳理出学生需求清单五类 35 项、问题和任务清单两类 12 项。基于学生现实需求,联合学校各部门,推出“一站式”学生社区“接诉即办”综合服务平台。学生社区“接诉即办”联合体,以畅通意见反馈渠道为导向,建设学生社区综合信息平台,驱动社区信息服务升级,形成“便捷反馈-迅速传达-火速回应-长线跟踪”的工作机制,在学生社区“最后一公里”做到即知即改、同向同行。

第三节　浙江地区高校“一站式”学生社区建设探索实例

一、浙江大学:四类协同机制提升育人效果

浙江大学自“一站式”学生社区综合管理模式试点工作开展以来,充分发挥学生社区协同育人的功能作用,积极有效地构建四类协同机制,即空间整合机制、主体聚合机制、服务融合机制、技术支撑机制,这既是落实新时代高校协同育人的需要,也是高校学生社区建设未来发展的重要方向。

(一)“一站式”学生社区协同实践缘起

出于高校管理体制改革的建设需要，浙江大学将学生社区建设作为一项重要的改革举措。在建设新校区的过程中，学校对生活组团和学习组团进行了明确区分，其中生活组团包括学生宿舍集群以及其他如食堂、超市、医院等配套设施，学生管理机构也按照住宿区域建立，这奠定了学生社区建设的物理空间基础和管理架构雏形。随着改革探索的推进，2006 年起，浙江大学开始实施大类招生改革，进校后根据学科门类区分住宿区域；成立求是学院，由丹青、云峰和蓝田 3 个学园组成，这 3 个学园实际上就是学生社区的属地化管理机构。

通过十几年的实践探索，浙江大学的学生社区建设在组织体系、管理制度等方面，获得了较为明显的发展。但是，在实践中依托学生社区发挥协同育人的功能却并不凸显。一方面，学生社区建设涉及包括基层党组织、学生工作部、团委等在内的多家单位，多元管理主体职责交叉、责任不明，难以形成支撑学生社区运转的有效合力；另一方面，学生社区建设在行动导向上，更多关注上级部门交代的任务，很难精准聚焦学生成长发展中的重点、难点、堵点和痛点，学生学习生活共同体的功能和属性难以切实发挥，致使学生对于社区的认同感、参与度普遍不强。因此，推进学生社区建设势在必行。

(二)“一站式”学生社区建设思路

1. 建设四个维度

一是物理空间建设维度。浙江大学通过完善社区硬件设施及物理配套，不断优化学生社区物理空间。学校投入 2000 万元用于物理空间的改造，优化了已有的社区物理环境，特别是提供满足学生多样化需求的空间。依据需求调查及信息采集结果，学校以学园为单位，在学生社区分设丹青、云峰、蓝田 3 个学园，通过改造，学生社区可借用房间面积总体增加了 174%，可借用房间数总体增加了 114%。这一做法的主要特征及作用，不仅在于通过物理空间的改造实现了学生社区的功能分区，提高了物理空间使用率，而且在于将社会空间有效嵌入物理空间之中，使物理空间与社会空间在实践中有机融合。

二是组织体系建设维度。浙江大学通过发挥基层党组织的核心领导作用，实现了多方力量和资源的整合。学校十分重视基层党组织自上而下的组织延伸建设，以及其在多方主体中发挥的引领与聚合作用。一方面，做实党建“网格化”管理模式，打造“党委-党支部-党小组-党章学习小组-寝室”工作链条，以班级为单位设置党章学习小组，实现全员覆盖目标；另一方面，建立多维联动机制，成立试点工作领导小组，由分管思想政治教育和本科生教育的校领导担任双组长，建立社区-院系、社区-部处、社区-宿管的有效联动机制，确保各主体之间信息互通有无、资源互补共享、管理无缝连接。在此基础上，通过系列制度设计及安排、基层党组织的统筹协调，实现了多方力量和资源在学生社区的汇聚和有效互动。通过完善专兼职辅导员和班主任等选聘和管理细则、"新生之友"寝室联系制度、专业导师入园育人制度等体系，将包括学校领导、专业教师、行政部门人员在内的多方主体力量下沉到学生社区。例如，让校领导担任"新生之友"，定期与结对寝室的学生进行深入交流，解决学生学业、生活及生涯规划等方面的困难和问题；学习借鉴"书院制"学生管理模式，探索通识教育新途径和校内外资源联动育人机制；动员和组织专业院系教授、青年教师等力量入园开展交流活动；等等。同时，大力推动文化等资源的汇聚，推动校史馆、科技馆等面向社区文化辐射，建设"红船精神""马兰精神""到祖国最需要的地方去""国防教育"等主题党员之家，布局无声胜有声的"让墙面说话"主题文化长廊和宣传橱窗，使得文化资源在学生社区中集约汇聚，产生协同效应。

三是服务维度。浙江大学通过学生公共服务的提升与学生自我养成能力的培养，实现服务协同机制的构建和服务效能的提升。将"最多跑一次"改革延伸至学生社区，在社区设立"学生综合服务厅"，引入院系、机关入驻开展服务，实现"一窗受理、集成服务、一次办结"，提供给学生更加便捷有效的公共服务。同时，发挥党团班级建设、学业指导帮扶、物资和空间借用、心理健康咨询、学生权益服务等多种功能，不断打造学生满意的服务型社区。就学生自我养成能力的培养而言，浙江大学提出"知识、能力、素质、人格"四位一体的培养理念，不断发挥学生在社区建设中的主体作用。首先，党建引领，通过"党团班社群"理念引领联动，把加强党的思想引领作为团的建设的重要内容，如以团支部为单位组建党章学习小组，每个月至少开展两次活动。其次，组织整合，成立学生自我管理委员会，由学生进行自我管理、自我服务，挖掘学生成长的内生动力；组建学生宣讲团队，在宣传、教育和引领的过程中增强社区学生的主人翁意识和归属感。最后，建立自我服务型组织，将党员素质发展中心、学业指导中心、职业规划中心、心理健康教育中心等服务型学生组织设在社区内，便于推进朋辈辅学和交流。

四是技术支撑维度。浙江大学明确指出，数字化技术并不是实现单一目标维度的支撑，也不是独立于学生社区建设之外的要素，而应该以数字化改革全面支撑学生社区建设。在具体实践中，学校以数字化平台建设为基础，统筹"学在浙大"学习平台和"浙大钉"智能移动办公平台，以数字化技术支撑党建引领、管理协同、队伍进驻、服务下沉、文化浸润、自我治理六大模块。具体内容包括：完善党建"在线网格化"管理模式，建立"入党积极分子责任寝室"制度，通过党支部-党小组-党章学习小组-入党积极分子责任寝室层层下渗，实时掌握网格内学生的思想动态。打造基于网络服务的管理协同"云生态"，通过信息中心-教务部门-学生工作部门-学生社区四级协同联动，全面保障学生广泛参与在线“云学习”。通过专兼结合和线上线下结合，实现辅导员全员进驻，兼职辅导员和班主任、学业导师、党政干部和共青团干部、思想政治理论课教师和专业课教师、后勤服务人员全天候进驻。运用视频连线、语音通话等手段，开展线上一对一全覆盖谈心谈话，全方位做好学生情况摸排工作，全面理清各类困难学生情况，了解学生在学业、就业、资助、心理等方面的实际问题。利用互联网云端社区平台，将“四史”教育、家国情怀教育、感恩教育、劳动教育等元素融入学生日常生活中。开辟学生自我管理、自我服务的云端空间，充分发挥社区学生会和学生社团组织作用，引导学生通过网络合理表达困难和需求，并通过协商共议加以解决。

2.构建四重机制

浙江大学学生社区建设之所以能取得较好的成效，关键在于构建了“空间-主体-服务-技术”相融合的四重机制。通过四重机制的构建，学生社区有效激发了作为学生学习生活共同体的属性，为高校深化学生社区建设提供了可资借鉴的有效路径。

一是空间联动机制。在以往的高校学生社区建设过程中，物理空间的重要性被高度重视。但是就实践情况来看，仅仅关注物理空间本身，而缺乏对物理空间中社会空间的打造，物理空间的作用最终也难以得到充分发挥。换言之，试图以建筑规划上的物理空间取代社会空间并不能为高校学生社区建设提供有效支撑。同时，物理空间与社会空间并不是彼此分割的两个空间，物理空间的建设必然需要符合学生社会交往、参与的特性，社会空间也必然需要有效嵌入物理空间的空间布局之中(王寓凡 等,2019)。

二是主体聚合机制。“一核多方”的主体聚合机制在构建空间联动机制的基础上，重点要整合参与其中的多方主体，有效发挥联动效应，这就需要通过适当的方式，将具有不同行动逻辑、不同角色特征甚至是不同价值取向的多主体有机衔接并聚合起来。浙江大学通过构建“一核多方”的主体协同体系，在学生社区场域中实现了基层党组织、行政部门、教师、校友以及学生等多方主体的有效整合。所谓的“一核多方”，主要是指基层党组织领导下的高校社区多方主体参与。区别于一般意义上的党建引领模式，高校学生社区建设强调以基层党组织为核心，不仅仅局限于通过组织自身的建设，实现对其他主体的引领，更是通过构建党领导的组织体系及相应的制度，实现党在各主体中的核心领导地位。以此为基础，通过一系列的制度设计及安排，在厘清各主体权责、角色边界的同时，将党的组织和人员嵌入其他组织中，并以联合支部等形式实现党对不同主体的聚合，实现不同主体参与高校学生社区运转的合力。同时，“一核多方”主体协同体系的有效运转，需要以相应的资源条件配置作为基础。从“利益-文化”两个维度思考浙江大学的实践经验，一方面，以“利益”驱动主体协同，将包括“新生之友”在内的活动作为教师重要工作内容，并在相应的职称评聘、年度考核中占据一定的比重，从而扭转教师日常“重科研、轻育人”的观念，进一步激发教师参与学生社区建设的内驱动力；另一方面，让文化浸润学生社区建设，在日常工作中突出文化价值导向，注意引进优秀文化，催生、培育社区内生文化，进一步打造社群“文化共同体”。

三是服务融合机制。由于学生社区是由学校相关行政力量推动建设而形成的，因此在实践中伴随行政力量同步下沉的学生公共服务建设，呈现出较好的成效。在学生社区建设过程中，必然需要兼顾自上而下的公共服务体系建设和学生自我服务能力的培养，然而大量学生社区实践的效果表明，如果缺乏适当的外部力量推动，那么学生的自我教育、自我服务、自我管理、自我监督就难以达到应有的效果，故而需要在实践中探索两类服务的平衡点，即通过适当外部力量的干预培养学生自我养成的能力，并推动两类服务之间的有机融合。浙江大学的相关实践则在这一方面提供了新的经验。一方面，保持自上而下管理组织体系的作用，但是在行动上厘清了边界，行政力量更多呈现出对学生的引导，即通过建章立制、空间建设等构建出有利于学生主动参与的环境条件，但并不干预学生自我养成的生长过程；另一方面，依据学生的兴趣、志趣以及学习的需求，引导学生自发组建一批非正式组织，并以此为载体激发学生参与民主管理的热情，更好地让这些组织承载学生诉求、为学生服务。在此基础上，将这些非正式组织作为社区管理机构与学生之间沟通联系的纽带，以此增进学生对学生社区的认同，并进一步提升学生社区协同育人的效能。

四是技术支撑机制。随着数字化、智慧化建设的不断推进，有效运用移动互联网、物联网、区块链、大数据、云计算、人工智能等数字技术，是学生社区协同育人的有效支撑。目前，学生社区的数字化建设还普遍停留在将数字技术作为管理技术手段的层面，而在如何实现学生社区建设整合的数字化改革上还要进一步破题。从浙江大学的实践来看，学生社区上下贯通的数字化建设，应区别于一般意义上的数字化技术使用，更多地尝试运用数字化技术、数字化思维、数字化认知来全面支撑学生社区建设，对学生社区治理的体制机制、方式流程、手段工具进行全方位、系统性重塑。除了以数字化改革打破各部门主体之间的行政壁垒为学生提供更好的管理服务之外，也要通过构建网上学生社区，实现学生与学生、学生与教师等不同主体之间的交流互动，还要为学生的自我教育、自我管理、自我服务、自我监督等提供技术支撑，以线上的“数字共同体”建设，有效支撑线下学习生活共同体的打造（史龙鳞 等，2021）。

二、中国美术学院:“居学一体”学社制背景下打造学生社区品牌

中国美术学院以良渚校区建设和学分制改革为契机,大力推进“居学一体”学生社区建设和学社制改革,打通课内与课外的边界,推动“生活即教育,学院即社区,教育即传播,学习即生产”的理念实现。良渚校区“一站式”学生社区,以“绵延多义的工坊空间、居学一体的学院生活”为特色,打破校园区分教学区、生活区的传统模式,工坊、公共空间、宿舍自下而上垂直分布,学生就住在工坊之上,在物理空间上将学习和生活融为一体,为“一站式”学生社区的探索创造了条件。

(一)“学社制”设置四导师制

专业教师、思政队伍、管理力量、服务资源等下沉社区,助力学生成长,指导学生学习科研、创新创业、生涯规划等,陪伴学生德智体美劳全面发展。“一站式”学社社区结合“学社制”设置四导师制——学业导师、成长导师、行业导师和朋辈导师。学业导师由专业教师担任,在学社开展专业和学术指导、选课及专业方向咨询、学科竞赛辅导等,促进第一课堂教学有效延伸至第二课堂。成长导师由辅导员、思政工作人员、党政干部担任,开展思政教育、心理辅导、职业生涯规划、创新创业教育,以及部分通识教育和实践教育。行业导师由熟悉职业规划的企事业单位相关专家、校友等担任,开展实习实践教育、职业生涯规划等指导。朋辈导师由研究生、高年级优秀学长担任,开展朋辈辅导,对朋辈导师给予一定的补助、按兴趣和学社定位组织竞聘。

(二)“居学一体”营造多义空间

“一站式”学生社区,将服务学生发展的软硬件资源相对集中于一体化物理空间,形成了集学习研究、兴趣发展、交往生活为一体的师生互动社区和复合文化空间,充分激活学社的育人功能。学社通过联结不同年级、不同专业学生之间的互动交流,构建新型师生共处育人模式,进一步优化了以共同兴趣为核心、自主学习为路径的“软教学”氛围,进而为深度学习体验和师生互动提供优质共享的场域环境,形成水平工坊在宿舍空间的“教学绵延”和垂直宿舍在工坊空间的“生活沉淀”。

(三)“一站式”服务驿站实现零距离沟通

学生社区设有两个“一站式”服务驿站,并开通“一键式”线上“师生服务热线”,实现零距离沟通和全方位服务。学生利用“一站式”社区学生公共活动空间,举办“创生说”系列沙龙活动,以就业、升学、毕业创作为探讨主题,邀请优秀毕业生进行主题分享和交流探讨,形成良好的朋辈引领、生生互动氛围。社区建有各类文体活

动空间，体育馆、楼宇内设置健身空间，为学生随时随地开展体育锻炼提供良好条件，营造积极向上的社区运动氛围。学生社区设有心理咨询室、半封闭式“楼宇谈话”空间和开放式“河畔谈话”空间，为心理健康教育、谈心谈话的开展提供多元空间条件。学生社区设置多级心理健康教育体系：研究所-班级-寝室，设置研究所心理联络人、班级心理委员、寝室心理信息员。

（四）“以生为本”促进自主发展

学生社区鼓励学生积极参与社区治理、服务同学、团结互助，开展自我教育、自我管理、自我服务、自我监督。以班级为单位设低碳委员，并由研究所党支部纪检委员兼任低碳宣传和监督工作，使低碳环保工作下沉到所、到班，促进学生自主参与社区治理，且学生发挥自身专业技能，设计低碳环保宣传海报、Logo张贴于班级教室、楼宇宿舍以及各类公共空间，将节能环保落实到社区网格中。学生社区内的学生组织积极发挥作用，设置意见箱并及时采纳师生对“一站式”社区服务的意见建议，以座谈会形式及时将意见反馈至管理部门。社区形成学生多元自主文化品牌，充分发挥公共空间功能，营造学习交流、创新创业氛围。学生自主策划举办学术沙龙、项目路演、社团园游会、趣味运动会等校园文化活动，主动联络教师、校医、后勤员工、校园建设者等，组织形式多样的交流活动，共同参与“一站式”学生社区建设，形成了团结互助、共融共享、创新发展的良好气象。

第四节　陕西地区高校“一站式”学生社区建设探索实例

一、西安交通大学：以“党建引领＋知行兼修＋师生共处＋因材施教”激发“三全育人”工作活力

西安交通大学打造党建引领、知行兼修、师生共处、因材施教的“一站式”学生社区，构建新时代“三全育人”工作实践园地，激发工作活力、释放工作效能，全面提升思想政治工作质量，让育人资源、育人力量聚合在“一站式”学生社区中，推动师生共学共事共乐，涵养学生的全面发展、健康成长。

（一）全员下沉，同向同行，形成育人合力

西安交通大学聚合全员力量，打造校院领导、辅导员、班主任、学业导师、机关干部、校外导师等校内外结合、专兼职结合的“一站式”学生社区育人队伍，形成了同向同行的育人合力。

1. 校院领导定期深入学生社区

成立学校思想政治工作领导小组，书记、校长担任“双组长”，负责统筹“一站

式"学生社区建设。定期在学生社区开展常委进支部、校院领导接待日等活动，校院领导在开学季、毕业季、节庆日等重要时间节点深入社区一线，与学生面对面接触，关心学生成长、回应学生诉求。机关干部常态化进驻学生社区，及时了解掌握社区发展实际需求、真实问题，推动、支持、保障学生社区建设工作。

2. 辅导员全时入驻学生社区

辅导员办公在书院、常驻在书院，与学生随时随地近距离接触交流，全程保障学生成长，开展育人工作。学生社区建有18个省、校级辅导员工作室，2022年5月起，为充分发挥辅导员工作室学习型、科研型、专家化、团队式的示范带动作用，针对青年话语体系、心理困境学生沟通等18个学生工作中的现实问题，连续举办18期工作坊，每期招募15～20名参与者，以小切口、分众化的方式，推动大学生思想政治教育高质量发展。组织辅导员开设55门大学生综合能力提升课程，完善学生社区"五育并举"育人体系；完善辅导员培训体系，定期开办"思政论坛"。同时，选聘思政课教师、离退休教师、研究生等担任兼职辅导员，在社区配合开展育人工作。

3. 班主任和学业导师常态进驻学生社区

学院选派优秀教师担任班主任和学业导师，定期在社区组织学风建设主题班会，在社区示范答疑室一对一指导学生学业。为不断提升新任班主任育人能力和育人水平，加强书院学院协同，增强学生社区育人实效，学工部、教务处、就创中心、校团委等相关单位围绕班主任工作实际，从双院协同育人、教育教学改革与本科生人才培养等方面，对班主任育人工作进行全方位介绍和解读，同时，各书院组织了双院联席座谈、优秀班主任和辅导员经验分享、学生专项工作报告、实地参观等多种形式的实务培训活动。

4. 学院教师定期进驻学生社区

各书院定期邀请学院专业课教师，在社区开展基础课辅导、竞赛指导、科研训练等活动。社区建有学业辅导站，定期开展"百名教授进书院""'青交说'教授沙龙""麦穗（myshare）师生下午茶"等活动，邀请学院教师深入社区书院，指导学生的学业发展和职业规划。

5. 校外导师定期进驻学生社区

学生社区聘请时代楷模、道德模范、国企骨干、杰出校友、退役军人等在社区担任校外导师，定期在社区举办师生交流活动，指导学生职业生涯规划。

（二）全程贯通，同频共振，提升育人效能

通过空间保障、资源下沉、技术支持等，西安交通大学"一站式"学生社区打通了育人各环节，形成了各单位、各部门协同配合、全程贯通的育人链条，实现了育人力量的同频共振。

1. 空间保障促进育人力量在学生社区聚合

"一站式"学生社区依托九大书院建设，除学生宿舍外，学生社区有着丰富的育人空间，支持各育人力量进驻社区服务学生：社区建有学业辅导室、示范答疑室、党员工作站、心理咨询站、主题阅览室、职业规划室等公共空间，保障班主任、学业导师、党建工作指导教师、心理咨询教师、校外导师等育人队伍在社区近距离指导学生，同时满足学生分众化的成长需求。学生处支持社区建有"百本经典"读书角，保卫处在社区建有微型消防站，后勤服务单位建有社区洗衣房、楼宇浴室、爱心宿舍等，提升社区学生生活质量。

2. 资源下沉推动育人效能延伸到学生身边

学校思政育人、科研育人、实践育人等优势资源汇聚在学生社区、下沉在学生身边。双院协同开展"学院党委书记进社区讲党课"，思政教师定期在学生社区开展"西迁精神"主题宣讲、名师大讲堂等，且社区建有思政影厅。全国思政课名师工作室在崇实书院每周召开一次师生读书会，以专题讲座与经典研读相结合的形式，引领师生共同读经典、同学"四史"。南洋书院每年面向新生组织"我的第一份科研报告"项目，由学院专业教师指导新生的科研训练。双院协同组织"实验室开放日"活动，每年组织学生参观国家级重点实验室在内的各类实验室、中心、平台 40 余个。社区整合实践育人资源，在社区建设中引导学生参与志愿服务、勤工助学、社会实践、文化营造等，推动五育并举，学生党员分片区负责社区环境卫生，书院形象 IP 由学生自主设计、投票确定，组织"文明宿舍"创建评选活动等。

3. 技术平台支持育人链条贯通各培养环节

西安交通大学建设有学生综合事务管理平台、教学质量实时监测平台、大数据分析与服务平台，整合思政队伍、学生事务、第二课堂、资助管理、宿舍管理、心理咨询、党团建设、学业辅导等业务模块，完善"技术-制度-管理-服务"联动机制，打通多部门、多领域育人链条，推动社区育人工作从"宏观到具体、模糊到精准、事后到事先、漫灌到滴灌"的四个转变，提升育人质量。为推进智慧平安社区建设，西安交通大学面向学生"一站式"学生社区管理需求，推出学生工作管理信息系统。该系统包含基本信息、思政队伍、第二课堂、资助管理、心理健康、党团建设、学业辅导、宿舍管理八大模块，合计 140 余项功能，实现第一课堂与第二课堂无缝衔接。

一是构建多维度、全生命周期学生成长记录。"一站式"社区学生成长档案是西安交通大学在"一站式"学生社区综合管理模式建设工作中的新探索与新尝试。通过对本科生大学期间党员培养、理论学习、志愿服务、科技创新、项目竞赛、课外综合实践等进行全程追踪、详细记录、科学评价，全方位展现学生综合能力提升及发展轨迹，既可为学校精准开展学生思政教育提供靶向决策支持，又可为用人单位呈现全面的学生综合素质观测参考依据。

二是打造全面有序的学生工作管理信息系统。针对学生学业问题精准施策。以大数据平台为工作基础，以学生学习成绩为直接观测点，以第一课堂、第二课堂、成长与发展数据为预测（间接）观测点，对学生学业精准分析、精准判断、精准帮扶、精准记录。采集学生科创情况，精准指导。通过系统可发布科研信息，收集学生报名情况，并将学生参与科研情况计入统计范围，学生的科研、竞赛成果最终在奖助学金评定和保研计算时将折合成为具体的加分，纳入综测成绩考核当中。系统还可实现科研分类统计、对学生获奖群体对比分析等功能，供老师和学生使用，实现思政教育线上记录与管理。采集思政教育工作的各项信息，落实编班信息、知心谈话、班会管理、班委会管理、学风建设、思政队伍信息的全记录，为推进思政建设提供了有力的数据支持，有效助力校内各级组织思政工作的开展。

三是营造精准高效的学生日常事务办公环境。在日常工作管理中，依托于信息化处理手段，优化工作流程，提高工作效率。学校及老师同时还可通过网络舆情监控，及时掌握各类预警性、行动性信息，完善预警机制，加强预警防范，做好各项排查工作，确保学生日常管理工作平稳运行。此外，线上平台搭建了完整的心理健康引导框架，校内心理咨询师纳入统一管理，咨询师简介与排班信息线上公布，学生可通过心理咨询预约入口提前预约。需要特殊照顾学生的信息、学生与咨询师的谈话记录、心理危机学生的谈话反馈，以档案的方式被记录在系统内，在最大程度保护学生隐私的前提下，实现精准干预，为学生心理健康保驾护航，为学校心理健康教育与咨询服务中心的建设工作提供借鉴信息。

（三）全方位衔接，联动整合，构建育人机制

西安交通大学学生社区以制度保障为基础，不断完善育人体系，加强文化浸润，推动育人元素、育人逻辑、育人环节的全方位联动整合，充分激发“三全育人”工作机制的育人活力。

1. 深化体制机制建设

成立本科生院，整合 26 个学院、9 个书院、11 个部门的本科生教育资源，实现人才培养各方面、教育教学各环节的协调联动。出台《党建引领加强学院书院协同育人举措》《学院书院协同育人工作方案》，夯实学院育人主体作用，建立双院干部互兼、联络员互派、定期召开联席会议等工作机制，形成党建引领、双院协同的一体化育人格局。印发《西安交通大学辅导员队伍建设实施办法》，引导辅导员做思政工作的“大先生”，如西安交通大学近年涌现出全国民族团结进步模范个人、高校思想政治工作中青年骨干、全国最美辅导员、全国辅导员年度人物等一批扎根学生社区的先进人物。

2. 建立学生党建网格化管理模式

学生党建工作网格化是适应高校高等教育改革新形势的需要。随着高校教育改革的深入，流动党员越来越多，党建工作的周期越来越短，流动性和不确定性更大，信息沟通交流更困难，使得各学院、各基层党组织更为分散，党组织作用的发挥更为困难。这一系列的变化，迫切要求当前的高校学生党建工作要适应新形势、新情况，尽快建立相应的工作载体。学生工作管理系统通过将党员信息、党组织信息、党组织生活、党课学习统一管理，将党团活动规范化、透明化、可视化。此外，将志愿服务与社会实践列为党组织建设的一部分，积极发挥党员的模范带头作用。

3. 推进"四个一百"育人行动

成立学院书院师生联合党支部，联合 32 个机关支部合力开展"对话青春携手育人"活动，推进"1＋X"支部共建，将党的建设与中心工作深度融合，打造高校学生党建和思想政治工作的高地。推进"四个一百"育人行动，引导学生阅读百本经典、认识百位老师、听取百场讲座、参加百场活动，建设书香社区、活力社区。学生工作管理信息系统提供学生社会实践及志愿服务的申请、审核、公示功能，将学生活动、"四个一百"计划、学生组织纳入统一的管理平台，可实现对"四个一百"计划的记录、统计，对学生组织的申请、审核、成员管理等工作。近年来，西安交通大学涌现出了中国大学生年度人物、中国大学生自强之星标兵、中国地球卫士青年奖、全国十大杰出消防卫士等优秀学子。

4. 加强社区文化浸润

以"西迁精神"为底色，加强社区文化育人，将西迁精神作为新生"开学第一课"，在开学典礼上讲述"爱国奋斗"交大故事，举办西迁精神新传人标兵系列微论坛，各书院成立"西迁精神"师生宣讲团。组织"走中国青年知识分子成长的正确道路"研习活动，开展"最美笔记"评选、"书香文化节""宿舍长培训"活动，组织"请党放心、强国有我"最佳团日，"挑战杯""创青春""互联网＋"等科创竞赛，"高雅艺术进校园"等文化活动，以丰富的社区文化，浸润学子成长（西安交通大学，2022）。

5. 打造平安和谐社区

为推进平安社区建设，学校总体部署，严守阵地，严格落实主体责任制，强化综合管理，深入开展各项学生安全稳定工作。同时，深化资助育人体系，着力提升高校人文关怀，营造和谐稳定校园氛围。建立"三层次三维度"师生网络理论宣讲体系，面向学生宣讲党的创新理论。有效组织开展党史学习教育和主题教育，定期举办"北斗论坛"，辅导员讲"四史"发布 100 期。将"西迁精神"作为新生入学第一课，讲好"爱国奋斗"系列故事，面向全体新生开展包括校史校情、成长励志、网络安全等新生养成教育，开设52门次综合能力提升计划课程，围绕重大时间节点举办主题教育活动20余次；积极开展国家安全、普法宣传教育，联合保卫处开展新生安全微课学习与安全素质测评活动，共同开展公安“三进三邀请”主题宣传活动以及交通安全、消防安全、防范电信诈骗等宣传教育活动10余次。依托大数据分析，加强预警及舆情管理。加大校园内外、网上网下涉稳信息收集力度，建立学工系统大数据分析与服务平台，以学生在校期间产生的各类数据为基础，对学生行为异常、学业发展异常进行预警和干预，并不断提升大数据预警信息的准确性和时效性，对于潜在问题、苗头性问题及时上报，早发现、早预警、早处置。

二、西安电子科技大学：以解码红色基因打造学生社区文化品牌

在高校实施“大类培养”的改革背景下，学生社区日渐成为学生交流互动最经常、最稳定的场所。西安电子科技大学响应教育部“一站式”学生社区综合管理模式建设工作要求，推动书院制改革，建设了以宿舍集群为基础的7个书院。其中，竹园三号书院以红色基因传承作为“一站式”学生社区文化的特色品牌，充分挖掘西安电子科技大学红色资源，让大学生在红色文化中厚植情怀、积累智慧、增长才干。

（一）新生前置教育，传承红色基因

新生前置教育是每位西安电子科技大学学生入校前的必修课，也是书院红色基因传承计划的起点，更是将红色校史资源转化为生动思想政治教育资源的重要一环。新生入校后的关键前8周，书院会发布红色资源教学任务，完善红色校史菜单式学习供给——通过新生导学课或周日晚点名时间，大一新生在辅导员或新生导师的生动阐述中系统体验西安电子科技大学的建校历程。从首任校长王诤的故事到毕德显院士的照片、保铮院士的宣讲视频；从院士手绘教学挂图到教授的手抄油印教材、学长学姐的隽秀笔记……利用天然的空间优势，书院打造成了红色文化长廊，每面墙壁上的红色基因“遗传密码”都在静静等待学子们解锁。在探索实践中，书院打造了“理论课程、导学实践、实景体验、社区熏陶”四位一体的沉浸式校史课堂，使学生对红色校史的体验感得以不断增强，将红色校史记忆根植于每一个人的心田。

（二）红色剧本沉浸式体验，激活历史时代感

“沉浸式红色校史剧本＋体验”活动，是西安电子科技大学竹园三号书院“剧说风华”社团精心打造的红色基因传承系列活动之一。“红色，是中国人最鲜亮的底色，也是新时代西安电子科技大学学子最纯净的底色。传承红色血脉，仅靠

外界输送远远不够，必须激发学生内生动力，才能将红色血脉真正根植进新时代大学生的血液。”“如果我是 1949 年时的李白，我会如何选择？”这样的问题，反复出现在参与“沉浸式红色校史剧本＋体验”活动的学生脑海中。在西安电子科技大学校园，“红色剧本＋”成为学校红色基因传承行动的重要组成部分。这样的原创作品，既是学生接受隐性教育的过程，也是其进行自我吸收和内化的过程。2022 年暑期，“剧说风华”实践团加入“井冈情 · 中国梦”全国大学生暑期实践季，赴井冈山实地学习体验，集中力量为井冈山创作红色剧本；从创意到创新、创业，剧本主创作者先后捧得“挑战杯”大学生创业计划竞赛、中国国际“互联网＋”大学生创新创业大赛、中国大学生服务外包创新创业大赛等多项大奖。在西安电子科技大学，“一站式”学生社区的综合改革创新始终立足学校红色文化资源和电子信息科学优势，已成为培养新时代德智体美劳全面发展的社会主义接班人的重要途径（孙海华，2023）。

（三）漫画自主创意，用图谱赋能红色资源

2022 年，《手绘校史——毛泽东与西电的故事》入选全国高校思政工作网《百年珍贵记忆——全国高校庆祝中国共产党成立 100 周年原创精品档案》。这部由书院“不秋草”文创团队主创的系列红色主题漫画，以书院新生“阿竹”（竹园 3 号书院吉祥物）的视角，带领同学们亲身体验红军长征路上的坎坷与挫折，见证西电从“半部电台起家”到“长征路上办学”，再到新世纪蓬勃发展的光辉历程。这样的特色社团，是西电书院在发挥学生主体意识中的尝试——每个团队，都由书院老师依托特点和优势指导其开展活动，内容涵盖德、智、体、美、劳五个育人方向。3 年来，在深耕兴趣“自转”的同时，社团围绕书院红色基因传承计划的“公转”能力也在逐步提高——百余件红色主题作品的产出，让学生在自主创作中对红色基因的认同感与获得感不断提升。

三、西安外国语大学：以“六位一体思政进公寓”推进学生社区建设

为切实加强新形势下高校思想政治教育工作的实效性，发挥学生社区在文化育人、管理育人、服务育人中的重要作用，提升思想政治教育的亲和力和针对性，满足学生的成长发展需求和期待，西安外国语大学坚持教育、管理、服务一体化的原则，建立“六位一体”思政教育进公寓育人体系，将学生的思想政治教育工作融入学生公寓日常管理和文化建设中，不断推进学生社区建设。2022 年 5 月，西安外国语大学获批成为教育部全国高校“一站式”学生社区综合管理模式建设自主试点单位。

(一)制度设计:“六位一体”思政进公寓育人体系

2019 年 1 月,西安外国语大学制定并开始实施《西安外国语大学“六位一体”思想政治教育进公寓育人体系实施方案》,即以思政教师进公寓、学工干部进公寓、党团组织进公寓、校园文化进公寓、健康教育进公寓、智慧服务进公寓六个方面为主要抓手,将学生的思想政治教育工作融入学生公寓日常管理和文化建设中,融入学生的日常生活中,做到对学生思想上引导、学业上指导、生活上辅导、心理上疏导,创新多方联动、协同育人的工作模式,打造立场坚定、德才兼备的思政工作队伍,建设温馨舒适、智慧便利的生活环境,培养朝气蓬勃、健康向上的新时代大学生,形成全员育人、全过程育人、全方位育人的长效机制,构建凝心聚力、立德树人的“大思政”格局。

学校成立思政进公寓工作领导小组,组长由校党委书记、校长共同担任,副组长由分管学生工作的校领导担任,成员由组织部、宣传部、学工部、研工部、团委、教务处、财务处、资产管理处、保卫处、后勤管理处、马克思主义学院、信息技术中心、校医院等部门负责人,各学院党委书记及校级学生组织负责人代表组成。领导小组下设办公室,办公室设在学工部,办公室主任由学工部部长兼任。同时,建设思政教师、学工干部、党团组织、校园文化、健康教育、智慧服务六个思政教育工作站(以下简称“工作站”),每个工作站设站长、副站长各一名。

1. 思政教师进公寓

(1)建设目标。

落实立德树人根本任务,充分发挥思政教师、课程思政优秀教师、退休教师的专业优势和育人优势,将思想政治理论教育与大学生的日常生活相结合,提高思想政治工作的针对性、亲和力、感染力,使社会主义核心价值观的实施日常化,引导学生树立正确的世界观、人生观、价值观,促进学生良好生活习惯的养成,正确理解生命、生存、生活、生长之间的关系和重要意义,增强学生思想成长的获得感。

(2)工作举措。

思政教师深入学生群体,从学生思想动态中寻找问题,反哺提升教学科研,提高思想政治工作的针对性,更好地指导学生成长成才。

①坚持问题导向,加强调查研究。学生公寓是学生活动最集中、思想最活跃、感情流露最真实的场所。思政教师进公寓,了解学生在成长中的困惑,收集学生信息,发现大学生思想政治教育中存在的主要问题,发挥专业优势,坚持问题导向,积极开展思政教育进公寓等方面的课题研究。

②延长课程手臂,将公寓打造为思想政治理论课课前、课后教育的重要场所。思政教师进公寓,与学生进行平等沟通、民主讨论、互动交流,课前收集学生对课程

内容的疑难困惑和薄弱环节，直击青年大学生思想成长的重点、难点问题，针对性地收集资料、进行备课，创新课程形式，为探索专题教学、案例教学、情景教学提供鲜活的一手素材；课后为学生进行答疑解惑、深度阐释，收集学生对优化课程教学的意见和建议，完善教学评价，提升教学质量。

③融入学生生活，把解决思想问题与解决实际问题结合起来，满足学生成长发展需求和期待。加强学生对现实生活的理解和对生命教育的重视。思政教师进公寓，深度融入学生生活。重点引导学生树立正确的爱情观、婚恋观、消费观，帮助学生学会正确进行情绪管理，正确进行日常人际交往，让思想政治教育做到“有虚有实、有棱有角、有情有义、有滋有味”。

④围绕当前的社会热点问题，引导学生进行深度剖析和交流。思政教师进公寓，围绕如何理性爱国，如何正确看待“抖音网红”“主播”“二次元”“校园贷”等现象与日常学习之间的关系等话题，在平等沟通、民主讨论、互动交流中进行思想引导，有的放矢、生动活泼地开展工作。

⑤发挥专业优势，指导学生开展理论研讨和主题教育。提高思想政治工作的感染力，实现思想政治教育入耳入脑入心、同向同行同频。指导学生进行理论研讨活动，加强理想信念教育，让思想政治理论教育鲜活起来。加强对学生理论学习的政治引领，指导学生党员、入党积极分子、团员青年、理论性学习社团，通过读书会、主题演讲、接力诵读、小型沙龙等学生喜闻乐见的鲜活形式开展“读原著、学原文、悟原理”等主题活动，广泛开展马克思列宁主义、毛泽东思想、中国特色社会主义理论体系学习教育，深入学习习近平新时代中国特色社会主义思想，引导学生坚定中国特色社会主义道路自信、理论自信、制度自信、文化自信，与学生一起构建学习研究共同体，让思想政治理论教育鲜活起来。

⑥充分利用重要时间节点和公寓空间环境，开展主题教育，让思想政治理论教育接地气、有温度。与学工干部工作站、党团组织工作站、校园文化工作站协同育人，利用重要事件节点，组织开展形式多样的主题教育，在党的会议、两会等重大会议召开时，组织学生通过多种形式观看、学习、研讨，深化对中国共产党史、中华人民共和国史、改革开放史和社会主义发展史的认识。参与公寓墙面宣传阵地的内容建设，潜移默化地培育和践行社会主义核心价值观，弘扬中华优秀传统文化和革命文化、社会主义先进文化，将公寓打造为学生传播主流文化的阵地。

(3)考核监督。

①活动有主题：工作站每个月设定一个活动主题，并围绕主题做好宣传，让学生对本月的主题教育活动提前认知，并主动加入主题学习和研讨。

②过程有记录：马克思主义学院每个月安排两名教师利用工作之余到思政教

师工作站开展工作，发挥专业和学科优势，组织开展马列理论的学习和宣讲、人生观教育等活动。明确工作职责，制订工作计划，落实工作责任，做好工作记录，及时总结反馈。

③期末有考核：每学期末，马克思主义学院对思政教师进公寓团队成员进行工作总结和量化考核，将工作开展情况作为年终考核和评优的重要依据之一，并建立激励制度。

2. 学工干部进公寓

(1)建设目标。

通过建设学工干部工作站，建立学工干部走访学生宿舍制度，完善辅导员入住公寓和学工干部值班制度，健全工作机制，量化工作标准，实施过程化管理，严格考核监督，确保各项工作符合大学生思想政治教育工作实际，满足学生成长的需要，使公寓成为学工干部深入开展学生思想政治教育工作的重要阵地，实现"走进学生宿舍、贴近学生生活、引领学生成长"的建设目标，全面提升大学生思想政治教育工作的质量。

(2)建设内容。

①建设学工干部工作站，打造大学生思想政治教育管理工作的阵地。各学院定期在学工干部工作站开展主题教育活动。按照"遵循教育规律、思想政治工作规律、学生成长规律"的原则安排活动内容，通过工作坊、成长沙龙、主题讨论会等多种形式丰富教育载体，使主题教育活动"有温度、有深度、有力度"。学工部、团委在工作站每学期组织不少于 2 次的学生座谈会、师生交流座谈会，了解学生思想动态，收集学生意见，向学生通报学校建设发展情况，进一步加强学校和学生之间的沟通，增强学生爱校、荣校的意识，充分调动学生参与学校建设的积极主动性。基层学生干部讲师团以工作站为阵地，分批、分学院开展基层学生干部的培训，每年对各学院所有基层学生干部轮训一遍，增强学生干部的责任意识，提高工作能力，使学生干部成为先进学生的代表和老师的得力助手。

②搭建辅导员研究和交流平台，推动辅导员队伍专业化发展。分批建设省级、校级辅导员工作室，组建辅导员科研团队。针对大学生思想政治教育工作中的重点难点问题，开展实践探索和学术研究，努力形成专业性、实效性较强的工作模式和一批理论成果。学工部、辅导员沙龙理事会、辅导员工作室在学生公寓每学期组织开展不少于 6 次的辅导员沙龙、经验交流、小型报告会、案例分享等活动，针对学生工作中存在的实际问题开展研讨交流，提升辅导员开展思想政治工作的水平。

③完善辅导员入住公寓和学工值班制度，加强学工干部和学生的有效沟通。在学生公寓设置标准化辅导员宿舍，保证每位一线专职辅导员可以入住学生公寓。

辅导员在入住公寓期间认真巡查学生宿舍，了解学生特别是重点关注学生的学习、生活情况，积极开展交流谈心工作。实行学工干部值班制度，巡查学生宿舍内外安全、卫生状况，对存在的问题积极督促整改，及时处置学生突发事件。设立谈话室，接待学生来访咨询。

④明确学工干部走访宿舍的工作要求，掌握学生思想动态。各学院党委书记(副书记)每学期走访学生宿舍不少于 2 次，学工办主任每月走访学生宿舍不少于 1 次，辅导员每周走访学生宿舍不少于 1 次，每学期走访所带学生宿舍不少于 1 遍。各学院学工干部要熟知本单位学生宿舍分布、宿舍成员构成和相处关系情况。通过走访，缩短师生之间的物理距离，拉近心灵距离。定期在学生公寓开展谈心谈话工作。辅导员每周在学生公寓开展不少于 1 次的深度谈心谈话工作。二级学院党委书记(副书记)、学工办主任分别定点联系一个学生宿舍，定期开展座谈和谈心谈话工作。

(3)考核监督。

①明确量化标准：确定学工干部进公寓各项工作的量化标准，包括对学工干部进公寓走访、谈话、座谈的次数做出具体要求；明确各学院每学期在工作站开展活动的次数以及学工干部参加工作站活动的基本标准；制定辅导员工作室管理办法，对辅导员工作室的建设和验收做出明确规定。

②强化过程管理：做好工作记录。一是走访记录，要明确走访次数、时间、宿舍号、工作情况等；二是学工值班记录，要做好电话、公寓巡查、来访接待记录；三是学工干部工作站开展的所有工作均有计划、有记录、有总结、有反馈。

③加强考核监督：把学工干部进公寓情况、学生宿舍安全卫生检查情况、在工作站开展学生教育活动的情况，纳入本单位的年终考核指标体系；把学生公寓每月公检和不定期抽查结果，作为各学院文明宿舍创建工作的参考依据；把辅导员入住公寓、谈心谈话以及学习交流情况，纳入辅导员考核指标体系，作为辅导员年终考核评优工作的重要依据。

3.党团组织进公寓

(1)建设目标。

党团组织进公寓积极围绕立德树人根本任务，创新基层党建模式，增强党建带团建工作的针对性和实效性，构建大思政工作格局，切实扩大党团工作覆盖面。按照“建立一个党团工作站，建设一批党团示范宿舍，培养一批党团先锋模范”的思路，坚持以学生需求为导向，做好政治引领、思想引领和管理服务，促进党团员作用发挥，扎实推进学校党团建设向学生公寓有效延伸，着力形成符合学生成长特点，契合西外实际的学生党团建设一体化工作格局。

(2)建设内容。

①按照“试点探索，梯次推进”的原则在学生公寓建设“党团工作站”。

增强党建带团建工作的针对性和实效性，选优配强队伍。各学院党委、团委至少选派一名专职辅导员担任学生公寓“党团工作站”指导老师，按照教学周轮流值班，在站长和副站长的指导下开展工作。成立党团工作站站务委员会，选拔品学兼优，政治坚定的学生党员或优秀团员担任委员，为党团工作站提供人员保障。党团工作站站务委员会负责党团工作站的日常管理和运营，组织公寓党员和团小组开展政治理论学习和理想信念教育，参与公寓民主管理和精神文明建设，提供入团入党政策咨询、文书撰写指导等服务，帮助学生向组织靠拢。

②按照“亮明身份，示范引领”的原则在学生公寓建设一批“党团示范宿舍”。

一是亮明身份。组织部、团委为“党员示范宿舍”和“团小组示范宿舍”创建工作的责任部门，各学院党委、团委积极参与，学生辅导员和站务委员为具体的组织者，负责梳理统计公寓楼团小组建设情况、党团员入住情况。在党员入住率较高的宿舍悬挂“党员示范宿舍”标识牌，接受广大同学监督。

二是明确创建标准。“党员示范宿舍”和“团小组示范宿舍”按照“政治素质过硬、德育品行良好、学习风气浓厚、内务卫生先进、模范作用突出”等五方面进行创建。结合“文明宿舍”创建，每年评选表彰一批“党员示范宿舍”和“团小组示范宿舍”，在文明宿舍建设中发挥榜样作用，使党员和优秀团员所在宿舍成为名副其实的“示范宿舍”。

三是发挥模范作用。“党员示范宿舍”和“团小组示范宿舍”要发挥战斗堡垒作用和先锋模范作用，按照“一名党员带好一个宿舍，一名团干带好一个团小组，一个‘党员示范宿舍’和‘团小组示范宿舍’带动一批宿舍”的目标，开展“一对一”结对帮扶活动，在专业学习、遵纪守法、日常生活、内务卫生、人际交往和心理健康等方面实现共同进步，建立结对帮扶信息数据库，做好结对帮扶台账统计，充分发挥“党员示范宿舍”和“团小组示范宿舍”的示范引领作用。

③按照“全校动员，全员参与”的原则组织开展“百名教师进公寓”“青年学习会进公寓”和“蹲班进寝”活动。

一是组建百名党员教师志愿服务队，开展志愿服务和调查研究。各分党委选拔专业课党员教师组建“教师志愿服务队”，有计划、有安排地进驻党团工作站和学生公寓，开展面对面答疑解惑，零距离促膝交谈，打破壁垒，让教书育人工作走向宿舍，深入学生日常生活。教师志愿者每学期至少走访一次学生宿舍或参加一次学生公寓党团员工作站组织的活动，发挥专业和学科优势，分批次组织开展马列理论、党史校史、文学经典、哲理人生、外语培训、心理辅导以及人文艺术等志愿服务进公寓活动，帮助学生成长成才。党员教师志愿者在进公寓期间应充分利用与学生近距离接触的机会，真正了解学生思想心理、专业学习、职业规划等需求，为后期有针对性地开展教学改革和科学研究提供参考和借鉴，形成党建工作与业务工作的良性互动和有效衔接。

二是推动习近平新时代中国特色社会主义思想青年学习会进公寓常态化。以团小组为单位，组织习近平新时代中国特色社会主义思想青年学习会进公寓，依托思想专题学习、团日活动开展、征文比赛、宿舍文化展示等方式，提高对青年的感召力和吸引力，营造向上向善的校园文化。

三是以"蹲班进寝"制度落实干部下沉基层常态化。组织学工部和团委专兼职干部，学院分党委书记、副书记，分团委书记、副书记，制度化开展"蹲班进寝"直接联系公寓团小组和青年学生活动。每位干部联系1个学院，在所联系学院中，确定5个团小组，每学期集中指导和参与对应团小组活动，活动时间不少于7个工作日。

(3)考核监督。

①明确工作职责：各部门密切配合，形成工作合力，各学院党委加强分类指导，各站务委员建立党团进公寓工作长效机制，真正把学生公寓党团工作站建设成为学习宣传党的路线方针政策的思想阵地、践行社会主义核心价值观的实践阵地和服务同学促进和谐校园建设的前沿阵地。通过各种方式和渠道，建立起一套可复制、可推广的党团进公寓工作模式。

②突出过程管理：党团工作站加强过程管理，在前期的谋划部署、中期的组织实施和后期的总结提升上，做到有计划、有落实、有记录、有总结。同时，做好党员教师进公寓开展活动的谋划部署和组织实施，详细记录活动开展次数、开展时间和参与人员等情况。每月初，指导老师听取站务委员工作汇报，了解党团工作站开展工作和参与宿舍管理的情况，提出改进工作的意见和建议，为进一步加强党团工作站的领导和指导提供决策依据。

③强化考核监督：在校党委领导下，组织部、学工部、团委等部门建立健全党团组织进公寓工作述职评议考核制度，将党团组织进公寓工作开展情况纳入各学院党委、分团委年度考核内容。各学院党委将教师进学生公寓作为教书育人、立德树人工作绩效考核和党内评优的重要依据和参考，不断提升党团组织进公寓工作质量，不断推动学校基层党建工作上水平上台阶。

4.校园文化进公寓

(1)建设目标。

校园文化工作站坚持遵循思想政治工作规律、学生成长规律，进一步强化思想政治引领，加强学校思想政治工作在学生公寓中以文化人、以文育人的功能，将校园文化建设工作手臂延伸至学生公寓第一线，多角度、多维度、全方位助力学生成长成才。利用学生公寓公共区域，聚焦主题，创新形式，统一规划学生公寓校园文化标识体系。搭建平台，着力打造以“驿站文化”“走廊文化”“墙面文化”“楼梯文化”“宿舍文化”为主体的公寓文化空间，建造精神内涵丰富的校园文化育人环境，筑牢文化根基。

(2)工作举措。

①设计“驿站文化”。利用学生公寓固定场所或楼层开放式活动区域，建设突出校园文化主旋律、充满校园文化气息的“驿站文化”。在楼层开放式活动区域建设符合学生喜好、融入学校特色的青年“文化驿站”，结合西安外国语大学精神，建设理论学习、读书研讨、享受学习、放松休闲和开展小型文化体验活动的“宿舍小客厅”，为学生提供温馨、舒适的宿舍学习环境，有效提升学生的文化品位和生活质量；在每栋公寓一层入口大厅空间，展示习近平新时代中国特色社会主义思想，弘扬社会主义核心价值观，突出理想信念教育、爱国主义教育等内容，用先进的思想理论武装学生，用丰富的教育形式感染学生，引导青年学子增进对党的政治认同、思想认同、情感认同，坚定“四个自信”。

②打造“墙面文化”，建设校园文化宣传阵地。利用学生公寓内部墙面，以宣传栏、图片墙、共享留言板等为载体，围绕时事政治、法律法规、中华优秀传统文化、思想道德建设、杰出校友介绍等内容，开展“政策上墙、制度上墙、学习上墙、活动上墙、评比上墙”等文化墙系列主题展示活动。依托各学院办学特色和专业特点，展示理论学习、学术科技、社会实践、公益志愿、文化艺术及主题征文、团日活动评比、宿舍文化展示等各类优秀成果，选树宣传党员、团员先进典型和优秀青年典型，讲述青春故事，形成鲜明的价值导向，传播正能量。

③凝练“走廊文化”，营造向上向善文化氛围。利用学生公寓走廊空间，因地制宜建设校园文化走廊阵地。在静态区域装饰名人名言、校园风光，在公寓走廊公共空间安装或摆放展示屏，以视频新闻、红色主题教育影片展映、校歌及各类宣传片为动态载体开展活动，增强校园文化活动宣传力度，拓展活动阵地。

④塑造“楼梯文化”，推动行为文化地标建设。利用公共楼梯区域，充分发挥学生专业特点和艺术类学生特长，围绕基本道德规范、大学生思想道德素质、大学生行为准则、校风、学风、校园安全等内容，由学生自行设计活泼生动、易于被学生接受的文明标语等，引导学生争做新时代“四有”青年和“六有”大学生。

⑤营造“宿舍文化”，规范学生公寓内部建设。结合文明宿舍评比活动，在宿舍内深入开展以文明宿舍建设为主题的教育活动及特色文化活动，积极探索形式多样、特色鲜明、富有成效的宿舍文化品牌创建工作，打造一批“文明宿舍”，以优良室风和宿舍文化带动学风建设，营造干净整洁、舒适安全、文明和谐的学生宿舍文化氛围。

(3)保障措施。

①明确工作职责：党委宣传部牵头抓总，校团委负责规划，统筹各学院和学生会组织、学生社团具体实施，公寓管理中心负责维护和管理。

②强化过程管理：校园文化工作站拟定年度工作计划，实行学院月值班负责制，由当月负责学院开展特色活动；每季度召开一次情况通报会和阶段性小结会，分析问题，总结经验，安排部署下一阶段工作。

③加强考核监督：各学院结合本单位学科专业实际、青年分布情况和青年特点，充分发挥青年学生的积极性和主动性，持续推进实施，同时各学院负责内容及开展情况纳入本单位年底考核指标体系。

5. 健康教育进公寓

(1)建设目标。

加强学生健康教育工作科学化建设，开拓健康知识宣传和普及渠道，增强学生身心保健意识，提高学生身心调节能力，充分发挥健康教育在培育和践行社会主义核心价值观、推进素质教育中的综合作用，帮助学生树立健康意识、掌握健康知识和技能、形成健康文明的生活方式，提高自身健康管理能力，促进学生全面发展。突出社区心理育人导向，营造浓厚的社区心理育人氛围，为学生的健康成长保驾护航。社区心理育人工作因事而化、因时而进、因势而新，从传统解决学生心理问题的“济困型”育人转向满足时代新要求的“成才型”育人，从更广视角、更大范围培养学生独立健全人格、积极心理品质，促进学生潜能开发，推进心理育人工作的科学化、长效化发展。

(2)建设原则。

①科学性与实效性相结合：根据学生身心发展规律，科学开展健康教育工作，切实提高学生身心健康水平。

②普遍性与特殊性相结合：坚持健康教育工作面向全体学生开展，注重方式方法创新，分层分类开展健康教育，满足不同学生群体健康服务需求。

③主导性与主体性相结合：充分发挥健康教育教师、心理咨询师、辅导员、朋辈咨询员等育人主体的主导作用，尊重学生主体地位，充分调动学生主动性、积极性，培养自主自助维护身心健康的意识和能力。

(3)建设内容。

①构建“发展性”健康教育系统。

一是丰富传播形式。合理利用公寓宣传栏、电子显示屏等传统宣传方式，充分发挥微信、微博、QQ 等新媒体平台的优势和作用，全方位宣传健康教育。深入开展大学生心理健康教育知识、面临的主要健康问题和影响因素、常见传染病(如流感、结核病、肾综合征出血热、艾滋病等)预防知识与原则、常规措施的宣传和普及工作，每月更换一次，让健康教育理念深入人心。

二是举办主题教育活动。针对学生的不同需求，分层分类开展健康教育主题活动。各学院至少选派一名专职辅导员担任健康教育工作站的指导老师，负责在轮值周组织一次以“健康教育”为主题、“朋辈互助”为方式、“促进发展”为理念、“全员参与”为目标的健康教育活动。工作站每学期组织开展一期“成长主题”团体辅导，每季度开展一次“心灵成长”教育沙龙，每月开展一次“心灵对对碰”交流沟通，每周开展两次“心理面对面”咨询服务。工作站定期结合主题党日活动、党员志愿者服务，开展心肺复苏急救，甄别不科学、不健康信息的技能与方法等知识普及活动，教育学生树立安全避险意识，掌握常见突发事件和伤害的应急处置方法，提高自救与互救能力。同时，指导公寓员工定期做好突发传染病疫源地消毒工作。

三是开展心理素质测评。在常规心理健康测评的基础之上，引进心理测评平台，对学生的心理潜能、多元智能、情绪智力、人格等心理品质进行测评，为学生心理健康教育提供科学依据。

②构建心理健康服务支持体系。

一是建立公寓健康服务点。服务点立足学生健康需求，以心理教育指导、心理咨询辅导为抓手，全力育“心”、全“心”育人。同时，充分发挥校医院夜间分诊点的作用，及时做好学生突发疾病的初诊和分诊工作。

二是组建专业心理咨询队伍。工作站选拔有心理咨询专业资质、热爱学生心理健康教育工作、身心健康、综合素质高、责任心强、乐于奉献的学工干部，组建一支专业心理咨询队伍。按照轮班制在工作站开展工作，确保有需求的学生及时接受专业心理咨询，建立重点关注学生的生活档案，及早预防、及时疏导、有效干预。

三是搭建“PSY”朋辈心理互助平台。工作站在对班级心理委员和宿舍心理信息员进行专业培训和指导的基础上，挑选富有一定心理素养、具有助人精神和较强人际沟通能力的学生担任朋辈心理咨询员。通过面谈、QQ、邮件、微信等方式与寻求心理帮助的学生进行沟通交流，帮助他们化解心中疑虑，解决其成长困惑，提升大学生自我教育、自我管理与自我服务的能力，在助人中自助，在互助中成长。

(4)保障措施。

①增强服务意识，提高服务水平。工作站人员树立爱岗敬业的责任意识，增强爱校如家的服务意识，践行爱生如子的关爱意识，在实际岗位中提升服务水平。

②建立监督机制，加强责任担当。建立学生对健康教育服务的监督机制，加强工作站工作人员的责任担当，设立监督电话和邮箱，每周对学生反映的问题进行汇总处理，切实提高服务水平；将学生心理健康教育工作开展情况纳入辅导员个人年终考核指标体系，作为辅导员考核评优的重要依据。

6.智慧服务进公寓

(1)建设目标。

以“互联网+公寓服务”为核心理念，将互联网、物联网、智慧后勤、移动校园等信息技术应用到学生公寓管理与服务中，构建服务、安全、保障的公寓智慧服务体系，进一步提升管理服务效能，不断提高学生生活质量与品质，为学生成才提供切实保障。

（2）建设内容。

由学工部、保卫处、后勤管理处、信息技术中心牵头建设“智慧服务生态岛”，以“互联网＋公寓服务”为核心理念，将互联网、物联网、智慧后勤、移动校园等信息化技术应用到学生公寓管理、安防与服务中，构建智慧公寓管理服务体系，提升管理服务效能。

①建设学生公寓“智慧服务生态岛”，融合自助智慧服务功能。将已建成的自助缴费、自助洗衣、自助浴室、自助直饮水机和云打印机、自动售货机、自动咖啡机等智能服务设施列入“智慧服务生态岛”，分步骤实施智能化优势品牌设施落地，为进一步改善学生生活条件提供坚实的保障。

②建设移动校园服务平台，满足学生生活需求。通过移动校园平台为学生提供资讯服务、党建服务、迎新离校服务、教务服务、财务服务、一卡通服务、网络服务、图书服务、互动服务、移动支付服务、失物招领服务、跳蚤市场服务等，进一步提升学生公寓生活便捷化、人性化、舒适化的体验，满足学生需求。

③升级改造门禁、监控系统，提高安防技术水平。升级改造“一卡通”门禁系统，加强信息化管理；在公寓楼各楼层和外部空间等公共环境安装红外摄像头，实现监控全覆盖、无死角，建成公寓局域监控中心；通过学校各类安全数据分析平台的建设，实现学生行为预警，做到风险预防，进一步提升公寓安防技术水平。

（3）保障措施。

①树立服务育人理念。牢固树立育人理念，将育人工作与部门效能建设结合起来，加强管理服务队伍建设，不断完善内部管理机制，积极创新管理服务方式方法，努力提高服务质量和管理水平，促进学生健康成长成才。

②积极营造育人氛围。工作站以学生需求和满意为出发点和落脚点，简化办事环节和手续，优化服务流程，加强管理服务场所文化建设，制作服务指南、完善服务标识，积极营造良好的育人氛围。

③努力优化工作作风。工作站切实改进工作作风，增强宗旨意识。建立多渠道、全天候的信息传递与沟通机制，设立学生服务热线和信箱，建立微博微信平台，经常深入学生之中，及时听取学生的意见和建议，做好学生服务工作。

（二）组织管理：统筹谋划＋党建引领＋全员服务＋自我管理

西安外国语大学以习近平新时代中国特色社会主义思想为指引，围绕立德树人根本任务，建立了“六位一体”思政教育进公寓育人体系，打造贴近学生生活的育人新场域，打通育人“最后一公里”。同时，营造“浸润精神-感召实践-完善人格-引领成才”的人才培养氛围，探索形成了一套具有西外特色的思政育人工作体系。学校从加强统筹谋划、党建引领、全员服务、学生参与等四个维度建设学生社区“一核多面”组织管理体系，突出基层党组织在学生社区建设中的核心作用，联动多方主体共同参与，强化长效且稳定的组织管理，配置充分的软硬件要素。同时，遵循思想政治工作规律、教书育人规律、学生成长规律，通过加快硬软件的共同改善，不断提升思想政治教育的亲和力和针对性，将思政工作做到“家”。

1.加强统筹谋划

成立西安外国语大学“一站式”学生社区综合管理改革工作领导小组，由分管学生工作的校党委副书记担任组长，将社区学生思想政治工作与教学、科研等工作实现协同发展。学生工作部门牵头推进，建立学生社区组织架构、工作队伍、体制机制、配套的政策和制度，配备建设资源、场地、软硬件条件等，及时总结管理服务经验，统筹推动学生社区综合管理模式试点建设。

2.突出党建引领

(1)实施党建进社区制度。优化学生社区基层党组织设置，完善党员宿舍网格化管理、党支部帮扶、结对共建等工作体系，推动“三会一课”、主题党日等组织生活制度化日常化，发挥学生社区党建思政园地、线上线下责任区、先锋岗、党员示范岗的特色平台作用，推进党组织全覆盖。

(2)实施领导联系制度。学校、职能单位、学院领导干部深入社区一线联系学生，解决学生思想、心理、生活、就业等实际问题。建立学生社区党支部工作联系点，校院两级领导干部每季度至少到所联系的党支部参加1次组织生活或主题党日活动，做到常态化联系社区学生，增强联系效果。

(3)实施学院党委进驻制度。二级学院领导走进社区，联系社区学生，将学院发展建设理念、学科优势、文化传承、育人特色融入学生社区建设，将学院优势育人资源引入学生社区建设，建立学院特色育人阵地，形成学院与社区协同联动的良好机制。

(4)开展社区党建主题活动。以“六位一体”思想政治教育进公寓育人体系为主体内容，将学生社区作为开展学生活动的物理空间和组织单位。注重将学生社区文化建设和学生成长需求融入党建教育活动内容设计，做到思想引领压实到学生一线。举行主题党日团日、班会、社会实践及劳动服务活动，将思政教育融入社区、公寓楼、寝室等学生学习生活的基本单元。

(5)打造特色社区文化。建设与大学校园文化相统一，具有西外特色的学生社区文化视觉识别系统，发挥环境育人功能，开展社区文化建设。开展征集公寓楼命名、Logo等活动，引导学生建立社区“大家庭”概念，营造文明的楼宇环境、和谐向上的寝室关系和健康活泼的寝室文化；在公寓楼内构建多主题育人走廊，在对学生的“沉浸式”教育过程中，增进思政文化育人实效；发挥微博、微信、抖音、B站等新媒体平台作用，宣传学生社区建设过程中的进展和成效，营造学生社区思政文化育人的良好氛围；举行社区文化节等丰富多彩的社区文化活动，完善和落实学生社区的各项政策措施，深化社区思政工作内涵。

3.“全员”服务学生成长

(1)学校、职能部门、学院领导干部带头践行“一线规则”。校领导每学期至少面对面与学生交流1次，为学生提供思想引领、成长发展等方面的教育指导；职能部门和学院管理干部联系学生社区，帮助学生解决思想、学习、生活上遇到的实际问题；学校各级党务工作队伍在学生社区中开展党支部规范化建设，把党的建设贯穿于社区管理的全方位和全过程之中，将党建引领落在实处。

(2)社区辅导员、学工干部深入学生社区一线。由新入职辅导员及遴选优秀研究生兼职辅导员组成社区辅导员队伍进驻学生社区，深入持久推进实施辅导员“谈心谈话制度”“周末晚点名制度”“主题班会制度”，并将辅导员进公寓工作情况和效果纳入辅导员评价体系中。

(3)专业教师、导师、思政教师队伍进驻社区。选聘教师担任学生社区兼职辅导员，依托已建成的“校园文化工作站”“党团工作站”，引导学生科学认知大学学业，做好学业规划，培养学生良好的科学精神和科研习惯；对学生进行思想理论教育、思想品德教育和人文素质教育，助力学生成长成才。

(4)心理健康教育、就业规划指导教师进驻社区。依托“六位一体”思政进公寓育人体系中的“健康工作站”，强化学生社区心理指导工作队伍，面向社区学生普及化开展心理健康教育宣传活动，提供“菜单式”心理咨询服务；在社区内开展人生绘画指导、就业服务，指导学生进行自我认知，促进学生成长发展意识和能力的双提升，满足学生个性化发展需求。

(5)校外辅导员队伍进驻学生社区。聘请优秀企业事业单位骨干、劳动模范、时代楷模等，组成校外辅导员工作队伍，将中国特色社会主义建设实践中形成的最新成果、最鲜活案例带进学生社区，促进校内小课堂与社会大课堂深度融合。

(6)家长队伍进驻学生社区。与家长队伍建立长效联系机制，深入了解学生的成长环境、生活经历、性格特点，为实现学生个性化教育引领提供基础信息，有的放矢，加大教育合力，有效促成组织引领下的家校与社会联动。

4.强化学生自我管理能力

(1)社区学生组织建设。建立学生自我管理自我服务组织，遴选学生党员、入党积极分子担任负责人。由宿舍管理委员会成员、学生会成员、学生党员等组成学生组织服务队伍，通过开展各种各样贴近社区学生实际需求的活动，积极为广大学生服务，在学生自我教育管理服务、社区文化建设等方面发挥作用。

(2)社区学生活动开展。组织学生通过社团活动、志愿服务、勤工助学、实践锻炼等方式参与社区建设、楼宇管理；建立健全以服务奉献为导向、以素质养成为目标、以经历认证为保障、以制度规范为基础的长效机制，培养学生自主意识和自律能力；充分发挥学生在朋辈教育帮扶、校园文化营造等方面的作用，在学生社区建立活动场所集群，培育品牌活动项目；挖掘社区劳动教育资源，开展富有学校风格特点的劳动教育，增强学生劳动意识。

(三)运行机制:“1＋6＋N＋P”多元化项目模式

西安外国语大学各工作站在领导小组的统一安排下，采用“1＋6＋N＋P”模式，即每年围绕一个活动主线开展各项工作，六个工作站面向全校学生开展主题丰富、形式多样的活动，各学院在工作站开展了许多主题鲜明、有针对性的思想政治教育活动。“1”指每年一个主题教育活动主线；“6”指六个工作站开展亮点品牌思政教育活动；“N”指各学院、学生等在工作站开展特色鲜明的思想政治教育活动；“P”指实行多元化项目管理模式(试点)。各二级学院通过各种主题特色项目活动，不断丰富思想政治教育内容，打造了一批叫得响、拿得出的品牌活动。通过试点项目化管理，不断彰显思政进公寓的示范性、品牌性，创新育人模式，提升育人效果。

1.思政教师工作站:“3S”一体化育人项目

2022年10月，学校经济金融学院党委基于“组织管理力量‘一站式’进驻学生生活园区有效机制研究”这一项目课题，不断健全组织、强化队伍目标，下活“一盘棋”，做好统筹发展。学院党委统筹协调组织管理力量与学生社区建设“一站式、双配合”，依托现有的公寓思政教师和党团工作站，着力打造高素质的思政教师队伍，不断培养德才兼备时代新人的核心力量。坚持“有要求、有标准、有支持”的培养机制，全力建设一支站位有高度、思想有深度、工作有力度、做事有温度的思政教师和学工队伍，通过提升个人职业素养更好地促进学生成长，培养出更加优秀的学子推动学院发展，构建学生(students)、教职工(staff)、学院(school)共同成长的“3S”一体化育人大格局。该项目强化思想引领，依托组织管理力量“一站式”进驻学生生活园区，全体学生坚持紧随时代步伐、学习先进理论，参与面覆盖全院学生90%以上。自项目实施以来，所在学院学生党建和思政工作系统化、精细化水平得到明显提升，培育出了“党建工作样板支部”“五四红旗团支部”等先进典型，涌现出了多个先进学生宿舍，同时学术竞赛、创新创业类竞赛获奖数及项目质量有所提高。

一是思政教师下好“先手棋”。思政教师、课程思政优秀教师定期进驻工作站开展工作。通过深入学生群体与学生开展互动交流，指导学生开展理论研讨和主题教育活动，为学生答疑解惑，让思想政治理论学习走出课堂、走进宿舍，融入学生日常生活，使思政教师工作站成为思想政治理论课堂教育的延伸和开展党的理论学习和研究的重要阵地。

二是辅导员守好“责任田”。学院注重打造学生活动品牌、强化学生队伍建设与助力辅导员专业成长融合发展，根据辅导员个人研究方向和优势特长将学院学生工作进行精细化分解、精准化分管，在实践中探索出学生工作“双循环”模型。坚持将学生成长、学院发展、个人发展相联通，以能力为基础，兴趣为方向，态度为根本，全方位促进学生成长。在学校、学院的精心指导下，在学生和家长的信赖下，经济金融学院全体学工干部始终践行“为党育人 为国育才”使命，始终坚守学生一线，用脚步丈量院情，将关心关爱学生的责任与热情转化为日复一日的具体实践。在“学习＋实践＋研究”型的育人实践中，建立了温暖人心的师生情谊。

三是思政课教师充当“领头雁”。思政课教师是开展“大思政课”的直接主体和专职力量，必须在政治强、情怀深、思维新、视野广、自律严、人格正等方面发挥示范作用。第一，要让信仰坚定的人讲信仰。学生社区是近距离贴近学生生活的阵地，思政课教师要积极主动地走进学生社区，围绕重要思想、重大节庆，开展思政教育，真正把道理讲深讲透。思政课教师必须终身学习、及时充电，能够把抽象概念具象化、把深奥理论浅显化、把学理语言通俗化，使学生醍醐灌顶、入脑入心。第二，要让师德高尚的人讲德行。思政课是有言之教和无言之教的统一。思政课教师作为思想和真理的传播者，应该首先成为优秀的道德示范者，坚持以德立身、以德立学、以德施教，树立更高标准，践行更严要求，在言传身教、潜移默化中传递价值理念和道德情操。第三，要坚持“全院一盘棋”。结合开学毕业典礼、新生第一课、党员宿舍挂牌等活动，努力提高专业课教师开展课程思政、研究生导师开展导学思政、班主任辅导员开展日常思政、干部职工开展管理服务思政的意识和水平，让守好一段渠、种好责任田成为全院教育工作者的自觉行动。同时，积极邀请校外领导干部、改革先锋、优秀校友、模范人物等参与学生思想政治教育，使课内和课外相互支撑、理论和实践相互印证，实现知、信、行的统一。

2. 学工干部工作站：少数民族骨干“四个培养一个带动”育人项目

学工干部工作站由学工部牵头成立，学工部、团委和各学院学工干部在工作站开展思想政治教育工作。学工干部工作站通过热点追踪、深度谈话、交流座谈等方式及时掌握学生思想动态；通过举办主题讨论会、成长沙龙、生涯规划工作坊等活动促进大学生成长成才；通过建设辅导员工作室、举办辅导员沙龙等方式，培育孵化科研成果，促进学工队伍的职业化、专业化、专家化发展；通过学工干部“走进学生宿舍、贴近学生生活、引领学生成长”的目标，把学工干部工作站建设成“师生交流的场所、教育学生的阵地、队伍成长的平台”。

学工部基于“思政进公寓”工作平台，开展“铸牢中华民族共同体意识视域下的少数民族骨干学生培育”重点项目，探索构建少数民族骨干“四个培养一个带动”的育人模式。2021 年 8 月 27 日，中央民族工作会议在北京召开，会议上习近平总书记强调，做好新时代党的民族工作，要把铸牢中华民族共同体意识作为党的民族工作主线。在此背景下，该项目对少数民族学生共同体意识构建途径和对策进行分析，立足于培养学生中华民族共同体意识，以此强化思想引领，培育少数民族学生骨干。

为加强理论学习，提升思想意识，项目组先后共组织多次以"知校，荣校"为主题的参观校史馆活动。分类分批组织少数民族学生座谈会、少数民族学生就业指导座谈会等8余场多种形式的主题教育活动，加强民族团结，增进各民族间的交往交流交融，增强同学们"五个认同"意识。加强学习和研讨的力度，并以第二课堂为研究的主阵地，形成"边学习，边实践，边反思，边交流，边总结"的研究模式，逐步提高培育少数民族学生骨干的实践研究水平。

为了充分发挥少数民族党员干部先锋模范作用，项目组组织"喜迎二十大，筑梦向未来"少数民族学生骨干专题网络培训活动，深刻学习领会习近平总书记关于民族团结进步重要论述，推荐西安外国语大学少数民族学生骨干代表在陕西省高校"青春献礼 二十大强国有我新征程"青年大学生宣讲会上作主题演讲。通过微信公众号，利用"线上＋线下"相结合的方式，组织开展"培根育魂，石榴花开——优秀少数民族学生经验分享交流座谈会"等4余场师生交流分享会。开展"我身边的榜样"先进事迹分享会，通过广泛宣传西安外国语大学优秀少数民族学生先进典型，用身边的故事感染身边人，用身边人的感悟启发身边人。

项目组以边实践边总结的方式精心制定和完善项目研究目标和主要内容，根据理论学习要求确定对于开展少数民族学生骨干培育路径比较系统又可以操作的目标定位。少数民族学生骨干培育，即是要加强和引领具有坚定政治立场和思想觉悟高的少数民族学生积极向党组织靠拢，培育和发展少数民族优秀学生骨干；积极开展高校少数民族学生党员发展工作，营造各民族之间大团结的和谐氛围，促进少数民族学生更好、更快地向党组织靠拢，成为民族学生中的骨干先锋和榜样。

高校对少数民族学生进行中华民族共同体意识培育，是深化高校民族团结教育的重要抓手和必要环节。选拔和培养一批又一批政治坚定、理想远大、刻苦勤学、团结友爱的少数民族骨干，对于推动学生思想政治教育质量提升、落实和完善十大育人体系有重要意义。此外，该项目对于维护校园安全稳定、促进社会长治久安也具有尤为重要的现实意义。

3.党团组织工作站：党员志愿者示范引领项目

党团组织工作站由组织部、团委牵头成立，各学院党委、团委在工作站开展工作。工作站组织公寓党团员每周开展政治理论学习、理想信念教育等主题党团活动，参与公寓民主管理和精神文明建设，提供入党、入团政策咨询和文书撰写指导等服务。工作站按照"一名党员带好一个宿舍，一名团干带好一个团小组，一个党员示范宿舍和团小组示范宿舍带动一批宿舍"的目标，每学期建设一批"党员示范宿舍"和"团小组示范宿舍"，树立标杆。工作站每年选拔专业课党员教师组建"教师志愿服务队"，有计划、有安排地进驻党团组织工作站，开展面对面答疑解惑、分享交流活动。充分利用与学生近距离接触的机会，真正了解学生在思想、心理、学习、就业等方面的需求，为有针对性地开展教学改革和科学研究提供参考和借鉴，形成党团工作与业务工作的良性互动与有效衔接，让教书育人工作走进宿舍，深入学生日常生活。

2022 年 10 月，经济金融学院辅导员基于"党员志愿者在学生公寓区的示范引领"这一课题，将学生党员的教育管理和服务相关工作与公寓文化相结合，通过在学生日常学习、生活、交流的核心区域——公寓开展多样化的活动，充分发挥学生党员的先锋模范作用，发挥公寓的育人属性，让学生公寓真正成为学生之家。项目负责人在实践中围绕本支部工作和学院学生党建工作，在课题内涵的探索过程中，以学院"学术竞赛＋创新创业＋实习实践"三位一体实践创新人才的培养模式为主要思路，有意识地在日常党员教育管理中，围绕公寓开展活动对支部学生党员力量合理运用，逐步探索党员志愿者在学生公寓区的示范引领作用，开拓具有可行性和实用性的思想政治教育进公寓形式。同时，在研究过程中，重点推进"党建引领、管理协同、队伍进驻、服务下沉、文化浸润、自我管理"六方面工作。

(1)探索党建＋学科竞赛，党员志愿者促学风建设。本科生金融党支部纵跨四个年级，聚集了在思想教育、专业学习、志愿服务、创新创业等多个方面表现突出的金融学专业本科生。金融学作为西安外国语大学国家级一流专业，学院在人才培养上对学生学术竞赛方面的培养较为注重，因此通过在学生公寓以专业为基础，开展学生党建工作，是"党员志愿者在学生公寓区的示范引领"课题研究过程中的主要做法之一。由党员志愿者发起学术竞赛研讨，经过竞赛成果对比，在重大学科竞赛发布时，开展竞赛宣讲，做竞赛经验交流。例如，在全国大学生英语系列赛、全国大学生数学竞赛、国贸大赛等与学院学科切合度较高的竞赛活动中，党员志愿者以宣讲为契机，开展丰富的研讨交流活动。经过前期的课题研究积累，金融党支部学生学科竞赛成果明显优于其他支部。在党建＋学科竞赛的相关活动中，金融党支部有效融合学生第一课堂和第二课程。通过党员志愿者作为桥梁，学生公寓区作为活动场所，打破班级、年级界限，以分享学术竞赛和专业学习经验，切实发挥党员先锋模范作用，带动学院其他学生，努力学习专业知识，鼓励学生参与到各类学术竞赛中，形成了良好学术氛围。同时，基于分党委引领、党支部指导、学生党员辐射，经济金融学院组织的学术竞赛得到了大力推广，强化了学生的专业认同，培育了学生发现问题、分析问题和解决问题的学术思维。

(2)探索党建＋创新创业，党员志愿者铸初心使命。在课题探索中，金融党支部学生在创新创业活动中表现积极，尤其是在"挑战杯""互联网＋""大学生创新创业训练项目"中斩获了诸多国家级、省部级奖项。在结合学生兴趣和党员志愿者发挥示范引领作用的途径探索中，金融党支部开展"党建＋创新创业"的主题党日活动。通过主题党日活动，让学生党员认识到创新创业是创造价值的重要途径、是时代的主题，学生党员更要做到先锋模范带头作用，积极参与。在支部营造的创新创业良好氛围下，学生党员近年来在创新创业活动方面取得了较好的成绩和荣誉奖项。在学生党员的一次次大赛经验分享中，使学生党员不仅提高了参与项目意愿，也通过交流的平台，不断迸发出创新思路，并在实践中寻找到参赛队友，促进了学生之间的沟通合作。这也在很大程度上帮助学生提高了个人项目质量，进一步激发了学生创新意识，进而鼓励全院学生参与创新创业活动。在课题探索过程中，学生党员志愿者依托项目，在公寓宣传红色精神，使学生接受思想洗礼，追寻革命前辈伟大而艰辛的历史足迹，从而使学生坚定理想信念，锤炼意志品质。

(3)探索党建＋实习实践，党员志愿者助就业。在党员志愿者示范效能引领下，人才培养的实效性主要体现在毕业年级的升学、就业的成果中。在基层党建工作中，持续激发党员的责任与担当意识，切实增强党支部的吸引力、凝聚力、战斗力尤为重要。在开展支部活动时，金融党支部实习实践板块主要依靠毕业班学生党员，由他们作为党员志愿者，高年级助力低年级，发挥引领和带动作用。在支部活动中，党员集体学习习近平总书记给青年人的寄语，深入了解“奋斗是青春最亮丽的底色!”这句话的深刻含义，由此让学生思考在新的时代，我们的青春该如何奋斗？青年人又该如何在自己未来的发展中，在自己的岗位上发挥最美的青春？同时，在后续的活动开展中，党支部注重信息交流与分享，包括实习时间节点和信息获取渠道、当下就业形势分享、就业方向明确及侧重点、如何为找工作做准备、宣传“西部计划”等多渠道实习就业政策，搭建起毕业班学生党员与低年级学生之间实习就业经验交流的桥梁。通过毕业年级学生的亲身经历，解答了同学们关心的实习就业问题，并以同等学生视角提供具有指导性的建议，强化求职相关的知识储备与专业技能，使学生对个人未来的生涯规划和职业道路的选择有更明晰的目标，最终促进了学院就业质量的提高。

4.校园文化工作站:“阅享经典 · 书香西外”文化育人项目

校园文化工作站由宣传部、团委牵头成立，利用学生公寓公共区域，聚焦主题、创新形式、搭建平台，打造以“驿站文化”“走廊文化”“墙面文化”“楼梯文化”“宿舍文化”为主体的公寓文化空间，营造内涵丰富的校园文化育人环境，筑牢文化根基。同时，统一规划学生公寓公共区域的校园文化标识体系，营造校园文化进公寓氛围。在学生公寓楼层大厅设立“XISU 文化驿站”，定期在“XISU 文化驿站”开展以“爱党、爱国、爱校”为主题的学生书画摄影作品展示活动，开展以学习习近平新时代中国特色社会主义思想、以弘扬社会主义核心价值观和宣传党的二十大精神等为主旋律的校园文化活动，将西安外国语大学精神、西安外国语大学校训等元素融入学生公寓整体建设中，发挥文化育人作用。

英语师范学院·教育学院“阅享经典·书香西外”文化育人进公寓实践项目于2022年9月开始筹划实施，项目旨在将大学生课堂教育和实践教育相结合，通过弘扬经典传统文化和以爱国主义教育书籍阅读、影视鉴赏为载体，组织和引导全校大学生在读书中学会思考，感悟人生，享受生活，开拓视野，努力为大学生营造内涵丰富、特色鲜明的校园文化氛围。同时，将大学生思想政治教育工作与优秀传统文化传承相结合，以浓厚学风建设为目标，紧紧围绕多读书、读好书的主线，融入学生思想政治教育，搭建线上线下活动平台，通过形式多样的活动，引导学生在阅读经典中不断塑造人格，培养家国情怀，并且以宿舍为单位积极开展线下讨论，有利于促进宿舍良好氛围的形成，以及促进学生之间相互协作、共同进步。

“阅享经典·书香西外”文化育人进公寓实践项目，以线上线下相结合的方式共开展了五期实践活动，分别以爱国主义红色影视鉴赏、“声临其境”红色电影配音、用英文学习二十大报告(上、下)、读书学习分享会为主题。在项目筹办前期，项目组成员和主持人积极开展项目讨论和方案策划，多方面收集项目有关资料，用同学们喜闻乐见的组织形式提前做好前期准备，积极利用新媒体为载体，做好前期宣传工作。同时，在项目开展期间，充分调动活动参与者的积极性与创造性，以红色电影趣配音、影视鉴赏心得分享等丰富多彩的活动参与形式，丰富学生学习体验，帮助学生养成自主学习的能力和与人交往的能力，并在交流讨论中感受思想的碰撞，在思政进公寓创造的大环境中获得成就感和满足感，让更多的同学能够真正感受到思政进公寓带来的乐趣，并且在潜移默化中提升学生文化素养，培养学生正确的价值观和人生观。

每期实践活动开展完成后，项目主持人和参与者对实践活动流程和项目成果进行记录，积极总结每期实践活动的经验，提出新的开展方式和实践活动。同时，向参与活动的同学进行回访，了解同学们参与此次活动后的感受和心得，积极向学生们征询活动所存在的问题，并开展讨论寻求解决方案。

“阅享经典·书香西外”文化育人进公寓实践项目自开展以来，在学院上下形成了良好的阅读风气，越来越多的同学们在参与完此次项目后，积极主动地参与到自主阅读和分享阅读的活动中。该项目积极运用新媒体平台，通过学院公众号对项目展开前期的宣传以及对项目开展过程中的项目成果进行展示和推广，受到全院上下师生的共同关注。在以线上方式进行活动开展的过程中，每期活动的参与学生超200名，并且在活动结束后，引发了各个班级的热议和讨论。同时，有越来越多的同学为新一期的项目建言献策，提供新思路、分享新方案，充分发挥主观能动性，真正将阅读融入学习和生活当中。在活动开展中，项目组积极将文化育人与环境育人相结合，营造出浓浓的寝室文化气息和温馨和谐的宿舍氛围，使学生们在闲暇之余感受到人文知识的熏陶，也让宿舍关系更加紧密和谐、团结友爱。

5.健康教育工作站:“阳光花房”+“转角驿站”

健康教育工作站由学工部、校医院牵头成立,根据任务分工分别在工作站和夜间分诊点开展工作。工作站利用学生公寓走廊,建立健康知识宣传栏,对现代健康的概念、高校学生面临的主要健康问题和影响因素、常见传染病的预防知识和原则与常规措施进行宣传和普及。充分发挥校医院夜间分诊点的作用,及时做好学生突发疾病的初诊工作;建立重点关注学生的生活档案,以实际生活为实例,为学生剖析常见心理困惑,让学生学会交流和分享,学会情绪管理,学会应对困难挫折。帮助学生解决学生困惑和心理问题,进一步健全“宿舍-班级-学院-学校”四级心理危机干预网络体系,做到健康知识普及化、健康服务精细化、健康培训系统化。

2022年,在西安外国语大学“一站式”学生社区建设了“阳光花房”心理工作站,提供夜间心理咨询服务,实现心理健康教育在学生公寓区的有效延伸。2023年,作为第八届陕西高校“阳光护航”心理育人宣传季实践活动的重要内容,在学生社区新建“阳光驿站”二级心理工作站,并在学生公寓楼内打造“阳光转角”,宣传心理健康教育小贴士,营造积极阳光的心理育人氛围。通过定期开展学生专题团体心理辅导活动,围绕生命教育、人际沟通、宿舍关系、情绪管理等主题,探讨学生的心理问题解决方案,做到心理健康服务的普及化、精细化、全覆盖。

(1)回应诉求,与学生需要同向同行。在心理育人构建过程中,学校注重关注学生需求,将实现学生自我成长与发展作为心理育人核心任务,提出“阶梯式育人”与“浸润式育人”相结合的双向育人模式。一是精心设计以“浸入式育人”为基础的学生心理健康活动。依托学校“一站式”学生社区心理健康教育工作站,每学期开展一期“成长主题”团体辅导,每季度开展一次“心灵成长”教育沙龙,每月开展一次“心灵对对碰”交流沟通,每周开展两次“心理面对面”咨询服务,帮助学生学会情绪管理,掌握应对困难挫折的方式方法。二是“阶梯式育人”以各学段大学生成长成才需要为导向,分层分类进行精准心理健康教育。每学年进行两次全校学生心理测评,动态掌握全校学生心理状态;引进“大学生心理测评与危机干预系统”,进一步提升了心理咨询的专业化、规范化;组织新生参观学校心理健康教育与咨询中心、“一站式”学生社区心理工作站,帮助学生消除对心理咨询的误解,快速融入大学生活;进行毕业班离校团体心理辅导工作,帮助学生更好地发挥个人潜能,减缓焦虑情绪,走好大学“最后一公里”。

(2)直面问题,发挥阳光驿站作用。面对学生心理健康问题日益严峻的现实困境,学校贯彻“重在预防”的原则,制定并实施《西安外国语大学心理健康教育四级网络体系实施细则(试行)》《西安外国语大学学生心理危机预警干预工作实施办法》《西安外国语大学重点关注学生的排查、干预工作方案》,进一步完善“学校-学院-班级-宿舍”四级心理危机预警干预体系,注重发挥学生主体作用,强化预警体系末端建设，广泛开展班级心理委员、宿舍心理信息员队伍建设，开展专题培训会、团体心理辅导等活动。辅导员、班主任深入学生社区一线，走到学生身边，开展谈心谈话活动。在“阳光花房”，老师们将心理健康教育的“大道理”转化为青年学生喜闻乐见的“小故事”，将各类经典的“大困惑”化解为成长道路上的“小挫折”，引导广大社区学生增强对自我心理健康和心理危机的认识，使其学会自我心理调节，正确面对压力，积极面对生活，以满足学生不同阶段的心理发展需求。

(3)联合共建，提升心理协同育人成效。学校作为“‘医校结合’陕西高校心理健康服务体系首批共建单位”，积极与西京医院、陕西省人民医院、西安市精神卫生中心、西安交通大学附属第一医院、西安交通大学附属第二医院定向合作，通过绿色通道及时转介危机学生，有效降低了心理危机事件的发生率。学校成立“中外心理交流中心”，旨在积极联系国内外学者和机构，组织全省高校开展相关学术交流、学者互访、培训研修、组团访问、中外合作等业务，进一步发挥具有外语院校特色的大学生心理健康教育工作的影响和示范作用。2022年，学校通过陕西省委教育工委标准化心理中心验收。

截至2023年，依托健康教育工作站，学校在公寓区开展各类心理育人活动300余次，形成了浓郁的社区心理育人氛围。同时，活动参与人次逐年上升，累计受众已达6万人次。学校通过在学生社区持续推进二级辅导站建设，聚焦重点，破解难点，与德育、美育相结合激发学生积极情感与健康心态，充分利用学校其他部门的内外部支撑，共同画好心理育人“同心圆”。

6.智慧服务工作站:“生态岛”+移动服务平台

智慧服务工作站由学工部、保卫处、后勤管理处、信息技术中心牵头成立，以“互联网+公寓服务”为核心理念，将互联网、物联网、智慧后勤、移动校园等信息化技术应用到学生公寓管理、安防与服务中，构建智慧公寓管理服务体系，提升管理服务效能。在工作站内，建设学生公寓“智慧服务生态岛”，包含洗衣房、直饮水机、打印机、售货机、咖啡机、生活缴费等自助服务设施项目，改善学生生活条件；通过移动校园平台，为学生提供移动支付、教务图书、一卡通、失物招领、跳蚤市场等便捷化、人性化的应用服务；通过智能电控、网络报修、预约服务等物联网技术手段，提升公寓管理服务效能；通过建设公寓局域安防监控中心、学校各类安全数据分析平台等，提升公寓安防技术水平。

(四)保障机制:场地+制度+经费

1.场地保障

(1)完善“一站式”学生服务大厅。强化教育管理服务功能，为学生提供全面的教育管理服务业务预约、办理等多项业务，开发线上服务平台，及时、精准对接学生需求，常态化提供便捷服务，以满足学生成长发展需求。

(2)实施学生活动空间改善工程。以宿舍楼群为单位,建设思政主题教育活动室、社区党员活动室,满足社区学生多元化、个性化的思想学习生活需求。

2. 制度保障

(1)实施学生成长创意项目孵化制度。设立学生成长创意项目库,支持鼓励学生通过项目申报,积极开展创新实践,研发思政文化创意产品,建设和提供专门空间,支持学生进行项目建设,提升学生自我发展质效。

(2)建设辅导员工作室制度。拨付专款,成立包括学生社区育人研究专项工作室在内的一批辅导员工作室,立足社区,针对性地对学生进行政治引领和思想引领;通过开展工作研讨交流,科学提升育人成效,促进辅导员队伍专业化、职业化、专家化发展。

3. 经费保障

学校每年核拨思政进公寓专项经费,用于学生社区场地建设、活动开展以及各类科研项目立项和实施。其中,项目经费实行“一次核定,分期拨款”的办法,立项后先拨付总经费的50%,中期检查合格后再下拨剩余经费,中期检查不合格的,缓拨或取消剩余经费。

(五)创新载体

1. 坚持育人导向,促进学生全面发展

依托“六位一体”思政进公寓育人体系,建立健全以服务奉献为导向、以素质养成为目标、以经历认证为保障、以制度规范为基础的长效机制,培养学生自律能力,在学生自我教育管理服务方面发挥作用。遴选160名学生党员、入党积极分子组建14支学生公寓志愿服务队,通过楼内志愿服务、日常巡查、基层调研等方式参与学生公寓建设。48名学生组成学生事务大厅管理团队,协助职能部门完成办理空调、医保报销、学生证补换、信息网络等业务,累计服务3万余人次。由宿舍管理委员会成员、学生会成员、学生党员等组成学生志愿者队,通过开展贴近学生实际需求的活动,积极为广大学生服务,在学生自我教育管理服务、公寓文化建设等方面发挥作用,如在疫情防控期间,累计600余名学生参与楼宇管理,16名退伍大学生请战承担16栋学生公寓的消杀工作。

2. 构建创新模式,促进辅导员队伍内涵式发展

2022年,为加强“学工干部工作站”建设,促进学校辅导员队伍内涵式发展,学校启动“1+6+N+P”项目化运行模式,将6个工作站开展的各类思政进公寓主题教育活动整合为实践项目。通过项目申报、立项、实施、结项一体化管理,构建项目化、体系化、个性化的思政进公寓主题教育活动管理模式,激发思政进公寓活动的活力。

3. 运行“三大机制”，筑牢校园安全防线

学校坚持在学生公寓区建立“轮值统筹”机制，落实“包楼包联”机制，完善“问题预警”机制，多渠道、多方式维护师生安全和校园稳定，为进一步健全校园安全共建共治共享机制提供了可靠保障。将学生公寓区高效率网格化日常管理模式转变为应急管理机制，将学校打造成维护社会安全稳定的重要样板高地。疫情期间，学校完善顶层设计，变“被动应战”为“主动出战”，成立学生公寓临时党支部，划分党支部责任区，设立“党员先锋岗”，组建“党员突击队”，校院领导干部、思政工作队伍、师生志愿者入驻社区开展工作。开发安全预警平台，整合联动多方资源，建立了校内“学校-学院-公寓”会商和校外“家-校-医”联动机制，设置了“社区-宿舍-楼层-寝室”四级安全员队伍，全员参与筑牢学生社区安全防线。校院两级领导、辅导员、专业课教师广泛开展宿舍走访、谈心谈话、文化建设及处理突发事件等工作。2名退役学生积极响应“思政教育进公寓”的号召，主动发起并带领了18名退役士兵组建“橄榄绿”平安志愿者队，开展社区夜间巡逻、消防安全检查和演练活动，协助维护校园出入治安等工作，成为学校平安校园“人防”队伍中的生力军。

（六）建设实效

1. 构建“六位一体”，夯实“三全育人”

通过打造六个工作站，即思想政治理论课堂教育的延伸和开展党的理论学习、研究的思政教师工作站；师生交流、教育学生、队伍成长的学工干部工作站；党团工作与业务工作良性互动和有效衔接的党团组织工作站；内涵丰富的校园文化育人环境、筑牢文化根基的校园文化工作站；健康知识普及、健康服务、健康培训与咨询为一体的健康教育工作站；学生公寓“智慧服务生态岛”的智慧服务工作站，真正实现“浸润式教育”，将思政育人工作做到“家”，打通育人“最后一公里”。

2. 坚持党建引领，凝聚奋进力量

按照“建立一个党团工作站，建设一批党团示范宿舍，培养一批党团先锋模范”的思路，完成1300多间党员宿舍挂牌、40余间退伍大学生士兵挂牌；疫情期间，成立14个覆盖全社区的“战疫”临时党小组，做好政治引领、思想引领和管理服务，促进党团员作用发挥，扎实推进学校党团建设向学生公寓有效延伸，探索西安外国语大学学生党团建设一体化的工作格局。

3. 培育品牌项目，创新育人模式

自2019年起，西安外国语大学已经在学生社区建成“一品、三系统、四站、四制度”，经过实践探索，实现了“$1+6+N+P$”的运行模式。即每年围绕一个活动主线开展，六个工作站年均面向全校学生开展主题丰富、形式多样的活动60余次，截至2023年6月，各学院年均在工作站开展主题鲜明、有针对性的思想政治教育活动60余次，满足学生个性化发展需求，做到全员覆盖学生的成长成才全过程。

4. 强化自我管理，促进全面发展

依托"六位一体"思政进公寓育人体系，强化社区学生组织建设，遴选学生党员、入党积极分子通过社团活动、志愿服务、勤工助学、实践锻炼等方式参与社区建设、楼宇管理。建立"一战式"学生事务大厅，由48名学生组成管理团队，协助完成办理空调、医保报销、学生证补换、信息网络等业务，累计服务3万余人次，实现"一站式"办理。重视学生自我管理，由宿舍管理委员会成员、学生会成员、学生党员等组成学生组织服务队伍。通过开展各种各样贴近社区学生实际需求的活动，积极为广大学生服务，在学生自我教育管理服务、社区文化建设等方面发挥作用。如疫情期间，累计600余名学生参与楼宇管理，16名退伍大学生请战承担16栋学生公寓的消杀工作。在"$1+6+N+P$"运行模式中，通过在工作站试点实行多元化项目管理模式，将学生教育活动转化为科学实践研究，积极鼓励学生参与，从而培养学生的科研意识、创新能力和实践能力，促进了学生全面成长。

(七)经验启示

自2019年以来，西安外国语大学通过"六位一体"的思想政治教育进公寓育人体系，创新了多方联动、协同育人的工作模式，打造了立场坚定、德才兼备的思政工作队伍，建设了温馨舒适、智慧便利的学生生活环境，形成了全员育人、全过程育人、全方位育人的长效机制，构建了凝心聚力、立德树人的"大思政"格局。

1. 建成"一品、三系统、四站、四制度"的实践载体

学校通过"六位一体"思政进公寓育人体系，已经逐步建成"一品、三系统、四站、四制度"的创新载体。即打造一项"听青年说——与学生面对面"品牌活动，建立人脸识别、智慧服务、生活保障三项系统，建成"爱国""创新""情感""文艺"四个文化驿站，深入推进实施"校领导进社区"、辅导员"走访宿舍"、"谈心谈话"、"值班值守"等四项制度。

2. 健全"四级网格"，以高质量党建引领学生思政教育高质效

构建网格化学生公寓治理体系，打造学生"党建+思政"前沿阵地。加强统筹规划，制定建设实施方案，学校党委会专题研究部署，完善"党委统一领导，党政齐抓共管"工作格局。整合资源力量，筑牢基层堡垒，锻造一批坚强有力的学生公寓基层党团组织。注重以点带面，设立党员责任寝室，推进党员学生"卓越领航"，强化"党员亮身份"，为普通学生做示范、树榜样。

3. 实施"四个卓越"，以高质量协同聚合打造"三全育人"实践园地

培养卓越辅导员，全体辅导员进驻学生公寓，与学生同吃同住，落实全时保障。成立"辅导员之家"，组建辅导员宣讲团，选树"最美辅导员"，强化基础性建设、提升性扶持和示范性激励。选树"卓越班主任"，落实校领导联系学生制度，全覆盖配备本科班主任，履行"人生导航、专业领航、职业助航"职责。培育卓越学子，选树"国家奖学金获得者”“优秀青年志愿者”，通过“西外学子宣讲团”，让身边人讲身边事、育身边人。打造“卓越基地”，建立6个思政进公寓工作站、4个学生公寓文化驿站、1个省级辅导员工作室，打造“一院一品”育人矩阵。

4.抓实“四自”教育，以高质量体系深化内涵培养高素质人才

构建“四自”教育模式，引导学生融入学生公寓建设，激发学生成长内在动力。推动自我管理“升级”，通过学生会、学生事务大厅志愿服务队、退伍学生志愿者队、学生宿舍管理委员会等学生自治力量服务学生公寓区。搭建“自我教育平台”，培育“学长小教员”“代理班主任”，遴选高年级学生骨干帮扶低年级学生，营造思想、学习、生活“三互助”朋辈教育新生态。激发“自觉成长动力”，开展“夯实学业、聚焦行业、强化创业、提升就业”行动，推进校企合作，助力创新创业，促进毕业生高质量充分就业。

5.立足“四个维度”，以高质量服务实现和谐校园高效能治理

树立“信息化、精细化、一体化、个性化”工作理念，打造平安校园。①实行信息化治理，开发学生大数据信息平台，推进数据赋能，提供精细化服务。后勤、保卫、医疗等服务力量均进驻学生公寓区，一体化保障。实施学生活动空间改善工程，以宿舍楼群为单位建设思政主题教育活动室、学生公寓党员活动室。②满足社区学生多元化、个性化的思想学习生活需求。学校党委高度重视“六位一体”思政进公寓育人体系建设，在规章制度、活动场地、活动经费等方面提供坚实支持，为项目的有序推进提供强有力的支持和保障。学校每年核拨思政进公寓专项经费，用于学生社区场地建设、活动开展以及各类科研项目立项和实施。

四、西安外事学院：“党建＋”思政育人格局助推学生社区建设

自西安外事学院全面实施深化“学院＋书院”育人改革以来，正蒙五院以提升书院学生思想政治教育的有效性和时效性为目标，紧盯“四个关键”，着力构建特色鲜明的“党建＋”思政育人格局和相互交融的“互助”育人模式，形成了横向上“学院＋书院”和“班主任＋辅导员＋正蒙导师”育人体系协调联动，纵向上建立了院长、楼长、层长、学社长、舍长“五长”并举的责任体系，有力地推动了“一站式”学生社区综合管理模式建设工作有序开展。

（一）突出书院党组织的政治功能，加强党建引领

书院开展专项调研，组织辅导员通过学社会、宿舍走访和随机抽查等多种形式，准确把握学生的思想动态，增强新学期学生工作的主动性和针对性，重点掌握学生对习近平新时代中国特色社会主义思想的学习实践情况，了解学生思想动态。突出书院党组织的政治功能，把握正确方向，组织广大青年学生组织开展“青春心向党，党史故事我来讲”“追寻红色足迹，传承红色精神”“三十年后我就成了你”等

主题活动，强化党建工作引领，进一步激励广大青年学生坚定理想信念，增强责任感和使命感。

(二)强化导师队伍立体化建设，增强协同育人力度

依托“学院＋书院”的协作机制，统筹学院教学、管理、服务等各部门力量，建强“正蒙导师小组”，形成相互交融的“互助”育人模式。实施导师制，组建一支立体化的导师团队，由常驻辅导员、正蒙导师、兼职班主任、学业导师四类导师共同组成，为学生提供全天候、个性化的指导和服务。构建矩阵式工作模式，建立8个职能中心和4个特色学习空间，以党建中心和导师发展中心为引领，党建带团建，以团建凝聚人心，导师做教育，聚焦“五育并举”目标，配合专业教育，以核心素养教育、个性养成、专业渗透、文化推广、思想教育、交流融合、素质拓展、生活服务为抓手，不断强化细化育人实效。

(三)鼓励学生参与，提升书院文化氛围

书院结合所居住的外语类以及国际合作项目学生实际，聚焦家国情怀，围绕“家文化”建设中心，与解放军某部联合建立爱国主义教育基地暨“红一连”连史展馆。抓实党史学习教育，协同该校马克思主义学院，全面建设学校大学生思想政治教育阵地，进一步加强对学生学习习近平新时代中国特色社会主义思想和践行社会主义核心价值观的教育。着力打造读书日、劳动日、学习日、师生午餐日、院长接待日、文化月等主题日活动，实现了“周周有主题、月月有活动”的良好氛围，让学习、读书、交流在学生社区成为日常，打造师生共享空间。

(四)拓展书院育人内涵功能，加深对学生的“思想浸润”

书院以服务为导向，充分发挥8个职能中心在育人过程中的主体作用，围绕“以立德树人为根本，构建特色思政格局”和“人才培养国际化、个性化发展”两个中心，从导师队伍建设、学生职业生涯规划、书院信息化建设三个方面创新发展举措，切实为学生搭建心理健康、社会实践、资助育人、创新创业四个功能平台。同时，围绕“家文化”项目的推进，重点从书院的精神文化、学术文化、环境文化、活动文化、网络文化入手，加深书院育人功能内涵化发展和学生的“思想浸润”，努力创建具有新时代特征和国际化视野的书院特色育人体系。

第五节　其他省份高校“一站式”学生社区建设探索实例

一、南昌工程学院：开展“寓＋”党建领航工程，提升社区育人品牌

为深入贯彻党中央和江西省委关于加强高校基层党建工作的部署要求，南昌工程学院结合自身特色和基层党建优势，以党建进学生社区质量提升为主线，以思

想引领、行为养成、学习成长为出发点，构建集组织育人、服务育人、文化育人、实践育人于一体的“一站式”学生社区育人平台，开展了“寓＋”党建领航工程品牌实质性建设工作，把社区党组织建设成为全面推动校院组织力量、管理力量、服务力量、思政力量等下沉到学生公寓教育管理服务一线的“引擎手”，成为引领园区发展、服务师生、凝聚人心、促进社区和谐的坚强领导核心和战斗堡垒，提升了社区党建育人品牌影响力和覆盖率。

（一）厘清构建思路，明确体系目标

“寓＋”党建领航工程品牌建设规划，坚持以习近平新时代中国特色社会主义思想为指导，以师生满意为标准，结合学校实际和社区党建基础，要求坚持问题导向，补短板，强弱项；夯实基础，创亮色，增实效；服务大局，与新时代高校教育教学同向同行，服务师生思想政治素质提升，让广大师生拥有更多获得感、幸福感和安全感。

品牌建设具体目标，设定为构建具有普适性和可操作性的学生社区党建育人标准体系；形成社区党员“网格化”自我管理运行机制以及“党建带团建”运行模式；打造基层党组织引领“一站式”社区建设党建样板，基本实现社区思想教育有高度，生活服务有温度，文化熏陶有深度，素质提升有力度的目标要求，创“寓＋”党建领航工程品牌建设，成为一种重要标杆、一种价值取向、一种示范引领。

（二）夯实体制架构，推进党建引领

1. 改组建制模式，健全协同育人制度

（1）完善了党组织“改组建制”。为推进“寓＋”党建领航工程品牌建设，学校改组了学生社区党的工作委员会建制（以下简称社区党工委），学生工作部部长担任社区党工委书记，学生工作部副部长担任社区党工委副书记，成员由各学院党委（党总支）分管学生工作的书记或副书记组成，明确了社区党工委主要职责是在强化“支部建在宿舍”的政治功能，统筹协调全校各部门、各单位力量下沉社区服务学生，为推进“寓＋”党建领航工程品牌建设举旗定向，为社区服务育人高质量发展提供坚强的组织保证。

（2）夯实了党建“一体化”运行机制。学校在传统的“学校-学院-专业-班级-学生”纵向管理体制的基础上，进一步完善了“学校-社区-公寓-寝室-学生”横向服务体系，即完善了学生社区党的工作委员会、学生公寓党的工作党支部、分年级党小组等“一体化”运行机制，健全了基层党建工作协同育人体系，形成了共建共治共享的合理机制。

（3）健全了党建协同育人“三项制度”。第一，健全了学生公寓联席会议制度，逐步形成了二级学院和学生社区党组织“党建联抓、学业联帮、安全联防、卫生联管、服务联手”的工作局面；第二，健全了党员教育管理制度，公寓党支部依托党员活动室，定期组织“三会一课”、分年级分类别开展党员交流培训和主题党日活动，落实了学生党员在学院、社区“双重组织生活”制度，提高了社区党员政治素质；第三，健全了联系走访制度，通过各教师党支部采取线上沟通联系和入寝走访两种形式，搭建起师生党员心连心、党员与非党员的交友桥梁，激励了教师党员努力做好青年学生的知心人和引路人。

2. 夯实队伍建设，凝聚育人合力

(1)建立了“三支队伍”，同频共振。学校建立了以学生社区党工委书记和二级学院党组织书记为专家的指导队伍，以社区辅导员和驻楼辅导员为核心的组织队伍，以大学生党员队伍为主体的宣传队伍。“三支队伍”同向发力，良性互动，同步推进思政教育融入学生日常生活服务，齐心协力践行为党育人、为国育才的初心使命。

(2)创建了“一站七岗”，党员设岗定责。学校依托党员服务站，设立了党务助理岗、学风督导岗、党员宣传岗、党员监督岗、学业导航岗、党员示范岗、党员志愿服务岗等。学生党员依据个人专长，认岗履责，并将设岗定责考核结果纳入了党员评议评优评先之中，促进了党员认岗履责，发挥榜样模范带头作用。

(3)开创了“党建带团建”新格局。学校推行了以“三阶段、三目标”为激励的党建带团建的运行机制，在党员发展前期、中期、后期设立了“党性启蒙、党性修养、党性责任”不同目标的党课教育。同时，将“党课思政”理念融入了“公寓大思政”，加强了新老党员之间，党员与入党积极分子、共青团员之间的互相学习、互相监督、互相促进，开创了良性互动的“党建带团建”新格局。

(4)强化了“考评激励”举措。通过调整学生社区管理委员会组建、改组社区党工委建制以及完善社区居民管理委员会监督体制等举措，为社区党建育人工作考评激励提供了支持保障机制，推进了将学生公寓党支部工作纳入党建育人工作与公寓管理服务事业融合发展的月度考核、年度评优评先的重要参考，将学生公寓党支部委员会成员、党小组组长工作纳入学生年度综合测评，作为学生党员日常考核、评优评奖的参考依据，保障了学生公寓党支部的有效运行。

3. 创新“寓＋”党建育人模式

学校通过创新支部设置方式，将党支部建在学生宿舍，把党建育人链条延伸到学生生活教育管理各领域，构建了集思政教育、生活服务、文化熏陶、素质提升为一体的“寓＋”党建育人模式。同时，利用学生聚居优势，拓展了党组织育人工作覆盖面，实现了党对基层各方面工作的领导力，有效促进了社区和谐稳定发展和学生成长成才。

(1)思想教育，政治站位有高度。学校积极引导青年学生扣好人生第一粒扣子，强化了政治素质。通过“四进社区”(党团组织进社区、辅导员工作室进社区、党员服务站进社区、学生自治组织进社区）等途径，加强了社区学生思想政治教育，尤其依托公寓党支部，针对学生党员发展前期、中期、后期等不同阶段，分别对不同年级分类设置党性启蒙、党性基础、党性修养、党性责任等不同内容培训指导，常态化开展了公寓微党课、微宣讲活动，完善了学生党员思想政治教育培养制度，促进了学生入党后继续教育以及模范带头作用的发挥。同时，依托公寓微讲堂，结合国家形势政策和学校水利特色，面向广大青年学生，分年级、分类别开展了理论宣讲、榜样宣讲、优秀传统文化宣传教育。诸如，“习近平总书记关于青年工作的重要论述”等理论宣讲，“抗疫抗洪英雄”“最美奋斗者”等榜样宣讲，“厉行节约”“垃圾分类”等生态文明主题教育活动，强化了青年学生爱国主义精神和社会责任感培育。

(2)生活服务，精准施策有温度。坚持以学生为中心，以学生对美好生活的向往为奋斗目标。一方面，通过党组织进社区，全面推动学校领导力量、管理力量、思政力量及社会服务力量下沉到学生教育管理服务一线。组织党员先锋服务队深入了解和掌握大学生思想动态、生活期待以及服务需求，助推党团组织、管理部门、服务单位等进驻生活园区，协同推进了大学生党员服务站、公寓生活驿站、公寓阅读室、大学生成长辅导室、安全教育警示馆等服务阵地建设，做到了学校师生、社会企业“共建共享共治”服务育人阵地实体化建设。另一方面，推进了网络服务平台建设，创建了“网办大厅”，师生“一键”点击进入，就可以顺利完成办理学生日常事务管理工作流程与享受各类服务项目。诸如，资助管理、心理教育、安全教育、生活缴费、物业报修等服务，同步推进了线上线下智慧社区建设，让组织服务精准施策有温度，基本做到了将解决思想问题和生活实际问题紧密结合，让学生拥有更多获得感、安全感和幸福感。

(3)文化熏陶，内涵建设有深度。紧扣学校“立德树人”人才培养目标，打造了富有特色的园区文化环境。一是通过学院、社区、相关职能部门多方通力合作，创建了学生社区丰富的走廊文化、安全教育警示馆文化，以及全方位优化了党员服务站、公寓阅读室及专业特色活动室等阵地的文化墙，有效增强了园区文化育人工作的直观性与激励性。二是通过经典家文化进社区、红色文化进社区、生态文化进社区、新时代劳动文化进社区、水文化进社区等，营造浓厚的社区文化环境，实现文化浸润。尤其以大学生社区文化艺术节为依托，充分发挥社区公共空间的载体功能，开展了“党建带团建”系列文化育人活动。诸如，中华诗词诵读赛、红歌大合唱、青春告白祖国微宣讲赛、消防安全趣味运动会等文化精品活动，以及“一公寓一品牌”特色文化内涵建设，让学生接受多形式、多时段的文化体验，让说理教育变成生动的实践教育。三是充分利用社区电子彩屏、公寓宣传栏、学生在线网、社区之家QQ群等新媒体以及公寓微讲堂阵地，讲好中国故事和讲述南工文化、奋斗模范事迹等，在生活园区“零距离”教育引导学生更好成长成才。

(4)素质提升,实践教育有力度。发挥学生主体性价值,增强了学生“三自”教育政治自律。一是在社区团工委、社区民主管委会、社区居民委员会、学生公寓团支部、公寓民主管委会等学生组织建设方面,强化了党的领导和团的指导,促使党员、入党积极分子等优秀学生担任组织负责人,引领学生在“自我教育、自我管理、自我服务”等各项职能中锤炼过硬的政治定力,增强了学生自律自治的政治意识和政治能力。二是以园区“劳动课堂”为主体,常态化开展了党员带动广大学生积极参加社区勤工助学、志愿服务,在共建共享美丽家园环境的劳动实践中,提升劳动技能素质;以安全教育警示馆为辅助,规范化开展了安全体验日、消防演练、健康卫生防护等活动,强化了党员带头提升自救互救技能和生命安全防范力。三是依托新时代文明实践中心和朋辈互助示范中心,在学生公寓开展了学生党支部牵头、组织部协助、学习部参与的“家园学习交流会”“一帮一扶”专项教育活动,使优秀党员带动文明之星、学习标兵分别对德困生、心困生、学困生开展帮扶行动,在互帮互助中集体提升学生向上向善向学的综合素质。

(三)凝练育人成果,建设成效显著

1. 构建了学生社区党建育人标准体系

通过党建进社区,全面引领育人效能提升工程,构建了以学生综合素质提升为基本遵循的社区育人新体系。即立足社区,结合不同年级学生特点,以“寓+”党建领航工程之鹰翔培育计划为载体,以提升综合素养为导向,构建了覆盖面广、类型丰富、层次递进、相互支撑的第二课堂课程体系。

2. 形成了学生社区党员“网格化”自我管理运行机制

通过党员担任网格员,建立了涵盖公寓、楼层、宿舍的网格化管理体系,进一步推动了社区教育管理规范化、精细化和系统化。同时,提炼出了“党建带团建”育人典型工作案例,诸如园区劳动课、社区警示馆、宿舍红文化、公寓微宣讲、“寓见”辅导员工作室等精品项目,提升了品牌项目的辐射、示范效应。

3. 打造了基层党组织引领“一站式”社区建设的党建样板

通过创新理念,立足“一站式”学生社区建设,推进了组织育人、服务育人、文化育人、实践育人深入学生社区,构建了一个多元互动、相互衔接、相互协作的育人生态大环境、基层党组织育人试验综合基地。同时,试点推进了党团组织、管理部门、服务单位等进驻生活园区开展育人工作,推动校院组织力量、管理力量、服务力量、思政力量等重心下移到学生社区教育管理服务一线,将园区打造成为集学生思想教育、师生交流、文化活动、生活服务、劳动实践于一体的“一站式”学生社区建设党建样板。

4. 开创了“公寓思政”育人新生态

通过将“课程思政”理念融入“公寓大思政”教育,基本做到了在寝室成员结构、环境布置、文化氛围营造上契合课程思政，公寓党组织"四项教育"与思政课程同向同行，协同发力，建立了显性教育和隐性教育相统一，课程思政与公寓大思政相互衔接、相互协作的社区思政育人新生态，基本形成一套可操作、可示范、可推广的基层党建"互联互动"工作规范与育人模块，为其他高校同步推进社区生活服务和思想政治教育提供示范与借鉴(伍冠星 等,2021)。

二、荆楚理工学院：以"一个引领、两轮驱动、三项功能、四重体系"学生社区新模式提升育人成效

自教育部启动"一站式"学生社区综合管理模式建设试点工作以来，荆楚理工学院自主开展试点，以强化育人功能目标为导向，以党建引领治理模式改革为路径，以学生成长发展需求为中心，积极探索学生社区治理模式与育人体系协同改革的有效举措，突出政治、服务、枢纽功能，实现思想政治教育浸润式覆盖、育人资源全员式汇聚，从而推动共建、共享、共通、共融的"一站式"学生社区建设不断取得新成效。经过近年来的探索实践，荆楚理工学院形成了"一个引领、两轮驱动、三项功能、四重体系"的学生社区育人新模式。即在党建引领下，以队伍进驻和学生自治为驱动，统筹各项治理要素，实现思政教育有效覆盖、管理服务有效提升、枢纽力量有效汇聚的治理功能，不断健全和完善共建、共享、共通、共融治理体系。在该模式下，荆楚理工学院大思政工作格局不断完善，立德树人育人成效更为显著，为学校高水平应用型大学的高质量发展提供了有效支撑。

(一)坚持党建引领"航向标"，实现思政教育"浸润式"覆盖

1.党建工作进社区，突出政治高度

学生社区是开展学生思想引领、教育管理的重要场域，也是高校"发挥党建引领作用，加强政治建设，维护学校学生安全稳定，把握意识形态工作主导权、话语权，筑牢意识形态思想防线的重要阵地"(王懿,2022)。因此，将学生社区这一学生学习生活最基层的单元纳入党的建设和思想政治工作领域，具有重要意义。2021年《中国共产党普通高等学校基层组织工作条例》明确规定，可以依托重大项目组、科研平台或者学生社区等设置师生党支部，这为"一站式"学生社区设置党的基层组织提供了政策支撑。在学生社区常态化、制度化、规范化开展"三会一课"、主题党日等组织生活，依托党建工作站完善党员网格化管理、党支部帮扶、结对共建等工作体系，能进一步激发基层党建活力。同时，党建引领社区建设能充分发挥党建基层组织力量，形成党委统一领导、相关单位各司其职、师生协同共治的社区工作格局。

2. 主题教育进社区，体现思政力度

习近平总书记在全国高校思想政治工作大会上指出，做好高校思想政治工作，要因事而化、因时而进、因势而新。在“一站式”学生社区建设全面推进的关键时期，将高校思想政治工作与学生社区建设同规划同部署，能充分体现思政工作在“时”与“势”中的新思路新作为。荆楚理工学院依托学生社区，将思政教育压实到学生一线，通过思政工作室、辅导员工作室、退役军人工作室、红色书屋等阵地，开展“七个一百”大学生党史学习教育、“强信念、跟党走”系列主题教育，以及红色经典诵读会、党史故事分享会、荆楚道德大讲堂等教育活动，将思想政治教育覆盖至社区、楼宇和寝室，做到思想引领有力渗透到学生日常生活，实现学生思政教育精准滴灌。

3. 特色活动进社区，展现育人亮度

依托学生社区开展亮、精、美的特色社区活动，对于丰富和繁荣校园文化有着积极的促进作用。通过社区多功能阵地平台举办主题党团日、宿舍文化节、社区故事汇、社团文化节等品牌活动，以及中秋话团圆、冬至包饺子、周末社区影院、心理素质拓展等特色活动，彰显青春向上、健康活泼的社区文化氛围。举办弘扬中华优秀传统文化、革命文化、社会主义先进文化等特色文化活动，将荆楚文化、学校精神融入社区楼宇、楼道展示墙，发挥文化育人功能。将“一站式”学生社区建设与辅导员队伍建设紧密结合，鼓励学生工作队伍依托学生社区孵化工作项目，培育推广一批社区特色文化品牌。

4. 志愿服务进社区，体现服务温度

引导学生组织、学生社团进驻社区开展普及化、常态化的社会实践和志愿服务，对于构建师生共治的社区工作格局有着积极的促进作用。以来源于学生、服务于学生为理念，结合不同社区、年级、专业学生的思想、学习、生活等多样化需求，科学开发服务项目，科学规划服务活动。通过项目化招标、申办领办等方式鼓励学生主动承担社区志愿服务，将社区工作纳入大学生劳动教育实践课程体系，通过社区工作开展劳动实践学分认定，培养学生正确的劳动价值观。同时，将社区勤工助学、志愿服务计入创新学分，将学生参与社区工作表现纳入学生综合素质评价，激励学生主动参与社区治理和服务，培养良好的实践能力。

（二）提升师生共治驱动力，实现育人资源全员式汇聚

1. 领导干部一线包联

“一站式”学生社区建设是一个系统、整体推进的过程，只有作为一把手工程持续推进，才能真正实现社区建设的各项目标。学校层面，成立了“一站式”学生社区建设工作领导小组，实行联席会议机制，校领导定期组织职能部门召开领导小组会、联席会议、工作推进会，分类分步统筹推进。落实中层以上领导干部深

入基层联系学生工作制度，结合“我为师生办实事”和“下基层察民情解民忧暖民心”实践活动，学校领导、中层干部定期到包联学生社区，面对面接触学生每月至少两次，指导、参与社区党团建设和学生活动每月至少一次，常态化走访、调研学生思想状态、生活状态、生活需求及发展需求，协调解决学生急难愁盼的问题。

2. 学业导师一线指导

建立班导师（班主任）联系学生机制，在学生社区依托名师工作站，指导学生开展科技创新、课程实践、专业答疑、学业辅导等服务，将教学科研、学业指导、就业规划等专业教育活动下沉到学生社区一线，更深入地指导学生做好学业规划，使其养成良好的科学精神和科研习惯，增强服务国家、服务人民的社会责任感，不断提升专业素养。同时，将大学生劳动教育、心理健康教育、创新创业教育实践课程融入社区建设，构建一体化的课程实践体系。

3. 学工队伍一线进驻

以践行辅导员“一线工作法”为抓手，执行辅导员社区轮值制度，各学院每天轮值至少一名辅导员在学生社区办公，开展日常思想政治教育和社区活动指导。在每栋宿舍楼，分别设置一个辅导员寝室和一个辅导员工作室，由三年内新入职辅导员组成社区辅导员工作队伍入驻学生社区。由轮值辅导员依托辅导员工作室，开展日常思想政治教育和社区文化建设等工作，将解决学生思想问题与实际问题相结合，把以学生发展为中心的育人理念作为社区工作的出发点和落脚点。

4. 思政队伍一线宣教

由校内思政工作队伍和校外党政领导、劳动模范、抗战老兵、行业先锋等兼职辅导员组成思政导师团队，依托党建工作站、思政工作室、荆楚道德大讲堂等阵地平台，结合重要时间节点和时政热点，进社区开展政治理论教育、思想品德教育和国情社情教育，宣讲中国特色社会主义建设实践中的鲜活成果和典型案例。加强爱国主义教育、理想信念教育和社会主义核心价值观教育，将校内小课堂与社会大课堂有机融合，助力学生成长成才。

5. 学生组织一线联动

学生是社区的主人，也是社区建设的主体。许多高校在建设中存在对学生参与社区建设的定位不清、认识不足、激励不够等问题，学生大多处于旁观者、被管理者心态。因此，如何激发学生参与社区工作的内生动力显得尤为关键，可充分做好顶层设计，指导学生会、学生党员、入党积极分子等组成学生服务队伍，承担社区文明创建、朋辈帮扶、秩序维护、活动组织等工作任务。建立常态化学生服务和权益维护机制，加强协同联动，在疫情防控、社区管理、安全自护等方面充分发挥学生自我服务效能，突出学生参与社区建设的主体作用。

(三)夯实共建共享共通共融治理体系,学生社区治理模式经验总结

1. 夯实平台要素,促进社区服务标准化

通过建设实体化"一站式"学生服务大厅,打造党建和思政引领区、学生事务办理区、育人文化展示区、学生交流研讨区等功能区域,健全学生社区服务平台。推动学生活动空间不断改善,建设标准化"两家三室",即党员之家、退役军人之家、辅导员工作室、思政教育工作室、学生多功能活动室,为学生社区活动提供平台保障。

2. 完善制度要素,提供社区管理硬支撑

机制制度建设是完善社区治理效能的重要保障。荆楚理工学院"一站式"学生社区治理模式,通过修订完善校领导包联社区制、中层以上干部深入学生一线联系学生活动制度等组织制度,辅导员入驻社区制度、新聘教师社区导师制等人事制度,"网格化"治理工作制度、学生安全信息联络工作制度等管理制度,社区项目招标管理制度、社区党团组织工作制度等运行制度,形成以制度机制保障社区工作有序运转的管理闭环。

3. 融合网络要素,拓展社区育人新空间

依托信息技术,提升网络育人能力和社区治理效能,探索实行线上"一网通办"的信息综合体系。"打破长期以来形成的以部门为主体的信息运作模式,建设以学生为中心的,涵盖学生学习情况、党团(社团、学生组织)活动情况、校园行为、社区生活等全息大数据的信息平台"(马成瑶,2022)。借助综合信息平台,实现社区民意一网收集、公共服务一网整合、学生诉求一网办理、矛盾问题一网调处、治安防控一网联动,在生活、学业、交际、心理、安全等方面,为学生提供及时有效的支持和帮助,做到精准施策、靶向服务。

4. 集聚项目要素,涵养社区品牌"孵化地"

统筹党建工作项目、思想政治工作项目、学生工作项目,立足社区,依托特色社区工作品牌,针对性地对学生进行政治引导和思想引领,使学生参与面大、满意率高、获得感强。在实践中不断总结、凝练特色亮点,已将学生社区打造成为学校党建、思政、文化等工作品牌的"孵化地",涵养出一批叫得响、擦得亮、有成效的具有学校特色的育人品牌。

荆楚理工学院通过"一站式"学生社区自主试点建设,逐渐探索党建引领学生社区基层治理模式改革的新路径,依托学生社区平台建设,使思政教育更加生动、治理体系更加系统、教育管理更加高效,"三全育人"不断走深走实,学生满意度、获得感显著增强(武建斌 等,2022)。

三、白银矿冶职业技术学院：以体系建设和机制优化助推学生社区建设

"一站式"学生社区的管理和服务集学生思想教育、劳动教育、文化活动、生活服务于一体，是高校学生工作中的新模式，白银矿冶职业技术学院对"一站式"学生社区建设进行了实践探索。白银矿冶职业技术学院利用新建校区布局设计合理、场地充足、功能齐全的优势，在师生生活运动区布局了学生街、师生公寓、运动场地等功能区域，集合了服务师生的众多功能，为建设学生社区提供了良好的基础场地条件。近年来，学校有效整合教育资源，先后建起了心理咨询中心，改造了学生餐厅和师生活动中心，引进专业公寓管理公司，强化辅导员、班主任工作力量，积极开展"一站式"学生社区综合治理体系建设，努力打造"一站式"学生社区，营造全员、全过程、全方位育人环境。

（一）"一站式"学生社区中的实践探索

1.管理体系建设

建立"一核多方"的组织管理体系和协同化、网格化的工作体系。即在管理上，以基层党组织建设为核心，以社区物理空间、文化空间、多主体共同构建的场域为载体，多方力量参与联动，并在制度规范、运行机制等方面提供良好的资源配置。在组织领导上，成立由党委学生工作部牵头抓总、团学部门开展活动、二级学院负责师生管理、后勤总务保障设施场地的专项团队，建立分片区、分楼栋、分楼层的网格化分工体系和责任落实体系，有效整合党建、团学、学工、教学、后勤等部门的教育资源。理顺工作关系，把支部建在了学生公寓，将公寓管理公司划归学生工作部直接管理，由校团委书记兼任学生工作部副部长，推动管理体系的扁平化，保证"一站式"服务的及时快速（马朝晖，2019）。

2.明确各自职责

在学生社区中，管理服务人员众多，但是辅导员和班主任的教育主体作用是不容置疑的。关键是如何在不同活动和服务中，有效配置和发挥多元主体力量。由于辅导员和班主任的专业素养、工作时间、工作重点都有所侧重，因此首先要做到职责明确，互相配合，才能有效发挥工作合力。在工作职责中，对于高职学生的班级采用以辅导员为主导、班主任为主体的模式。专职辅导员主要负责"面"上的工作，负责一个年级或几个专业学生的日常管理、思想政治教育、党团建设、安全稳定、心理健康、就业服务等工作；兼职班主任一般由代课教师或机关干部担任，主要承担"点"上的工作，负责一个班级学生的专业学习指导、班级建设、学风建设、奖助学金的评定、职业发展规划的制定等工作。对于中职学生，则由班主任全部负责。

3. 优化工作机制

坚持打破原有的行政机构之间的壁垒，推动各管理服务模块在社区落户生根，加强社区-院系、社区-职能部门、社区-家长之间的多边联动，真正形成了育人合力。在时间上，学生社区建立值日值班制度。每天安排一定数量的辅导员和班主任、院系领导、安全保卫、后勤人员吃住在学生社区，工作在学生社区，进行24小时值班值守，负责各自模块的服务工作。每天晚上由学生工作部牵头组织召开碰头会，现场处置疑难问题。在工作内容上，制定“工作责任清单”“单位责任清单”，打造党团组织、思想引领、学生发展、生活服务、劳动教育、心理咨询、创业就业等工作体系。学校将学生工作部、团学组织、学校心理咨询中心的办公地点搬进学生社区，把学生会组织、社团组织向学生社区延伸，把上级领导力量、党组织力量、管理力量、服务力量下沉到学生中间，主动把握青年学生成长、成才方向和需求，自觉坚持输出靶向服务，提高治理能力，提升育人温度(彭康华 等，2009)。

4. 创新活动载体

学校充分发挥辅导员班主任的个人特长和工作职责，由辅导员牵头成立各种社团，打造了形式多样的活动载体，有“校园心理热线”“爱心之家”等微信群，有民族舞蹈团、师生合唱团等社团组织，有省级名师(辅导员、思政教师)工作室、省级创新创业中心。辅导员班主任积极带头，组织师生并参与“宿舍文化节”“爱国、爱家、爱人——我们的节日”“三联一转双提升”“四自教育”等全校性的品牌活动，在他们中设立党员先锋岗、师德师风建设示范岗，依托公寓宣传栏、微信公众号等，开展党建宣传活动，讲好社区故事，营造浓厚氛围；坚持值班制度，发挥劳动指导员作用，带头打扫卫生责任区、清运垃圾，带动学生开展日常生活劳动教育，养成吃苦耐劳的习惯，帮助学生树立正确的劳动观念和劳动精神。

5. 强化从业素质

为了有效提高辅导员、班主任的业务能力和工作素养，学校实施了“导师带徒”、顶岗实习、外出培训、集中提升等措施，要求新入职的辅导员、班主任必须在岗位上干满3年，第一年先跟老教师实习，第二年考核合格后才能上岗。同时，还加大了党建理论、心理咨询、创新创业、劳动教育、就业规划等方面的专题培训，要求每位辅导员、班主任必须通过高校教育学、心理学、教师职业道德修养培训考试和教育教学能力测试，获得高等学校教师资格证书和心理咨询师资格证书，不断提升辅导员、班主任队伍的综合素质(李娜，2017)。

(二)职业院校“一站式”学生社区中的经验思考

近年来，职业院校纷纷投入大量的人力物力，在“一站式”学生社区建设中进行了不懈的探索与实践，为学生的身心全面发展提供高质量服务，营造落实立德树人根本任务和加强思想政治工作的良好氛围。但是，由于职业院校的“一站式”学生社区还处在发展初期，辅导员、班主任在学生社区中的作用仍然有待改进和提升。

一方面，在管理体制运行中，由于存在多方不同主体之间的利益考量，致使辅导员、班主任及其他主体的工作合力发挥不够。白银矿冶职业技术学院的“一核多方”，虽然理顺了不同主体的运行关系，但是在合力的发挥上，仍然不尽如人意。在实践改进中，首先，要从学校战略高度把“一站式”社区管理作为管理育人的重要阵地，列入人才培养目标和辅导员、班主任的主要职责之中，作为立德树人的重要途径和方式。其次，要积极探索行之有效的评价反馈方式，加大学生对辅导员、班主任评价的分值比重，把服务质量高不高、满意不满意的权利交到学生手里。最后，要不断健全制度体系，明确辅导员、班主任等处于“一站式”服务一线的人员的职责，肯定其积极贡献和重要地位，并在职称评聘、评优选先中对其予以倾斜。

另一方面，过于强调辅导员、班主任的作用，忽视了学生对社区的认同感、归属感建设。许多学校在工作过程中，过度依赖组织管理体系等正式组织方式或制度规范建设，配备派驻了大量的校方管理服务人员，但让学生参与管理和服务的机会不多，他们仍然处于被管理被服务的状态，这样降低了学生的认同感和归属感，也缺少了家庭般的温暖和感觉。白银矿冶职业技术学院通过实践总结，提出了“以学生为本”的社区管理模式，就是要坚持学生在场域人际关系中的中心地位，辅导员、班主任的教育引导地位，注重发挥学生的主体地位，通过多种形式和活动，引导学生力量积极参与到学生社区的管理与服务中来。要加大学生社团的建设，在社区开展板块式的服务，吸收有特长的学生，组成不同的社团，开展不同方面的服务活动。同时，要加大公益岗位的设立，吸纳一批学生参与到校方的志愿队伍中来，由学生服务学生，学生带动学生，营造大家庭的温暖，提升学生的融入感和归属感。

四、新乡医学院：建立“书院”＋“院系”双院协同模式，打造“六位一体”社区工作格局

高校学生社区是推动学生社会化的关键场所，更是大学生思想政治教育工作开展的主要阵地。着力提升社区的育人功能，在社区内实现知识传授与价值引领的有效融合，对于大学生正确认识自我，了解和适应社会生活，争做时代新人有着重要的意义。新乡医学院三全学院，创新专业化思想政治育人载体，探索实施“一站式”学生社区综合管理模式，打造“六位一体”的学生社区工作格局，促进学生的全面发展。

（一）书院制下高校学生社区建设的思路

在书院制背景下，高校重构了全新的“书院＋院系”的学生管理体系。书院大

多依托学生住宿社区，承担专业教育以外的有利于学生成长发展的育人职能，包括学生的思想政治教育、日常管理服务、通识教育与素质养成等，在人格塑造、未来发展规划、综合能力提升、心理辅导等方面为学生提供必要的指导。改变传统单一的专业班级学生管理模式，建立以“宿舍班级＋专业班级”为单元的书院学习和生活社区，是对学生管理模式的有益探索。书院制下高校在学生社区内开展思想政治教育，能够有效融合学生社区的管理和资源优势，既符合现代高校教育的发展趋势和规律，又为全面开展大学生思想政治教育搭建了崭新的平台。学生社区已然成为书院制下高校开展思想政治教育和通识教育、提升学生综合素质和创新实践能力的出发点和落脚点。在高等教育进入内涵式发展的背景下，深入研究学生社区管理规律，重构学生社区管理体系，探索适合书院制发展理念和学生发展的“一站式”学生社区综合管理模式，对进一步提升学生社区管理服务水平，扩展高等教育的研究内容，推进高校管理体制改革具有十分重要的指导意义。

（二）书院制下高校学生社区建设面临的问题

1. 学生社区的思政引领效果不佳

中共中央、国务院《关于进一步加强和改进大学生思想政治教育的意见》中明确指出，要充分发挥党团组织在大学生思想政治教育中的重要作用，要高度重视大学生生活社区、学生公寓、网络虚拟群体等新型大学生组织的思想政治教育工作。当前，高校在学生社区开展思想政治教育工作时，尚未在校内达成全员育人共识。在学生社区从事思想政治教育工作的主要力量，集中在辅导员和学工人员等相对单一的群体中，而院系教师、学校各职能部门工作人员及学生干部作为思政工作队伍的重要组成人员，也未能凝聚育人合力，对学生社区思想政治教育的紧迫性和重要性的认识不足，未能充分发挥应有的积极作用。专业课教师专注于课堂教学，职能部门工作人员忙于行政事务性工作，在学生社区开展思想政治教育工作的内生动力不足，片面地认为学生社区思想政治教育工作不是自己的本职工作，应该是辅导员和学工人员的工作职责。而学生干部大多是以志愿者、助理的身份参与社区服务与管理，协助老师进行社区卫生服务、违禁电器检查等单一活动，参与的广度、深度有限。由此造成辅导员和学工人员工作压力剧增，难以做到精细化、全面化的思想政治教育。

2. 学生社区的管理机制不够健全

学生社区管理是为了应对高校扩招后学生规模较大的情况，原先封闭式的宿舍管理方式已不能有效适应新时代高校学生管理需求下推行的一种集民主、开放、包容为一体的全新的公寓管理理念。书院制背景下，高校实行学生社区管理的初衷是借鉴现代社会社区治理体系中的人本管理、协同管理理念，打造师生共治共享的学生社区治理格局。但是，在多年的实践中，高校学生社区建设中还存在机制体制不够健全、社区内管理主体不明确、管理水平不高等问题。究其原因，一方面，由于学生社区管理尚未得到不同管理主体的广泛认同，存在重管理、轻服务，重指令、轻民主，重指挥、轻自治的意识，仅仅把学生社区定义为学生住宿的场所，以学生为本、以服务为根基的现代化社区管理理念还未完全在管理人员心中真正扎根，制约了学生社区管理的进一步发展和优化。另一方面，学生社区管理主体不够明确，存在书院、学生处、团委、后勤总务等多个职能部门工作交集、职责交叉的现象，导致学生社区运行机制不顺畅，沟通机制不健全，部分管理人员素质不高，业务知识和服务意识不足，在管理中难以满足“00后”学生的个性化需求，不利于学生社区思想政治教育工作的开展。

3. **学生社区的文化建设薄弱**

高校文化作为一条无形的纽带，能够在不经意间将学生和老师紧密联系在一起。书院制背景下，高校学生社区文化如果缺失将意味着书院灵魂的缺失，将极大地削弱学生对书院的归属感和认同感。目前，部分高校正在进行书院制转型，面临的重要任务是建设书院社区，对原有的学生公寓进行改造升级，解决学生公寓单一住宿功能与全方位育人要求之间的矛盾。但是，由于一次性投入资金过多，高校多采用分批建设、逐步完善各项设施或集中精力建设试点书院的方式来缓解资金压力，使得高校学生社区改造前后区别不明显，社区物理空间狭小、硬件设施配备不到位、功能区设置不完善，这是“以生为本”理念落实不到位的具体体现，成为书院制下高校亟须解决的问题之一。

（三）书院制下新乡医学院学生社区建设实践

新乡医学院三全学院紧扣立德树人根本任务，坚持问题导向和目标导向，开辟大学生思想政治教育新途径。新乡医学院三全学院在河南省率先实施“书院＋院系”的“双院制”全新育人模式改革，建成仁智、羲和、精诚等6所书院，与专业院系平行设置，不同专业背景的学生混合住宿，探索建设“一站式”学生社区。整合育人资源，积极推动实施高标准、高质量的“一站式”学生社区综合管理模式，构建思政教育“一体化育人体系”，促进学生全面成长成才。书院以“一站式”学生社区建设为载体，将鲜活的、多元的思政元素融入学生的学习、生活、实践中，形成集党建引领、文化浸润、管理协同、通识教育、导师引领、自我管理的“六位一体”学生社区工作格局，探索打造以“书院＋院系”双院协同为基础、以通识教育为核心、以学业导师制度为关键、以文化浸润为目标的，具有学校特色的“一站式”学生社区综合管理模式，以此促进学生的全面发展。

1. **党建引领，加强学生的思想政治教育**

为充分发挥党建在社区构建中的引领作用，一方面，建立与书院社区管理相匹配的“社区-公寓-楼层-宿舍”党建组织体系，把学生党支部建在楼栋里。依托社区进行学生党员发展、教育、管理与考评，同时要求全体党员亮明身份做表率，自觉肩负起“政策宣传员”“党群信息员”“校园安全员”“师生服务员”的角色使命，凝聚青春力量。另一方面，突出书院社区的党建育人功能，创设新时代 VR 党员活动室、社区党支部工作站等。依托社区进行学生党员发展、教育、管理与考评，开展形式多样的社区党员主题教育活动，组建“VR 红色党史宣讲团”，打造“行走的红色课堂”，切实把党组织的政治核心作用运用到书院学生社区管理中，引领优化育人氛围，激发基层党建新活力。

2. 文化浸润，营造浓厚的文化氛围

以环境文化塑造人，结合书院社区环境，从学生需求出发，书院社区建设“一站式”服务中心、文体训练室、心理驿站、共青团工作站、电子彩屏等功能空间和设施，打造集“思想教育、智慧学习、创新创业、美好生活”为一体的“一站式”学生社区。依托导师工作室、多功能厅、智创苗圃等共享空间，举办了千余场思政班会、学术讲座等活动，全方位促进师生交流与学生成长。以榜样力量引领人，利用书院官网、官微、抖音等新媒体平台，开设“智行榜样”“最美大学生”“抗疫先锋”等模范人物事迹宣传专栏，不断探寻“宣传＋”与“互联网＋”带来的契合点，实现以身边事育身边人，传播青春正能量。

3. 管理协同，实现社区精准化管理

书院结合“线上＋线下”两条管理路径，不断优化学生服务体系。线上运用钉钉管理平台，实现远程功能区管理、学生业务线上办理、过程留痕等。线下社区设有“一站式”学生服务中心和导师工作区，为学生提供便利服务。“一站式”学生服务中心，开设 6 个对外服务窗口，办理请销假、团关系转接、学生证补办等多项学生事务，对所有学生各个环节数据实时记录，常态化提供党建团建、社区公共事务等咨询服务。书院配备常任导师(专职辅导员)、生活导师，常态化进社区。常任导师采取“专业班级＋行政班级”两种管理方式，通过进班级、进课堂、进宿舍三种教育形式，全面提升社区育人成效。每栋宿舍楼配备生活导师 2 名，负责学生宿舍楼的日常管理、生活指导和氛围营造，协助开展学生思想教育，形成点-线-面相结合的育人团队体系，为学生提供优质的生活服务保障。

4. 导师引领，强化双院协同育人

书院不断建立健全导师制度，形成“书院＋院系”共同参与思政教育、全面关心学生成长的多方协同育人体系，全方位立体式推进导师制。邀请院系负责人组建成立书院学业导师管理委员会，负责学业导师选聘、管理和考核。每月组织双院沟通联席会议，聚焦学生学业发展、学业导师工作等问题，开展深入交流，健全支持保障措施。通过师生双向共选，确定学业导师、创新创业导师、朋辈导师等，常态化驻扎社区。依托“与名师对话”“导师午餐会”“科研双选会”等创新性、实效性较强的导学活动，帮助学生精准自我定位，精细规划发展，使学生在思想成长、人生规划、学业发展、学术培养等多层面多角度获得有效的教育引导，真正实现导师工作下沉和管理力量下沉。

5. 自我管理，发挥社区学生的主体作用

书院秉持"以学生为中心"的理念，树立"凝聚青年、服务大局、当好桥梁"的工作导向，把"四自"教育融入学生发展全过程。成立"学生自我管理委员会"，引导学生自觉承担社区管理工作，依托社区进行学生团员发展教育，丰富学生社区思想文化的同时，进一步强化社区的教育、管理和服务职能。学生自发组织开展"我行我'宿'"宿舍文化节、"绿植领养"志愿服务、"劳动让生活更美好"实践教育等内容丰富、形式多样的文化活动，积极营造社区"家文化"氛围，建立了学生社区自我治理的新机制。

高校思想政治工作是一个不断发展完善的过程。在新时代的伟大征程中，新乡医学院紧跟时代步伐、紧密联系实际、紧贴学生，进行全程全时全员育人服务，以"一站式"学生社区综合管理模式建设为重点，坚持同向发力、同频共振，凝聚多方协同育人力量，将思想政治教育工作以"润物细无声"的方式有机融入学生社区学习生活、环境文化建设的"第一线"，不断实现在改进中加强、在创新中发展的目标（邱永建 等，2022）。

五、厦门华厦学院："126NM1"党建工作新模式融入"一站式集成"服务育人体系

厦门华厦学院以"学生为中心"，围绕学生、关照学生、服务学生，坚持"学生在哪，我们的组织就建到哪，工作就推到哪"的工作理念，探索"党建＋"社区育人体系，不断推动"一站式"学生社区建设工作走深走实。

（一）党建引领，建成学生社区网格化管理体系

1. 组建临时党支部，建强战斗堡垒

2021 年 9 月，学校在学生社区建立学生公寓临时党支部，不断推动学生社区建设工作走深铺开，探索"党建＋"社区育人体系。党建引领建强"一站式"学生社区战斗堡垒，实现学生社区的网格化管理，实现领导力量、管理力量、服务力量下沉学生社区。学校发动 6 个党总支、20 余个行政，教工、学生党支部的 150 余名党员，200 多名入党积极分子，800 多名学生骨干，打造了 12 支楼栋党团先锋队，建成 300 余平方米的学生社区育人基地。近 3 年来，1200 多名师生党员、入党积极分子、学生骨干，提供教务、学工、生活、考研、心理、医疗、就业创业等一体化、集成化的"一站式"服务，累计服务学生 1 万余人次，累计志愿服务时长超过 2 万小时，惠及 7000 多名学生。

2. 创新党建模式，打造“三全育人”生态

学生公寓临时党支部，以“党员教育有力、管理党员有力、监督党员有力、组织学生有力、宣传学生有力、凝聚学生有力、服务学生有力”为着眼点，打造“126NM1”党建工作模式，即组建1个公寓区临时党支部，发挥党组织政治核心作用，依托“不同功能的党团先锋队”和“不同楼栋的党团先锋队”2条主线，推进学生社区服务育人工作的开展，形成“楼栋责任领导、楼栋辅导员、专业指导教师、朋辈党员(入党积极分子)、团工委(自律会)、学生干部”六位一体的育人模式。建成以楼栋为单位的 N 个红色先锋队，发挥党员、入党积极分子、退役复学学生、学生骨干所在的 M 个宿舍的示范引领作用，培育各具特色的楼栋文化，打造全员育人、全过程育人、全方位育人的育人生态。

3. 强化队伍建设，全方位陪伴学生成长

践行“一线原则”，学校领导、各部门负责人、政工干部、辅导员、班主任、专业教师在学生社区楼栋党团先锋队中“身份亮出来、职责清单化、服务靠一线”，不断推进学生社区组织建设。建立学生社区临时党支部、学生社区团工委、校自律会、楼栋党团先锋队、楼栋团支部等组织，实现学生社区党、团、学组织全覆盖，充分发挥党组织的战斗堡垒作用和党员先锋模范作用。党建引领延伸至每一栋宿舍楼、每一间宿舍，夯实“一站式”学生社区综合试点改革工作的基础。以辅导员、政工干部为导师，以班级为单位，组建每组不超过10人的朋辈互助小组，发挥导师和朋辈的力量，关心关注学生思想动态、身心健康，引导学生养成良好的生活习惯，树立积极向上的成长理念，用最温暖的关爱陪伴学生健康成长，打通育人的“最后一公里”。

(二)改革创新，构建“一站式集成”服务育人体系

1. 以信息化为支撑，建成线上“一站式”学生社区服务体系

以学校信息中心的技术为支撑，集合学校教务、学工、后勤、健康中心、团委、图书馆、二级学院等各部门的力量，共同在微信公众号“微华厦”上打造内容涵盖党建、教学、学工、生活、健康、考研、就业、创业、意见反馈等9个一级目录、47个二级目录、100多个服务条目的线上“一站式”学生社区服务。

2. 以资源整合为核心，建成学生社区服务中心

项目建设以来，学校依托各方力量，加大在“一站式”学生社区的投入，建成集服务大厅、党团活动室、心灵小屋、多功能活动室、健康驿站等为一体的学生社区服务中心。依托该中心及服务团队，拓展党团活动室、多媒体教室、图书馆、实验室、心理咨询室、体育运动场馆等的延时预约服务功能，满足学生的学习生活需求。“一站式”学生社区集成了各类育人资源和平台，能够有效增强学生的获得感和幸福感。

3. 以满足学生需求为导向，搭建"一体化"交流渠道

"一站式"学生社区开通24小时党团服务热线，设立校长书记信箱，畅通意见反馈渠道。通过"华厦小维""华厦树洞"、教学信息员、安全信息员等，搜集学生的意见，了解学生急愁难盼的问题，并对学生的意见和建议及时反馈，保障"一体化"交流平台有序运行。

(三)基础建造，构建"五育"并举育人体系

1. 加强基础改造，呵护学生全面成长

为满足学生德、智、体、美、劳全面发展的需求，学校加强学生社区的基础设施建设。自"一站式"学生社区建设推进以来，学校累计投入200余万元进行学生社区改造和功能提升，分别建成半月楼和1号楼"一站式"学生社区服务中心、党团活动室、心灵小屋、多功能活动室等；改造篮球场、运动休闲区，形成嘉禾体育文化广场；加强文化设施投入，不断推进学生社区文化广场建设。

2. 塑造先进典型，引领学生全面成长

建立健全以服务奉献为导向、以素质养成为目的、以经历认证为保障、以制度规范为基础、以榜样力量为引领的长效机制，培养学生自主意识和自律能力，定期开展党员先锋宿舍、星级宿舍、社区工作先进个人、优秀宿舍长等评选活动，开展楼栋学习之星、志愿服务之星、理论学习之星等评选活动，在各楼栋进行展示和宣传。同时，充分发挥学生党员、优秀学生干部的模范带头作用，以点带面，强化示范引领。

3. 开展"嘉禾有约"，领航学生全面成长

在学生社区内，积极探索构建"大思政课"工作格局，开展"嘉禾有约"主题活动。校领导、各部门领导、各二级学院党政负责人深入学生社区，与各楼栋代表召开专题座谈会。各楼栋党团先锋队在本楼栋召开专题座谈会，齐抓共管，推进思想政治教育与学生培养深度融合，不断创新和优化思想政治工作方式方法，引导青年学生牢记习近平总书记的殷切希望和谆谆教诲，坚定不移听党话、跟党走，怀抱梦想又脚踏实地，敢想敢为又善作善成，立志做有理想、敢担当、能吃苦、肯奋斗的新时代好青年。

(四)文化育人，塑造"浸润式"学生社区文化

1. 打造学生社区红色文化，夯实育人底色

积极落实学校以文化人、以文育人的工作理念，坚持红色文化培根铸魂的育人理念，坚持党建引领促发展，创新"126NM1"党建工作新模式，推进"一站式"学生社区综合试点改革。用党建点亮红色信仰之灯，照亮青年学生前行之路，促进学生社区党团建设"走实、走深、走心"，成为学校"为党育人、为国育才"的重要阵地。

2.打造学生社区公益文化,深化育人本色

以楼栋为单位,建成12个楼栋党团志愿服务暨劳动教育基地。依托楼栋党团先锋队,组织学生、引导学生参与到文明楼栋和绿色社区的建设工作中,培养学生爱校、护校的责任和担当,培养学生的劳动能力和劳动意识,将自我服务、自我管理、自我教育功能落到实处。与南鹏慈善基金共建嘉禾苑南鹏公益服务站,开展校内外公益、志愿服务活动。

3.打造绿色“一站式”学生社区,塑造育人特色

开展学生社区熄灯一小时、垃圾不落地、垃圾分类等活动,打造学生社区绿色文化,让学生在良好习惯的养成中培育绿色思维和能力。开展绿色主题实践活动、绿色专题讲座和沙龙,在学生社区开展绿色专题教育。

4.打造“智慧”学生社区,赋能育人底色

牢牢把握习近平新时代中国特色社会主义思想的世界观和方法论,以信息化为支撑,依托学校信息中心,开发“一站式”学生社区线上服务体系,实现学校面向学生的“一体化”界面、“一站式”集成、“一键式”服务。在学生社区开展数字素养专题讲座、实践创新活动、工学一体化实践项目等,实现数字教育走进学生社区,培养学生数字素养(颜国辉 等,2023)。

第五章 "一站式"学生社区建设在陕西省高校的成效评价

为了研究"一站式"学生社区综合管理模式建设的具体成效,笔者进行了近3个月的实地调查研究。依托陕西省委教育工委、陕西省教育厅学工部(学生处)的支持,成立了调研小组,对陕西省8所高校"一站式"学生社区建设情况进行了详细调研,采用调查问卷、深度访谈等方法,进一步了解陕西高校"一站式"学生社区建设的基本现状和存在问题,为提出高校"一站式"学生社区建设的建议措施提供可资借鉴的一手资料。

第一节 陕西省高校"一站式"学生社区建设的调查方案设计

一、调查目的

本研究通过对"一站式"学生社区综合管理模式试点单位的管理人员、教师、辅导员、学生进行问卷调查和深度访谈,旨在了解"一站式"学生社区综合管理模式建设在陕西省高校实施的基本状况,深入分析并客观评价"一站式"学生社区综合管理模式在高校的实施成效及存在的问题,以期对后续"一站式"学生社区综合管理模式的发展完善提出建议。

二、设计思路

本研究以陕西省内已实施"一站式"学生社区综合管理模式的8所不同类型和层次的高校为研究样本,通过对不同的育人主体进行分类的问卷调查和访谈,并从现状满意度、信息技术保障、基础设施及资源投入、关系协同、体制机制保障等五个维度出发,以考察当前"一站式"学生社区综合管理模式建设现状,从而对该模式的实施成效进行综合评价。

三、数据来源

为了解陕西省高校"一站式"学生社区建设实施的现状,2023年3月至6月,调研组对陕西省实施"一站式"学生社区综合管理模式的8所高校进行了实地调研。5月,对抽样的8所高校下发了专门设计的调查问卷和访谈提纲,提前与高校预约时间进行问卷调查和访谈。数据来源如表 5－1 所示。

表 5－1　数据来源

序号	学校名称	学校类别	填写人数/个	所占比例/%
1	S 大学	一流学科建设高校	61	1.6
2	D 大学	一流大学建设高校	290	7.7
3	J 大学	省属高水平大学	403	10.6
4	G 大学	省属高水平大学	366	9.7
5	W 大学	省属高水平大学	1441	38.0
6	L 学院	省属公办普通院校	107	2.8
7	X 学院	省属民办普通院校	685	18.1
8	Y 学院	省属民办普通院校	437	11.5
合计			3790	100.0

在本次调研中，收回调查问卷 3790 份，其中，高校管理人员 37 份，高校教师 92 份，高校辅导员 78 份，高校学生 3583 份；深度访谈 19 人，其中，高校管理人员 5 人，高校教师 5 人，高校辅导员 5 人，高校学生 4 人。

综上，将以上 8 所实施"一站式"学生社区综合管理模式建设的高校作为研究对象，旨在通过本研究，以不同育人主体（高校管理人员、教师、辅导员和学生）对"一站式"学生社区综合管理模式建设多维度的客观认知，全方位管窥"一站式"学生社区综合管理模式在陕西省高校实施的现状和成效，并发现存在的问题，提出相关建议。同时，通过仔细研究相关数据资料以及收回的调研问卷、访谈文本资料，相互辨别多渠道来源数据的真伪，尽可能保证数据的真实性和完整性。

第二节　陕西省高校"一站式"学生社区建设的调查过程实施

为深入了解"一站式"学生社区综合管理模式建设在陕西省高校的实施成效，调研组提前拟定了详细的调研计划，包括调研思路、研究对象选择依据、研究方法、进度安排、调研方式等。在本次调研中，整个调查过程主要包括信息采集、问卷调查和深度访谈三大部分。

一、抽样高校信息采集

2023 年 3 月 10 日至 4 月 15 日，调研组对陕西省高校实施"一站式"综合管理模式建设情况进行信息采集。

一是以上级部门信息来源为主要依托。

二是以教育部“一站式”学生社区综合管理模式建设公布的试点单位名单为基础。在教育部“一站式”学生社区综合管理模式建设云平台上，查询、验证陕西省高校“一站式”学生社区综合管理模式建设的试点单位基本情况，并且在其校内网站上以“一站式”为关键词进行搜索，查询有关“一站式”学生社区综合管理模式建设的相关新闻。

三是以中国知网等网站、媒体专访和相关新闻报道等其他形式的数据来源为补充。“一站式”学生社区综合管理模式建设高校的基本信息，除了通过上级单位和教育部“一站式”学生社区综合管理模式建设云平台、全国高校思政网等官方网站获得外，还通过高校校园官方门户网站、中国知网、媒体新闻报道等公开渠道获取信息，以此作为数据来源的补充。

本研究以陕西省有代表性的 8 所高校为研究样本，在整理所收集到的基本信息的基础上，建立陕西省高校实施“一站式”学生社区综合管理模式建设信息库，并进行分类汇总和统计分析，为陕西省高校“一站式”学生社区综合管理模式建设的成效分析，提供翔实的数据资料。

二、问卷调查过程

2023 年 3 月 20 日至 6 月 7 日，开展问卷调查工作。问卷调查过程分为四个阶段:第一阶段为问卷样本选择;第二阶段为问卷设计;第三阶段为问卷问题的信度、效度分析;第四阶段为发放、回收问卷。

(一)问卷样本选择

以陕西省内开展“一站式”学生社区综合管理模式建设的具有代表性的部属、省属高校，作为问卷的主要发放主体。首先，将实施“一站式”学生社区综合管理模式建设高校的学生作为主要的问卷调查对象，同时为了保证样本对总体现状的代表性，选择的样本既有本科一年级、二年级、三年级、四年级学生，也有研究生。其次，教师和辅导员作为高校一线育人工作者，对“一站式”学生社区综合管理模式建设工作有着清晰的认识，也是重要的调查对象。最后，高校的管理人员作为“一站式”学生社区综合管理模式执行单位的主要执行者，对高校推进“一站式”建设的看法更是直接影响着工作推进的力度。因此，本研究的问卷调查将这四类群体作为重点研究对象。

(二)问卷设计

本问卷围绕了解高校“一站式”学生社区综合管理模式建设的基本情况、在高校的育人成效、存在问题、对策建议等四方面的内容进行设计。

根据调研的总体设想，提前设计四类不同的调查问卷（见附录 1）：第一类针对"一站式"学生社区综合管理模式建设单位的学生，第二类针对"一站式"学生社区综合管理模式建设单位的管理人员，第三类针对"一站式"学生社区综合管理模式建设单位的专业教师，第四类针对"一站式"学生社区综合管理模式建设单位的辅导员。

每一类问卷的主体内容，都包括四个部分：一是对"一站式"学生社区综合管理模式建设工作的总体认知；二是"一站式"学生社区综合管理模式建设工作实施的成效评价；三是"一站式"学生社区综合管理模式建设实施中存在的问题；四是对未来发展的建议。问卷的背景资料部分，要求填报人对个人的基本信息资料进行如实填写。

本研究中的问卷设计，在高校内部自然的发展情境及各类关系互动背景中展开。围绕"一站式"学生社区综合管理模式建设在陕西省高校发展建设中的成效、问题及建议等内容，尽可能客观、全面、有效地汇集高校学生、管理者、教师、辅导员四方的调查结果。

（三）问卷问题的信度、效度分析

在确定了问卷的目标人群和调查内容后，笔者进行了试测，发放试测问卷 20 份（向高校的学生、管理人员、教师、辅导员四类不同人群各发放问卷 5 份），回收率 100%。随后通过向专家问询，对问题进行了重新筛选。正式问卷的效度检测，使用的是内容效度的检测方法。同时，依据调查设计人员的主观判断，对问卷采用逻辑分析与统计分析相结合的方法进行评价，评价问卷内容是否符合测量的目的和要求，基本保证了问卷的内容效度。

（四）发放、回收问卷

发放问卷采用的方式是问卷星软件平台。为了保证所有回收的问卷都是填写完整且有效的，问卷专门设置了填写的完整性检查和提示，在问卷分析前设置了过滤条件，针对填写不准确或所有答案都相同的问卷，均视为无效问卷。

2023 年 5 月 10 日至 5 月 25 日，开展问卷发放工作。发送问卷链接数为 4000 份，回收问卷总数为 3800 份，最终有效问卷数量为 3790 份。回收的有效问卷数量与发放问卷总数量的比例为 94.75%。

2023 年 5 月 25 日至 6 月 5 日，整理最终收到的 3790 份有效问卷。其中，高校学生问卷 3583 份，管理人员问卷 37 份，教师问卷 92 份，辅导员问卷 78 份。

问卷样本结构分析如下：

(1)高校学生受访者结构分析。学生受访者中，来自部属院校的学生占 10%，来自省属高水平大学的学生占 55%，来自普通高等院校的学生占 35%。其中，本科一、二、三、四年级的学生占比分别为 33%、22%、25%、9%；研究生占比 11%。可见，各年级调查对象抽取比例适中。

（2）高校管理人员、教师、辅导员受访者结构分析。在三类教育主体的受访者中，高校管理人员占比 17%，其中有过一线学生工作经验的占比 84%；高校教师占比 44%，其中思政课教师占比 11%；辅导员占比 39%，其中专职辅导员占比 88%，兼职辅导员占比 12%。可见，各类调查对象抽取比例适中。

三、深度访谈过程

访谈实施时间为 2023 年 4 月 20 日至 5 月 15 日。首先，根据研究目的确定访谈对象；其次，设计访谈提纲；再次，预约后进行访谈，采用科大讯飞智能办公本进行访谈录音；最后，将访谈录音整理成 Word 文本，进行访谈文本分析。访谈对象共 19 人，均采取面对面的深度访谈，每次对个人的访谈时间均在 30 分钟左右，整理录音文本共计 7.3 万字。

（一）访谈对象的确定

访谈对象确定为四类人员：高校学生、管理人员、专业教师及专兼职辅导员。

本研究从“一站式”学生社区综合管理模式建设的现状出发，确定访谈框架，在框架内按照访谈对象话语情景的独特指向及互动信息展开，以便于在更广阔的范围和更深入的理解上获取信息。受访者的基本资料如表 5－2 所示。

表 5－2 受访者的基本资料

受访人类别	受访人	单位	职务
管理干部	受访人 1	保卫处	正处
	受访人 2	党委学工部	正处
	受访人 3	信息化处·信息化中心	正处
	受访人 4	后勤管理服务中心	副处（挂职）
	受访人 5	党委组织部	科长
教师	受访人 6	二级学院	院长、研究生导师
	受访人 7	二级学院	副院长、研究生导师
	受访人 8	二级学院	青年教师、班主任
	受访人 9	二级学院	研究生导师
	受访人 10	二级学院	青年教师、班主任

续表

受访人类别	受访人	单位	职务
辅导员	受访人 11	二级学院	2022 级辅导员
	受访人 12	二级学院	研究生辅导员
	受访人 13	二级学院	2019 级辅导员
	受访人 14	二级学院	研究生辅导员
	受访人 15	二级学院	2019 级辅导员
学生	受访人 16	二级学院	2020 级本科生
	受访人 17	二级学院	2021 级研究生
	受访人 18	二级学院	2021 级本科生
	受访人 19	二级学院	2022 级本科生

选取确定以上人员为重点访谈对象，原因如下。

(1)所选高校(部属高校、一流学科建设高校、省属高水平大学和普通高校)在陕西省具有很强的代表性，是“一站式”学生社区综合管理模式建设的试点单位。

(2)高校管理者是执行单位的主体人员，对“一站式”学生社区综合管理模式的建设工作起着重要的推动作用。

(3)高校教师、辅导员都是在高校育人一线工作的人员，对当前育人工作以及“一站式”学生社区综合管理模式建设的实施现状有着较为深入的了解。

(4)学生是“一站式”社区建设服务的对象主体，作为直接体验到“一站式”学生社区建设成效的人员，对当前社区建设存在的问题有着较为直观的感受和发言权。

(二)访谈提纲的设计

本调研采用半结构式访谈提纲，设计的访谈提纲如下。

1.管理人员访谈提纲

(1)您所在部门是(党委机关部门、教学单位、学术科研机构、后勤服务部门、教辅部门、直属附属单位)？请谈谈您所在部门、处室在学校人才培养、学生思政教育、日常管理服务等方面所做的主要工作及贡献。

(2)您知道学校“一站式”学生社区建设吗？您认为学校推进“一站式”社区以来哪些方面发生了变化？您认为推进“一站式”学生社区建设工作有什么重要意义？您认为“一站式”学生社区建设对学生思想政治工作是否有较强的推动作用？

(3)在学校推进“一站式”学生社区建设中,您和您所在的部门做了哪些工作?下一步有什么具体措施?

(4)您对学校推进“一站式”学生社区建设是否满意?(如满意,在哪些方面体现?如不满意,请说明是哪些方面?)

(5)您觉得学校“一站式”学生社区建设工作中在党建引领、队伍入驻、学生参与、条件保障这四方面还需要有哪些方面的改进?请具体说明。

(6)您认为学校“一站式”学生社区建设还存在哪些问题?(例如在育人理念、多元主体合力、智慧服务建设、学生参与等方面)

(7)为更好建设学校“一站式”学生社区,您有什么建议呢?

2.辅导员访谈提纲

(1)您从事学生工作的时间有多久?您是否承担学生党团组织、学生社团的指导老师?请谈谈您对学校人才培养、学生思想政治教育、日常管理服务等方面所做的主要工作及贡献。

(2)您知道学校“一站式”学生社区建设吗?您知道学校“一站式”学生社区建设都有哪些部门参与吗?

(3)您认为学校在推进“一站式”学生社区建设以来,学生有哪些方面的变化?您认为推进“一站式”学生社区建设工作有什么意义?您认为“一站式”学生社区建设对学生思想政治工作是否有推动作用?

(4)作为辅导员,您在学校推进“一站式”学生社区建设中做了哪些具体的工作?您开展的这些活动(工作)与日常学生教育管理工作有什么区别?学生的接受程度如何?

(5)您对学校推进“一站式”学生社区建设是否满意?(如满意,在哪些方面满意?如不满意,在哪些方面不满意?)

(6)您觉得学校在“一站式”学生社区建设工作中,在党建引领、队伍入驻、学生参与、条件保障这四方面还需要做哪些改进?请具体说明。

(7)您认为学校“一站式”学生社区建设还存在哪些问题?(例如在育人理念、多元主体合力、智慧服务建设、学生深度参与等方面)

(8)为更好建设“一站式”学生社区,您有什么建议呢?

3.专业教师访谈提纲

(1)您在本校从事教学工作的时间有多久?您是否承担了教学、科研工作以外的行政管理工作?您是否承担班主任以及学生党团组织、学生社团的指导老师等工作?请谈谈您对学校人才培养、学生思想政治教育、日常管理服务等方面所做的主要工作及贡献。

(2)您知道学校“一站式”学生社区建设吗?您知道学校“一站式”学生社区建

设都有哪些部门参与其中吗？您认为推进"一站式"学生社区建设工作有什么意义？您认为"一站式"学生社区建设对学生思想政治工作是否有较强的推动作用？

(3)作为专业课教师，您参与了在学生社区开展的哪些工作？未来有哪些计划和措施？

(4)您对学校推进"一站式"学生社区建设是否满意？(如满意，在哪些方面体现？如不满意，请具体说明是哪些方面？)

(5)您觉得学校在"一站式"学生社区建设工作中，在党建引领、队伍入驻、学生参与、条件保障这四方面还需要做哪些改进？请具体说明。

(6)您认为学校"一站式"学生社区建设还存在哪些问题？(例如在育人理念、多元主体合力、智慧服务建设、学生参与等方面)

(7)为更好建设"一站式"学生社区，您有什么好的建议呢？

4.学生访谈提纲

(1)您入学有多长时间？您在进入大学后，是否一直在学生公寓住宿？您是否参与过在学生社区开展的各类活动？您是否参与过学生社区内的志愿服务工作？

(2)您知道学校正在进行的"一站式"学生社区建设吗？您认为"一站式"学生社区建设对您在学校的学习生活有什么意义？您认为学校推进"一站式"学生社区以来，哪些方面有了变化？您认为"一站式"学生社区建设对提升学生思政教育效果是否有推动作用？

(3)作为学生，您对您所在学校的"一站式"学生社区建设情况满意吗？您觉得哪些方面相对薄弱？希望哪些方面做得更好呢？

(4)您还希望哪些职能部门能够进驻学生社区？希望在学生社区开展哪些业务或活动呢？(比如信息化建设、医疗保障、文化活动、学风营造、书香校园等)

(5)您认为学校"一站式"学生社区建设还存在哪些问题？(例如在育人理念、多元主体合力、智慧服务建设、学生参与等方面)

(6)为更好建设"一站式"学生社区，您有什么好的建议呢？

(三)访谈程序

自 2023 年 4 月 20 日起，与各位访谈者开始提前预约访谈时间、地点。访谈地点选在所在高校二级学院中较为安静的场所，如会议室、办公室等。每人每次的访谈均为 30 分钟左右的面对面交流。

在访谈时依据实际情况，对提纲进行转述和修改，并不断追问。在实际访谈中，一般从访谈者和受访者均熟悉的话题切入，使受访者在情境中思考"一站式"学生社区综合管理模式建设在高校实施过程中取得的成绩，客观地谈出存在的问题，并提出建议方案。同时，访谈者在访谈中逐步引导，尽可能将受访人近年来对高校推进"一站式"学生社区综合管理模式建设的真实想法呈现出来，从而达到尽可能多地收集原始资料的目的。访谈程序具体如下：

第一步，根据四类访谈人不同的特性，先从最近的工作聊起，然后请受访者讲述自己对于“一站式”学生社区综合管理模式建设的相关认识，包括当前实施的总体评价以及存在的问题和下一步的建议措施等。

第二步，按照提纲进行引导性提问。访谈时，尽量将被访谈者感兴趣的问题与访谈的主题糅合在一起，同时为了获得被访谈者更多的信息和想法，访谈时需要不断追问。

第三步，获得受访人的原始资料后，进行文本分析，共转录文本 7.3 万字。访谈结束后，将访谈录音资料转化为文本资料，以便研究使用。在进行转录时，访谈人要在后期的编码过程中，对录音内容进行反复研究，注意受访者的语气语调，以期能更好地把握受访者话语中的真实意思。访谈录音转化文字情况见附录 2。

第三节 陕西省高校“一站式”学生社区建设的调查结果

一、陕西高校推进“一站式”学生社区建设的基本情况

习近平总书记在全国高校思想政治工作会议中提出，做好高校思想政治工作，要因事而化、因时而进、因势而新。高校“一站式”学生社区不仅是大学生日常学习生活的重要空间场域，更是推进高校思想政治教育工作的空间场域。教育部明确指出，“全面推进高校‘一站式’学生社区建设。深入总结 2019 年以来开展高校‘一站式’学生社区综合管理模式首批试点、深化探索、扩大覆盖‘三步迈进’的工作成果和经验，召开工作推进会，发布学生社区建设状况白皮书。遴选一批学生社区综合管理创新基地，提升党建引领学校基层治理水平，打造新时代高校版‘枫桥经验’。”可见，“一站式”学生社区对推进高校治理体系和治理能力现代化具有重要意义，是新时代高校人才培养工作的重大改革方向和要求。

中共陕西省委教育工委高度重视高校“一站式”学生社区综合管理模式建设。2023 年 4 月 4 日，下发《关于在全省高校加快推进“一站式”学生社区综合管理模式建设的通知》，要求全省高校全面开展“一站式”学生社区综合管理模式的建设工作。通过“一站式”学生社区综合管理模式建设，推动学生社区教育培养模式、管理服务体制、协同育人体系、支撑保障机制改革，引领学校党员干部、教职员工践行“一线规则”，把校院领导力量、思政力量、管理力量、服务力量下沉到学生中间，将学生社区打造成为学生党建前沿阵地、“三全育人”实践园地、平安校园样板高地。

截至 2023 年 6 月（即本调研截止时间），陕西省高校“一站式”学生社区综合管理模式建设试点单位为 20 所，本次能够收集到完整信息进行抽样调研的有 8 所。

二、陕西高校“一站式”学生社区建设的现状调查

(一)认知情况

1. 学生视角

关于“一站式”学生社区建设的内容认知调查中，从图 5－1 中可以看出，学生受访者对学校“一站式”学生社区综合管理模式建设基本了解，了解、一般了解、非常了解占比 86.43%，不清楚社区建设的受访者仅占 13.57%。

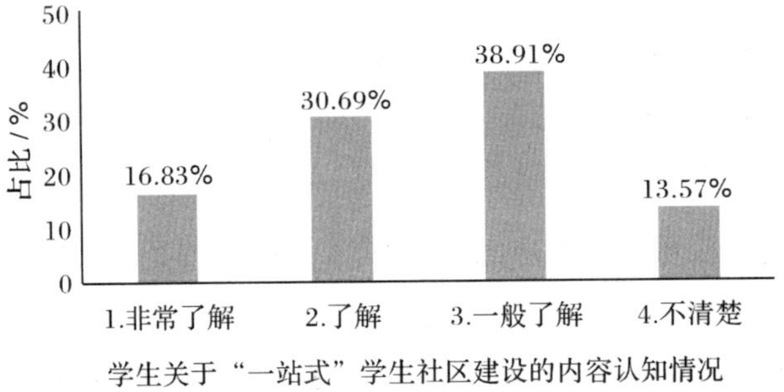

图 5－1　学生关于“一站式”学生社区建设的内容认知调查图

从图 5－2 中可以看出，学生对于“一站式”学生社区建设意义的理解基本符合“一站式”学生社区建设的目标。本题至多选择 4 项，受访者选择最多的是“校院领导干部、行政管理人员、专业教师、辅导员等多元主体践行‘一线规则’，下沉学生社区，开展教育管理及服务工作”；其次是“构筑学生党建前沿阵地，发挥党组织战斗

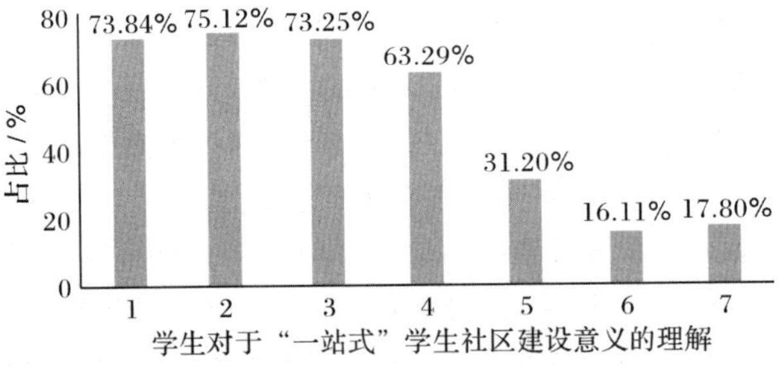

1—构筑学生党建前沿阵地，发挥党组织战斗堡垒作用；
2—校院领导干部、行政管理人员、专业教师、辅导员等多元主体践行“一线规则”，下沉学生社区，开展教育管理及服务工作；
3—推进提升智慧服务能力，保障学生全面发展；
4—打造平安校园，维护师生安全和校园稳定；
5—提升大学生思想政治教育工作效果的有效途径；
6—高校学生管理模式改革的重要抓手和实现途径；
7—改造学生公寓区的物理空间，改善学生学习生活环境的重要抓手。

图 5－2　学生理解“一站式”学生社区建设的意义调查图

堡垒作用”;接着是“推进提升智慧服务能力,保障学生全面发展”;“打造平安校园,维护师生安全和校园稳定”排在第四位。

2. 管理人员视角

关于“一站式”学生社区建设的内容认知调查中,从图 5-3 中可以看出,高校管理人员比较了解“一站式”学生社区综合管理模式建设的内容。

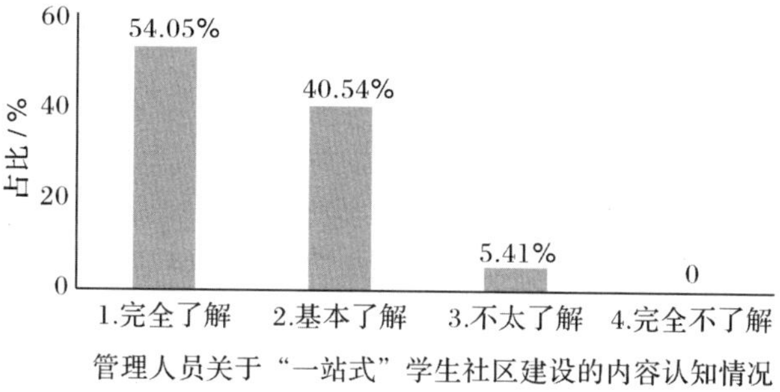

图 5-3 高校管理人员关于“一站式”学生社区建设的内容认知调查图

由图 5-4 可知,管理人员对于“一站式”学生社区建设意义的认知调查,与“一站式”学生社区综合管理模式建设的目标基本一致。

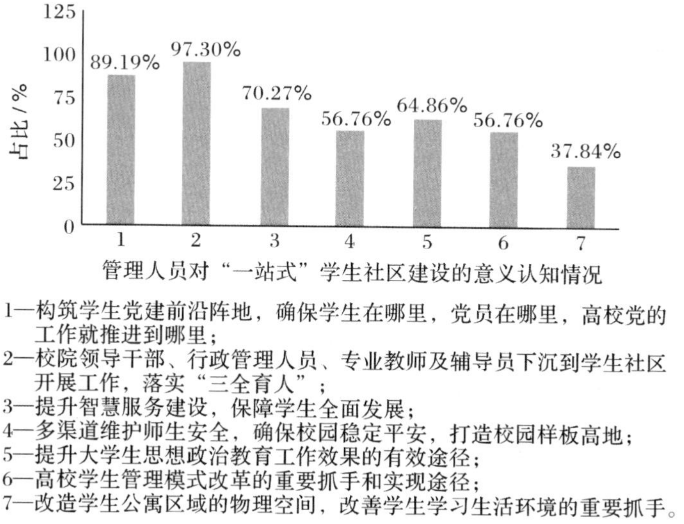

图 5-4 管理人员对“一站式”学生社区建设的意义认知调查图

3. 教师视角

关于“一站式”学生社区建设的内容认知调查中,从图 5-5 中可以看出,高校教师对“一站式”学生社区综合管理模式建设内容的了解程度一般,有部分受访者选择“完全不了解”。这说明教师作为一线教育工作者，对学生社区的重要育人功能缺乏了解。

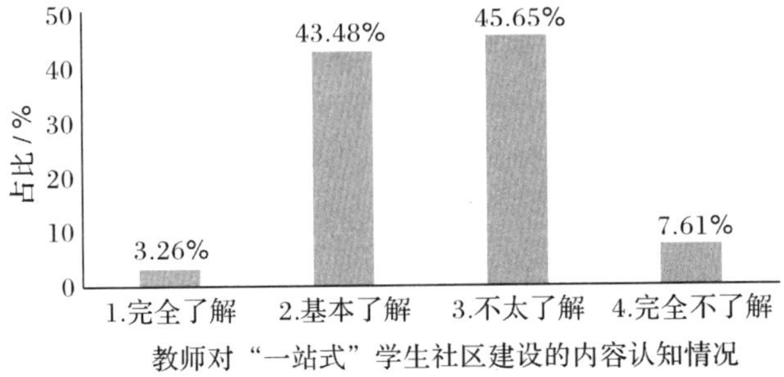

图 5－5　教师对“一站式”学生社区建设的内容认知调查图

由图 5－6 可知，教师对于“一站式”学生社区建设意义的认知调查与“一站式”学生社区综合管理模式建设的目标基本一致，但各项意义的排序与学生、管理人员受访者的选择有所不同。

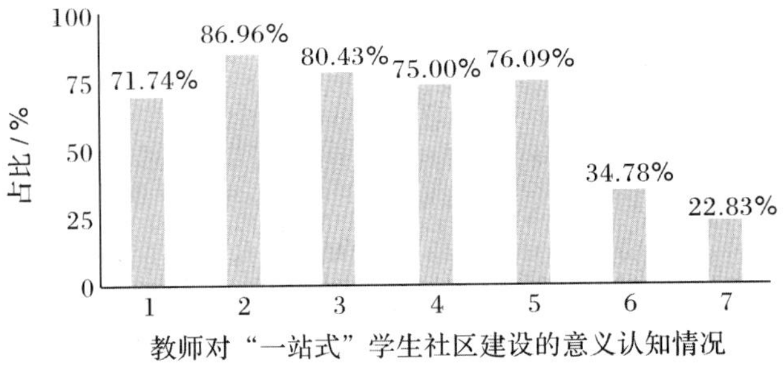

1—构筑学生党建前沿阵地；
2—校院领导干部、行政管理人员、专业教师及辅导员下沉到学生社区开展工作，落实“三全育人”；
3—提升智慧服务建设，保障学生全面发展；
4—多渠道维护师生安全，确保校园稳定平安，打造校园样板高地；
5—提升大学生思想政治教育工作效果的有效途径；
6—高校学生管理模式改革的重要抓手和实现途径；
7—改造学生公寓区域的物理空间，改善学生学习生活环境的重要抓手。

图 5－6　教师对“一站式”学生社区建设的意义认知调查图

4. **辅导员视角**

辅导员既是高校思想政治教育的一线工作者，也是“一站式”学生社区建设的执行者。但由图 5－7 可知，辅导员对于“一站式”学生社区建设内容的了解程度一般，“完全了解”的受访者仅占 22.08%，有部分受访者选择了“不太了解”。

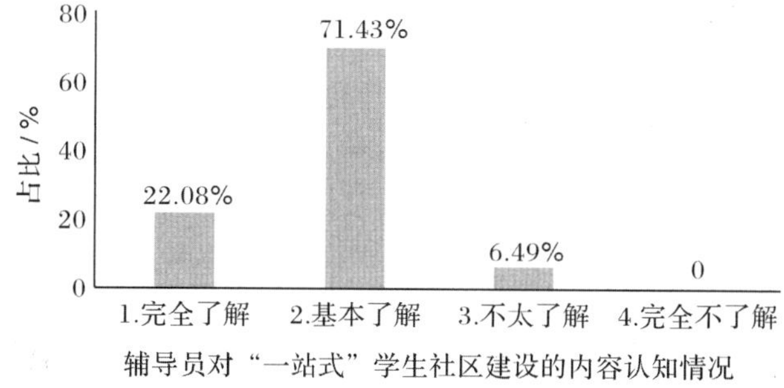

图 5-7 辅导员对“一站式”学生社区建设的内容认知调查图

由图 5-8 可知，辅导员对于“一站式”学生社区建设意义的认知调查，与“一站式”学生社区综合管理模式建设的目标高度契合，其中“提升大学生思想政治教育工作效果的有效途径”占比明显高于学生、管理人员受访者的选择。

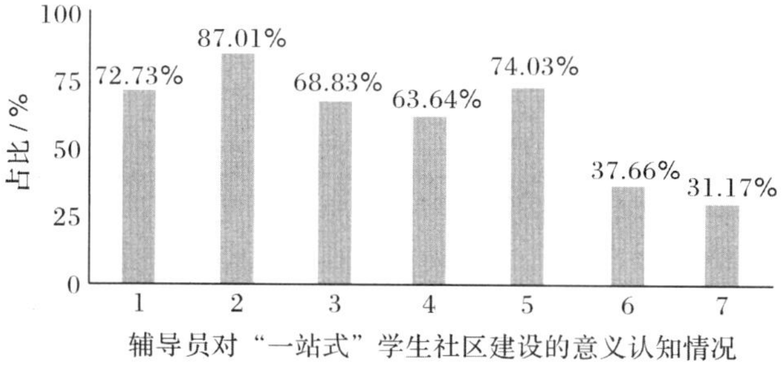

1—构筑学生党建前沿阵地；
2—校院领导干部、行政管理人员、专业教师及辅导员下沉到学生社区开展工作，落实“三全育人”；
3—提升智慧服务建设，保障学生全面发展；
4—多渠道维护师生安全，确保校园稳定平安，打造校园样板高地；
5—提升大学生思想政治教育工作效果的有效途径；
6—高校学生管理模式改革的重要抓手和实现途径；
7—改造学生公寓区域的物理空间，改善学生学习生活环境的重要抓手。

图 5-8 辅导员对“一站式”学生社区建设的意义认知调查图

(二)现状调查

1. 党建引领

由图 5-9 可知，当前学生受访者中，所在宿舍为党员宿舍的占比仅 10.94%，学生受访者中公寓临时党支部成员仅占 10.56%，了解公寓设置临时党支部的学生受访者仅占 36.01%，参加过公寓楼内党员志愿服务的受访者占 40.54%，了解公寓楼内有党员志愿服务的受访者占 54.24%，参加过在学生社区开展的党团活动的受访者超过半数(占 55.51%)，了解思政进公寓活动的受访者占 57.04%。这说明当前还需采取多种措施加强党建引领，不断推动学生社区建设工作走深走实。

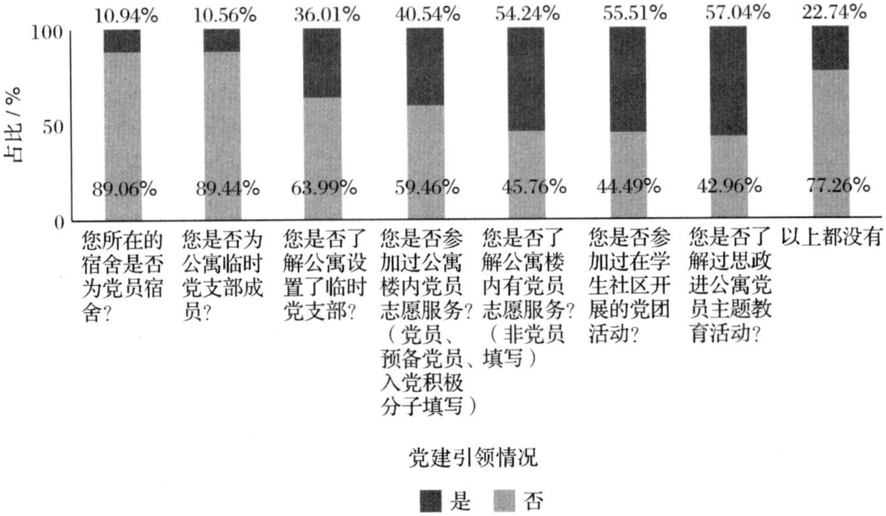

图 5-9　党建引领调查情况分布图

2. 队伍入驻

由图 5-10 可知，当前辅导员队伍入驻学生社区已基本完成，92.54%的受访学生在调查中表示，辅导员走访过学生宿舍，但尚未完成全部覆盖。

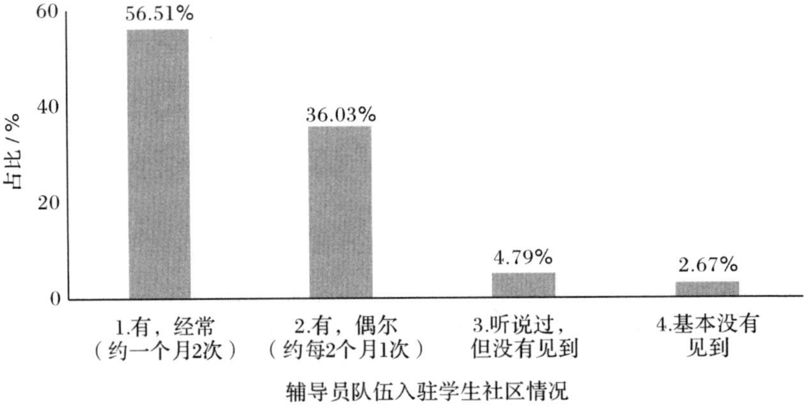

图 5-10　辅导员队伍入驻学生社区调查图

由图 5-11 可知，当前教师队伍入驻学生社区情况一般，68.50%的受访学生表示教师有进驻学生宿舍进行走访，但 31.50%的受访学生表示“听说过，但没有见到”或“基本没有见到”，这在一定程度上说明需要进一步推动、落实教师队伍入驻学生社区。

由图 5-12 可知，当前管理人员队伍入驻学生社区情况良好，80.04%的受访学生表示在学生社区有见到管理人员走访宿舍，但离管理人员队伍入驻学生社区完成全部覆盖，还有一定的距离。

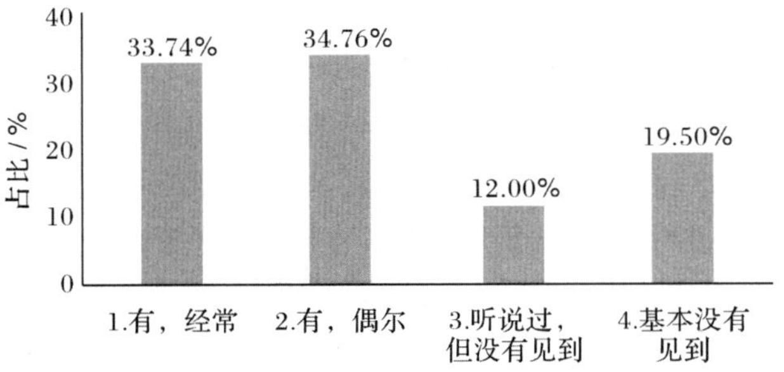

图 5－11 教师队伍入驻学生社区调查图

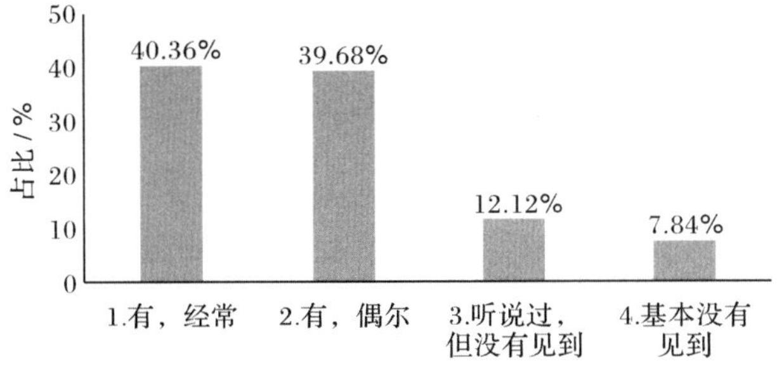

图 5－12 管理人员队伍入驻学生社区调查图

3. 学生参与

由图 5－13 可知，参加过“一站式”学生社区举办的活动，受访学生仅占比 40.61％，覆盖率不足一半，这说明“一站式”学生社区活动开展的规模、范围还需在学生群体中不断扩大。

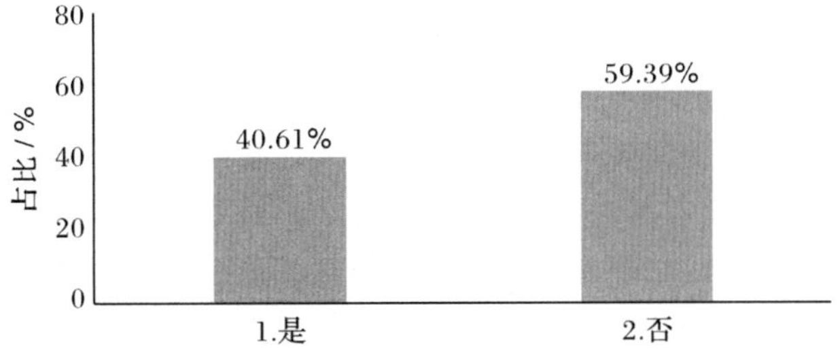

图 5－13 “一站式”学生社区活动学生参加率调查图

4. **条件保障**

调研组对于“一站式”学生社区建设的条件保障现状调查，采取了净推荐值(net promoter score，NPS)矩阵量表的方式，用雷达图表形式表示(见图5-14)。通过受访学生对服务保障、住宿条件、基础设施、信息化程度、公共活动区域以及公共设施等六个维度进行打分(分值设置为1=非常不满意，2=不满意，3=无所谓，4=比较满意，5=非常满意)，得出平均分值为4.05，说明当前“一站式”学生社区建设条件保障情况良好。

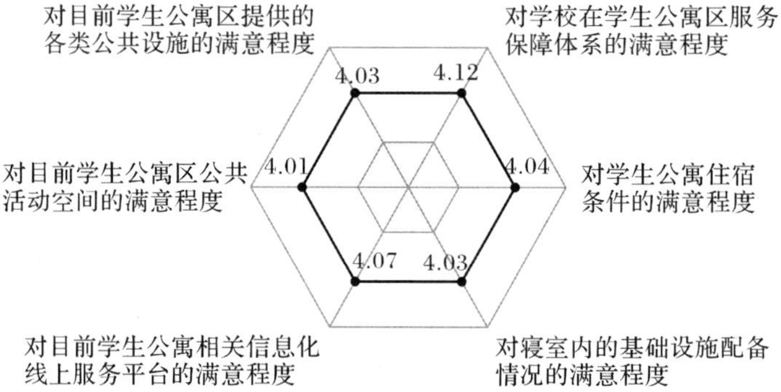

图5-14 “一站式”学生社区建设的条件保障情况NPS雷达图

(三)“一站式”学生社区综合管理模式建设的问题调查

本研究对陕西省高校“一站式”学生社区综合管理模式建设现存问题，进行了广泛的调查。调查结果发现，40%以上的受访者认为，当前“一站式”学生社区综合管理模式存在的主要问题是党建引领不够突出、体制机制不够健全，在与不同对象的访谈中，这一点也得到了印证。

受访者2：现在学生党建中心和工作站有具体的行动，但没有配套的制度文件，这个需要尽快落实。虽然工作已经做了，但怎么样把它以制度的方式落实下来还是一个问题。

受访者4：现在各部门还未形成统一的认识，育人合力没形成。各部门对于“一站式”学生社区建设有想法有兴趣，但没有统一的制度去规范。

受访者5：之前疫情期间为了抗击疫情而成立的临时党支部发挥了很大的作用，我觉得这是一个很好的示范。如果我们在每栋楼里面都能有一个长期的党支部，来发挥党员基层战斗堡垒作用，那么这就是一个能凝聚党员的最好团队。

学生社区基础设施不够完善、学生参与度不够也成为当前“一站式”学生社区综合管理模式建设面临的主要问题。在访谈中，这两个方面也得到了很好的印证。

受访者17:就我自己参加活动的情况来看,一些活动的参与人数还是有些少,可能是大多数同学还没有了解到,我们还需要加大宣传力度,让更多的同学参与进来。

受访者10:如果我们要把很多的工作开展在社区里面,可能就需要很多的场地,这样的话,学生社区的硬件设施也得跟上。除了生活区域之外,可能还得开辟出一些在生活区域里面的这种小空间,以利于开展一些工作。

由此可以看出,当前“一站式”学生社区综合管理模式建设的发展仍然面临巨大的现实挑战。一方面,育人理念有待进一步深化共识。自启动首批建设试点工作以来,高校对“一站式”学生社区的育人理念普遍有了较为全面的了解,但从运行实效的角度看,“一站式”学生社区的育人理念有待进一步深化共识。部分高校在全校范围内,未能就“一站式”学生社区建设达成广泛的深层次共识,学校管理人员、专业教师、思想政治工作者等,未能充分认识到“一站式”学生社区从学生管理向学生教育、管理、服务拓展的重要意义,未能在工作中给予更积极、更主动的支持。因此,党建引领的效果还没有达到理想状态。80%以上的受访者认为,学生党员在学生社区亮明身份是有必要的,同时应该在本宿舍起到模范带头作用,开展各类志愿服务等活动(见图5-15、图5-16)。但在受访者中,所在宿舍为党员宿舍(占比10.94%)且为公寓临时党支部成员(占比10.56%)的占比较少,63%以上的受访者表示,不了解公寓设置了临时党支部(见图5-9)。另一方面,育人主体凝聚合力协调推进工作的力度也有待加强。在具体推进过程中,各部门会倾向于从各自业务职责的角度来设计制定社区的相关制度。例如,学(研)工部、团委等侧重于学生的日常思想政治教育,而后勤、保卫等部门则更关注社区安全事项。以部门职责利益为核心的行动逻辑,会导致对社区的建设缺乏整体性考量和有效沟通,从而使“一站式”学生社区的育人效果打上折扣。同时,学生未能积极参与社区建设也是诸多高校在学生社区建设中普遍存在的问题。

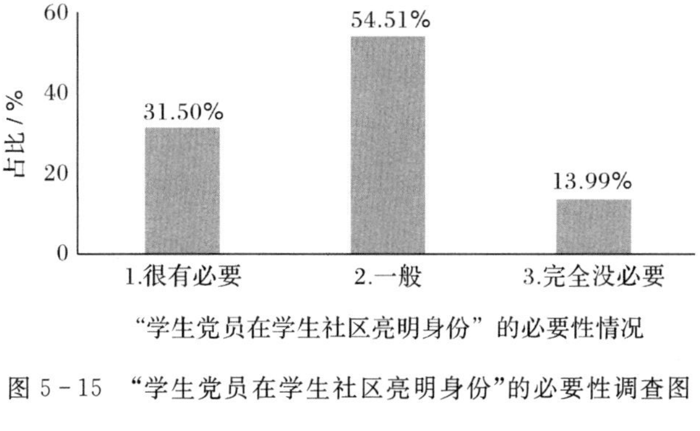

图5-15 “学生党员在学生社区亮明身份”的必要性调查图

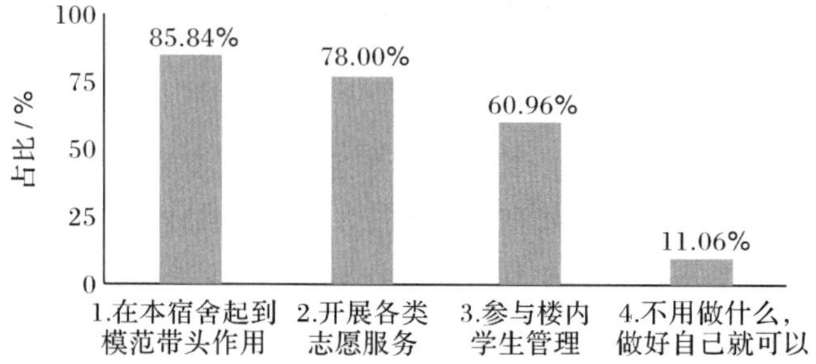

图 5－16 “学生党员在学生社区最应该承担角色”的认知调查图

(四)“一站式”学生社区综合管理模式建设的建议调查

在本次对“一站式”学生社区综合管理模式建设的发展建议调查中(见图 5－17)，有 70.94%的受访者建议：一方面，需要学校、各职能部门、学院提高对于“一站式”学生社区建设的思想认识，凝聚共识，健全学院与学生社区联络沟通、协同保障机制，完善工作考核评价体系；另一方面，建议学校领导、职能部门、学院领导、专业课教师及辅导员下沉到学生社区一线，开展调查研究，形成全员参与的育人工作格局。同时，也有 70%左右的受访者认为，改善学生公寓区硬件设施设备很重要；近 50%的学生认为，加强学生社区数字化管理建设，利用大数据促进学生管理服务水平大力提高，能够对“一站式”学生社区综合管理模式建设发展起到重要的推动作用。

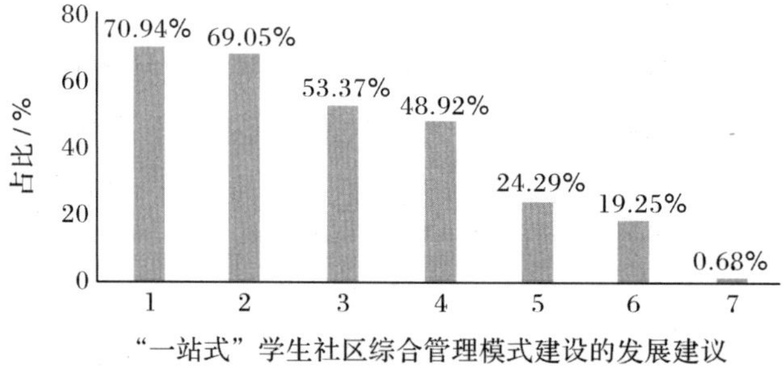

1—学校、各职能部门、学院需提高对于“一站式”学生社区建设的思想认识，凝聚共识，建设学院与学生社区联络沟通、协同保障机制，完善工作考核评价体系；
2—改善学生公寓区硬件设备设施，打造公寓走廊文化、公寓楼活动室等公共空间；
3—学校领导、职能部门、学院领导、专业课教师及辅导员下沉到学生社区一线，开展调查研究，形成全员参与的育人工作格局；
4—加强学生社区数字化管理建设，利用大数据，促进学生管理服务水平高质量发展；
5—丰富宣传形式，形成“线上+线下”联动互通的宣传矩阵；
6—改进和丰富学生社区活动形式内容，提升学生参与社区活动的积极性；
7—其他。

图 5－17 “一站式”学生社区综合管理模式建设的发展建议调查图

(五)调查基本结果小结

对陕西省内高校“一站式”学生社区综合管理模式建设试点单位的高校管理人员、教师、辅导员、学生进行问卷调查和访谈,共发放4000份问卷,有效回收问卷3790份;深度访谈19人。通过调研,了解了“一站式”学生社区综合管理模式建设在陕西省高校实施的基本现状、存在的问题,收集了关于“一站式”学生社区综合管理模式建设发展的意见建议,了解了受访者对于“一站式”学生社区综合管理模式建设现状的满意度。本研究的调查结果小结如下:

自陕西省“一站式”学生社区综合管理模式建设工作启动以来,试点高校党委高度重视,围绕立德树人根本任务,坚持以学生为主体,坚持特色发展,汇聚全校资源,将领导力量、管理力量、教育力量、服务力量下沉到学生中间,在学生社区建设方面取得了显著成果,积累了宝贵经验。

以抽样的8所学校为研究样本,经过统计分析,概括出“一站式”学生社区当前建设现状为:87%以上的受访者对“一站式”学生社区建设基本了解(基本了解、了解、非常了解共占比87.65%),对“一站式”建设情况比较满意(NPS量表平均分值为4.05分,为比较满意),但参加过“一站式”学生社区的活动的学生仅占比40.61%,其中84%以上的受访者认为,参与“一站式”学生社区活动很有意义。

通过调研发现,73%以上的受访者认为,建设“一站式”学生社区的意义,是要构筑学生党建前沿阵地,发挥党组织战斗堡垒作用,形成校院领导干部、行政管理人员、专业教师、辅导员等多元主体下沉学生社区的育人格局,同时推进提升智慧服务能力,保障学生全面发展,这与“一站式”学生社区综合管理模式建设的目标基本吻合,也说明多方主体能够对“一站式”学生社区建设达成基本共识。74%以上的受访者认为,教师入驻学生社区是有必要的,并且需要开展学业指导以及就业、人生规划指导等工作。69%以上的受访者认为,学校管理干部入驻学生社区有必要,同时主要开展了解学生学习生活情况以及解决学生在学生社区的实际困难和问题等工作,这也说明“一站式”学生社区建设的育人理念还有待进一步深化共识,需要凝聚多方育人合力,以提升“一站式”学生社区综合管理模式建设的育人实效。

第四节　陕西省高校“一站式”学生社区建设的总体评价

从对陕西省高校“一站式”学生社区综合管理模式建设的调查结果来看,学生社区建设在陕西高校的实施较为稳定,虽然存在一些问题,但总体成效较为显著。本研究对陕西省高校实施“一站式”学生社区综合管理模式的总体评价如下。

一、"一站式"学生社区建设推进了"时代新人铸魂工程"落到实处

通过调研发现,高校"一站式"学生社区综合管理模式建设工作是深入学习贯彻习近平总书记关于教育的重要论述的体制创新,是作为陕西教育系统贯彻落实党的二十大精神的重要举措,推进了"时代新人铸魂工程"落到实处、抓出实效,符合教育改革发展方向。自 2019 年以来,教育部通过抓细抓实政策指导、试点推进、过程管理、经验推广等基础性工作,实现从 10 所高校率先试点"一站式"学生社区综合管理模式,到 31 所高校集成探索,再到 1447 所高校积极参与建设的"三步迈进"。中共陕西省委教育工委,高度重视高校"一站式"学生社区建设。2023 年 4 月 4 日下发《关于在全省高校加快推进"一站式"学生社区综合管理模式建设的通知》,要求全省高校全面开展"一站式"学生社区综合管理模式建设。在通知中,要求各高校以《高校"一站式"学生社区综合管理模式建设试点工作指南》为基础,结合学校实际情况,深化教育培养模式、管理服务体制、协同育人体系、支撑保障机制改革,围绕党建引领、队伍入驻、学生参与、条件保障等 4 个方面,在体制机制、经验举措、方法办法上积极探索,努力将学生社区打造成为党建和思想政治工作的高地、培养人才的园地、管理服务学生的基地、维护校园安全稳定的阵地,并形成可借鉴可复制的成功经验模式。陕西省各高校因地制宜、对标建设,统筹推进了"一站式"学生社区综合管理模式建设。截至 2023 年 4 月,20 所院校成为教育部"一站式"学生社区综合管理模式建设试点单位。随后,将应建尽建、全面覆盖、整体推进至所有高校。

二、"一站式"学生社区建设加强了高校党的建设和思想政治工作

"一站式"学生社区的建设,有力地推动了陕西高校学生党建和思想政治教育工作的高质量发展,构筑起学生党建前沿阵地,实现了"学生在哪里,党员在哪里,高校党的工作就推进到哪里"。通过调研发现,各高校坚持和加强党的全面领导,成立了"一站式"学生社区建设工作领导小组,坚持把政治标准和政治要求贯穿学生社区建设全过程各方面,以党建工作为引领,不断推动学生社区建设工作走深走实,探索"党建+"社区育人体系。各高校注重发挥基层党组织战斗堡垒作用和党员先锋模范作用,不断加强学生社区党组织建设,按照宿舍楼栋楼层、学生学科专业等,网格化、矩阵式设置学生党支部和团支部,推动实现了学生社区党团组织的有效覆盖。建立楼宇党支部,设置学院(专业)党小组,挂牌党员宿舍,安排学生社区党组织与职能部门、学院系所、社区物业党组织结对共建,深入开展政治理论学习、党员教育发展、社区建设协调等工作。例如,W 大学在学生社区根据学生公寓楼,建立学生党员工作站 14 个,84 个党员先锋岗,完成 1300 多间党员宿舍挂牌。

同时，实现党团组织基本覆盖，纵到底、横到边、全覆盖的基层党建工作格局进一步巩固拓展，学生社区逐步成长为学生党建的前沿阵地。W 大学充分发挥党建中心和党员服务站的作用，形成“三级网格四级指导”工作机制，党员理论教育、考评推优、活动开展、服务群众等“四到社区”，把高质量党建成效向学生社区延伸拓展。诸多高校不断创新思想政治教育方式方法，依托学生社区辅导员工作室、党团活动室、自习室、多功能活动室、心理解压室等育人空间，与学生“一对一”“面对面”的个性化、精准化进行情感交流互动，让学生“足不出户”接受思想解惑、心理解压、学习解困、生活解难、就业解忧，全身心为学生成长成才保驾护航，实现学生八小时以外思想政治教育不断线。

三、“一站式”学生社区建设打造了高校“三全育人”的新模式

在调研中发现，陕西省各高校通过队伍进驻、管理协同、服务下沉等措施推进“一站式”学生社区建设，形成全员全过程全方位育人格局，打造高校“三全育人”的实践园地。在全员育人方面，“一站式”学生社区综合管理模式在传统的辅导员队伍入驻基础上，引入校院领导、职能部门管理人员、教师参与学生社区管理服务，同时通过吸纳校友、行业专家等校外资源，形成多领域、多层次校内外合作团队，服务于学生成长。在全过程育人方面，围绕学生从入校到毕业各学段的成长需求，在学生社区为学生提供教育引导、规划指导、管理服务等，实现学生在校的全时保障，全员覆盖。在全方位育人方面，“一站式”学生社区以党建为引领开展思想政治教育，通过学业辅导、人生规划指导、成长分享会、师生午餐会、心理团体辅导、公寓微运动等形式，实现了就业育人、劳动育人、心理育人，推动了学生德智体美劳全面发展，实现了全方位育人。

四、“一站式”学生社区创设了平安校园的新高地

通过访谈了解到，各高校学生社区积极与管理部门协同配合，将学生社区网格化日常管理模式高效率转变为应急管理机制，将学校打造成维护社会安全稳定的重要样板高地。疫情期间，陕西多所高校成立学生公寓临时党支部，划分党支部责任区，设立“党员先锋岗”，组建“党员突击队”，校院领导干部、思政工作队伍、师生志愿者入驻社区开展工作，许多学生志愿者递交入党申请书。例如，W 大学完善顶层设计，变“被动应战”为“主动出战”，开发安全预警平台，整合联动多方资源，建立了校内“学校-学院-学生社区”会商联动机制，设置了“社区-楼宇-楼层-寝室”四级安全员队伍，全员参与筑牢学生社区安全防线。W 大学多名退役学生积极践行“学生社区学生管理”的理念，主动发起并号召了退役士兵组建“橄榄绿”社区平安志愿者队，开展社区夜间巡逻、消防安全检查和演练，协助维护校园出入治安等工

作，成为学校平安校园“人防”队伍中的生力军。诸多高校汇聚各职能部门及院系力量，以多方常态化联动加强社区安全教育，建立“社区辅导员-宿管人员-保卫人员”社区工作组联动机制，大力开展谈心谈话、宿舍走访、公寓文化建设及处理突发事件等工作，建立起平安校园的新高地。

第五节 陕西省高校“一站式”学生社区建设中存在的问题

“一站式”学生社区综合管理模式建设试点工作自2019年10月启动以来，陕西省试点高校在实施过程中取得了较好的成效。但是，从深化“三全育人”改革的新要求来看，作为学生党建工作前沿阵地、“三全育人”实践园地、平安校园样板高地的“一站式”学生社区的综合育人功能尚未得到完全充分地激发与释放。当前，陕西高校“一站式”学生社区建设面临的现实困难与挑战主要有以下四方面。

一、学生社区建设的协同保障机制仍需健全

在管理人员问卷调查中，有83.78％的人认为，“一站式”学生社区建设在执行中最需要改进的问题是，“学校、各职能部门、学院需提高对于‘一站式’学生社区建设的思想认识，凝聚共识，建设学院与学生社区联络沟通、协同保障机制，完善工作考核评价体系”(见图5－18)。

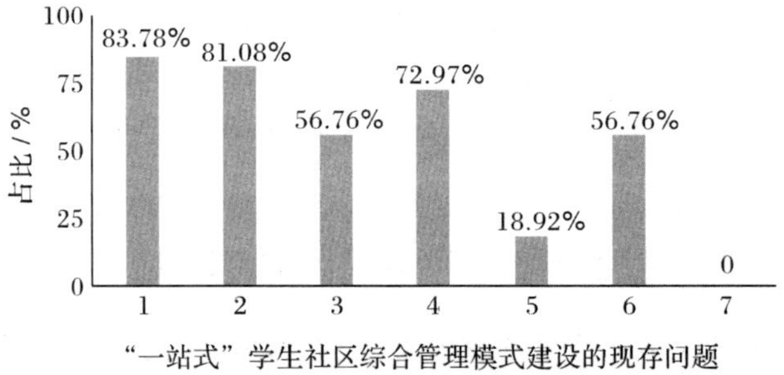

1—学校、各职能部门、学院需提高对于“一站式”学生社区建设的思想认识，凝聚共识，建设学院与学生社区联络沟通、协同保障机制，完善工作考核评价体系；
2—改善学生公寓区硬件设备设施，打造公寓走廊文化、公寓楼活动室等公共空间；
3—学校领导、职能部门、学院领导、专业课教师及辅导员下沉到学生社区一线，开展调查研究，形成全员参与的育人工作格局；
4—加强学生社区数字化管理建设，利用大数据，促进学生管理服务水平高质量发展；
5—丰富宣传形式，形成“线上+线下”联动互通的宣传矩阵；
6—改进和丰富学生社区活动形式内容，提升学生参与社区活动的积极性；
7—其他。

图5－18 “一站式”学生社区综合管理模式建设的现存问题调查图(管理人员视角)

受访者2(管理干部)表示:尽管此项工作多部门参与并比较支持,但主要还是由一家单位负责推进,对于“一站式”的建设形成了一定的制约。

受访者1(管理干部)表示:现阶段在学生社区建设中,很多部门不愿意参与其中,主要是条件不够、人手不够,没有形成统一的保障制度。

现阶段,高校育人模式的基础制度和育人理念还不够成熟,多元主体在建设“一站式”学生社区的目标方面难以达成一致,各自对“一站式”学生社区的理解维度不同,共治配合度不高,缺乏一定的经验。从调研结果看,目前部分高校尚未通过创新制度、机制建设的方式,将具有不同行动逻辑和行为导向的基层党组织、行政部门、教师以及学生等多方力量协同起来,多数高校未能建立起相关部门的联席会议机制。学生社区管理的整合,需要学生处、保卫处、教务处、招生管理处等管理部门协同配合。但是,由于“一站式”学生社区整合的管理部门较多,原有组织结构复杂,职能部门之间管理壁垒尚未打破,信息横向沟通无法顺利完成。面对学生需求,部门之间极易产生工作重复和责任推卸的问题,在一定程度上给学生服务工作带来了极大挑战。

在对管理人员的业务背景分析中也发现,参与“一站式”学生社区建设的各单位不同岗位、职务、职称的受访者均表示,高校应在学生社区逐步探索形成一站式集成、网格化管理、信息化支撑的管理模式,将高校育人力量和资源整体下沉到学生社区。从当前来看,虽然陕西省高校均有不同育人主体参与“一站式”社区建设工作,但体制机制尚未发挥协同联动作用,从而影响了育人资源的整体下沉。

二、学生社区的空间建构仍不合理

从学生调查问卷中可以看出,69.04%的学生认为,应该“改善学生公寓区硬件设备设施,打造公寓走廊文化、公寓楼活动室等公共空间”,48.94%的学生认为应该“加强学生社区数字化管理建设,利用大数据,促进学生管理服务水平高质量发展”(见图5-19)。另外,62.68%的学生希望学生社区能提供自习研讨的空间,57.08%的学生希望有公共图书阅览的空间。因此,在陕西省高校,学生群体对于学生社区、宿舍区、生活区的公共物理空间及配套基础设施有着较大的需求。

伴随着经济社会的发展和高校管理改革的深入,当代大学生校园学习生活的方式正发生着深刻的变革,宿舍公寓在大学生校园学习生活中的地位日益凸显。作为在宿舍公寓基础上升级打造出的“一站式”学生社区,承载了学生住宿、生活、学习、交流等综合性服务功能。但是,从高校现实情况看,现有社区的空间架构和服务功能,尚不能有效满足学生的多元需求,学生的现实需求与社区的服务供给存在不同程度的供需矛盾,高校传统意义上的教育服务模式无法及时下沉或延伸到学生社区。另外,受资金、技术、老旧场地等诸多因素的影响和限制,当前学生社区

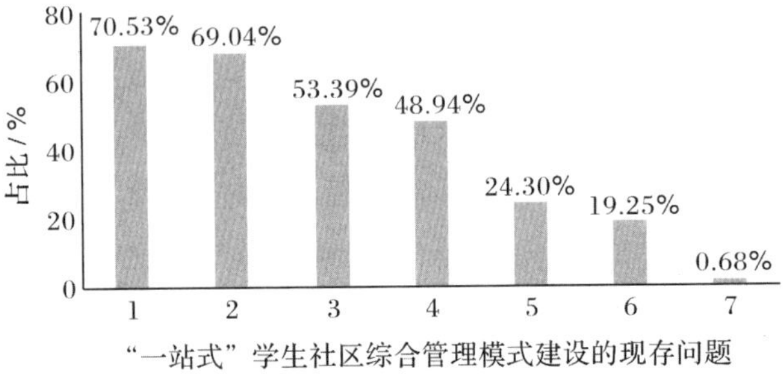

1—学校、各职能部门、学院需提高对于"一站式"学生社区建设的思想认识，凝聚共识，建设学院与学生社区联络沟通、协同保障机制，完善工作考核评价体系；
2—改善学生公寓区硬件设备设施，打造公寓走廊文化、公寓楼活动室等公共空间；
3—学校领导、职能部门、学院领导、专业课教师及辅导员下沉到学生社区一线，开展调查研究，形成全员参与的育人工作格局；
4—加强学生社区数字化管理建设，利用大数据，促进学生管理服务水平高质量发展；
5—丰富宣传形式，形成"线上+线下"联动互通的宣传矩阵；
6—改进和丰富学生社区活动形式内容，提升学生参与社区活动的积极性；
7—其他。

图 5－19　"一站式"学生社区综合管理模式建设的现存问题调查图(学生视角)

提供服务的方式无法充分满足学生对校园美好生活的期望。同时，空间建构与服务功能的优化升级，又普遍面临着诸多的现实挑战。

空间建构，是学生社区进行学生学业指导、思想教育、心理帮扶、生活服务的场域。其旨在依托社区宿舍、楼宇空间等学生生活的基本单元，充分利用智能化设施和资源，精准对接学生成长成才的全方位诉求，激发办学治校、人才培养的整合效应。根据教育部要求，高校的"一站式"学生社区综合管理模式建设目标为"四地"，即构筑学生党建前沿阵地、建设"三全育人"实践园地、打造智慧服务创新基地、争创平安校园样板高地。从长远看，每个具体目标的落实，都离不开物理空间的保障。从短期看，物理空间、基础设施的缺乏必定会阻碍学生社区内各项活动的开展，从而严重制约社区建设的发展。物理空间，应涵盖党员工作室、学习辅导室、展览室、心理咨询室、学生排练厅等模块，为合力育人提供集合场景，增强师生在社区空间中的归属感、体验感和获得感。因此，高校加强学生社区物理空间扩充和基础设施的更新迭代，不仅是学生群体的第一诉求，更是当前推动"一站式"学生社区建设中应重点解决的问题。

三、全员育人合力效应仍未充分体现

在此次调查中，高校教师对"一站式"学生社区综合管理模式建设内容的了解程度一般，53％的人"完全不了解"和"不太了解""一站式"学生社区综合管理模式，这说明教师作为一线教育工作者，对学生社区的重要育人功能缺乏正确认识。与此相对应的是，占比高达 74.18％的学生认为，教师进驻学生社区是很有必要的(见图 5－20)。

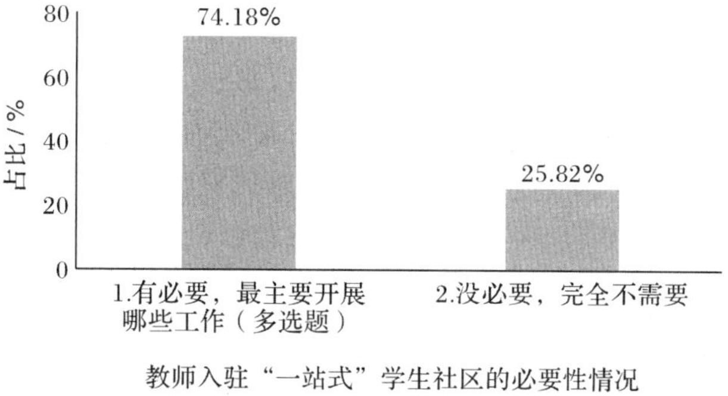

图 5-20 教师入驻“一站式”学生社区的必要性调查图

目前，高校的教师队伍入驻学生社区，尚未充分体现这一点，可以从以下的访谈内容中得到印证。

受访者 8(教师)：除了辅导员之外，应该安排班主任老师共同参与协助“一站式”学生社区建设。

受访者 6(教师)：在未来的建设中，应该更多调动教师的积极性，让教师参与到此项工作中。

受访者 19(学生)：希望能和老师在轻松的生活化环境中交流，我们想要了解专业未来的发展，个人成长的方向。

受访者 12(辅导员)：“一站式”学生社区，可以更多从学业和生活的角度开展活动，学生喜欢、尊敬专业课教师，可以让教师更多地参与到育人工作中来。

在调查中发现，学工团队在初始的学生社区建设中承担了大量的工作职责，而专业教师和其余行政人员的社区工作意识仍然很薄弱，重视度与参与度不高，学生在社区中也仅担任被管理者和志愿者，存在角色单一、潜能受限和资源浪费的问题。现有的社区育人水平并不理想，无法有效发挥学生在社区管理方面的潜能，也难以精准回应学生诉求。新时代高校的社区共治水平亟待提升，应该采取措施提高师生参与社区育人的深度和广度，进而拓展和明晰社区建设的发展目标。

在此次调查中还发现，学生对学校领导、职能部门、学院领导、专业课教师及辅导员下沉到学生社区一线参与“一站式”学生社区建设，表示极度的关注和较高的期待，尤其是低年级学生关注度更高。因此，高校应该凝聚多元主体力量，关注学生的现实诉求，不断优化各育人主体下沉一线的路径和方式，发挥合力效应，推动协同发展。

资源下沉是回应学生不断变化的成长成才现实需要的重要抓手，同时也是多元主体深入学生社区工作落到实处的一个重要环节。“一站式”学生社区的进驻人员，主要包括高校辅导员队伍、专业教师、心理辅导教师、兼职学生以及部分行政人员。首先,高校辅导员负责的教育教学管理工作复杂烦琐。现阶段,国内多数高校要求高校专职辅导员入住学生宿舍,负责学生日常事务管理。但同时,辅导员的职称晋升也有科研要求,其工作压力过大,导致辅导员管理学生社区工作的质量无法得到有效保证。其次,专业教师是下沉学生社区的重要育人力量。高校应健全完善专业教师下沉学生社区的激励制度机制,以激励驱动下沉,在相应的职称评聘、年度考核中设置一定比重,让专业教师在下沉学生社区中有获得感,从而逐步扭转专业教师“重科研、轻育人”的观念。再次,心理辅导教师入驻学生社区,更加贴近大学生实际生活,有利于心理辅导教师有针对性地解决大学生身心健康问题。但是,大学生心理辅导教师同时承担着部分教学任务,参与学生社区服务的意识不强,影响了服务功能的发挥。最后,兼职学生是“一站式”学生社区管理工作人员的主要组成部分,但兼职学生群体存在队伍稳定性较差、岗位待遇较低、工作时间不固定等问题,在很大程度上影响了其工作的积极性。

四、学生社区智慧服务平台建设仍需加强

目前,高校“一站式”学生社区建设处于探索初期,现阶段提供的服务是基于学生社区所包含管理部门的职能决定的,并不是基于对学生服务需求的信息数据调查与分析,这就导致社区提供的服务内容与学生个性化需求不对称,造成管理资源浪费。在此次调查中,管理人员、辅导员均表示,应进一步将智慧校园引入“一站式”学生社区建设中,加强学生社区数字化管理建设,利用大数据提升学生社区的管理服务水平。

受访者 1(管理人员):我们在建设上,要以智慧服务为主,将日常业务转网线上办理。

受访者 13(辅导员):应该完善智慧服务软硬件,目前的门禁安保、维修报修等方面大为改观,希望能够不断升级,实现大数据在学生管理工作中的有效利用。

随着信息技术的快速发展,高校“一站式”学生社区成为线下服务与线上服务结合的管理新平台。然而,现阶段国内高校“一站式”学生社区普遍存在线上学生服务平台缺乏、信息化水平不高等现象。线上平台缺乏,直接导致学生社区实体服务中心出现“高峰堵车”的现象,无法及时为学生办理业务,效率较低。还有部分高校,虽然建有社区线上服务平台,但信息化水平较低,软件缺乏兼容性,直接导致线上服务与线下服务不同步,工作人员无法依据网络信息分析,对学生业务申请进行科学分类、及时预约和有效管理。

通过调研发现,各高校信息化技术对“一站式”学生社区建设的支撑作用因各自校情而有所不同。例如,部分高校信息化水平较高,已实现各类学生数据的实时

监测，及时开展学情分析、异常行为预警，有效提升了突发事件响应速度与干预效率，并且显现出“一站式”社区育人的时效性和精准性，从而推动了平安校园建设。但是，还有多数高校信息化技术在学生管理中的应用较少，特别是在学生社区中未能实现大数据对学生成长的全程追踪、详细记录和科学评价，从而不能为学校精准开展学生思政教育和“一站式”学生社区建设提供靶向支持。

成长于 Web 2.0 的大学生，被誉为“互联网原住民”。一方面，他们不受时间、空间的限制，享受着网络化、信息化带来的快捷和便利；另一方面，由于网上各种信息鱼龙混杂、真假俱存，使之面临着信息冗余的困惑、甄别真假的困境，这也给学生的身心发展带来了危机。因此，高校应以“一站式”学生社区建设为契机，充分运用移动互联网、物联网、大数据、云计算、人工智能等互联网技术，充分发挥学生社区在智慧党建、精准育人、安全防护方面的重要作用，不断优化职能，提升服务质量，使课堂教学、班级活动、社区服务同频共振、同向同行，使大学生在知识习得、行为养成、党建引领、人格塑造中健康成长、顺利成才。

第六节 陕西省高校“一站式”学生社区建设存在问题的原因分析

把握形成问题的原因是有效解决问题的前提。在深入剖析造成陕西省高校实施“一站式”学生社区建设存在问题的原因时，我们可以清晰地得出这样一个结论，即这是一个由多种因素复杂交织而成的结果。其中，既有思想的根源，也有机制的障碍；既有客观因素的羁绊，也有主观人为因素的影响，概括起来，可以将其归结为思想观念层面、体制机制层面、行动落实层面等方面因素的制约。

一、育人理念有待深化共识

理念是行动的先导。高校实施“一站式”学生社区建设过程中之所以存在一些问题，首先与我们所固有的一些育人理念有着密切联系。队伍入驻不充分，条件保障缺乏，信息化建设不平衡，究其原因，主要是作为政策执行主体的各高校不同程度还存在着固有的、传统的育人观念。在调研访谈中发现，部分高校在全校范围内未能就“一站式”学生社区建设达成广泛的深层次共识，学校管理人员、专业教师、思想政治工作者等，未能充分认识到“一站式”学生社区从学生管理向学生教育、管理、服务拓展的重要意义，也未能在工作中给予积极主动的支持。部分专业教师认为，思想政治教育和日常管理仅是学工队伍的工作内容，较少真正进驻到学生社区定期开展学业指导和心理辅导。还有部分高校，对“一站式”学生社区的育人理念认识不足，在建设中更注重社区物理空间的建设，尚未将育人资源有效聚集到社区一线，实现学生社区多向功能的深度转型。

二、体制机制还存在障碍

在任何一个系统中，机制都起着基础性、根本性的作用。在理想状态下，只有有了良好的机制，才能使一个系统接近于自适应状态——在外部条件发生不确定变化时，能自动地迅速做出反应，调整原定的策略和措施，实现优化目标。在调研中发现，“体制机制因素”被多数受访者，特别是管理干部认为是制约“一站式”学生社区建设的最主要因素。近年来，“一站式”学生社区综合管理模式的推广为高校的育人格局转变带来了良好契机，提升了教育管理服务水平。各高校尝试探索以“社区”为核心，使学生管理的理念逐渐从行政管理向教育服务转变，管理模式也逐渐从单一主体管理向多元主体参与转变。但是，进一步提升各职能的协作效率、形成教育管理合力的体制机制还未在所有高校形成，特别是在管理体系建构、评价激励、技术保障等方面还需要进一步完善，这在某种程度上影响了政策实施的效果。

“一站式”学生社区综合管理模式，是要将学生社区建设成为学生党建前沿阵地、“三全育人”实践园地、智慧服务创新基地、平安校园样板高地。这其中不仅涉及各学院、学生工作管理部门、学生公寓服务部门，还涉及组织、教务、后勤、保卫、校医院、国资、信息化中心等诸多行政部门，协调难度很大，在一定程度上影响了高校“一站式”学生社区建设的推进。完善体制机制建设的关键，是要强化组织领导，健全学生社区党建机制、管理服务机制、队伍协同机制和激励保障机制，以此确保“一站式”学生社区育人模式的有效实施。在教育部思政司 2023 年工作要点中，明确要求“全面推进高校‘一站式’学生社区建设。深入总结 2019 年以来开展高校‘一站式’学生社区综合管理模式首批试点、深化探索、扩大覆盖‘三步迈进’的工作成果和经验，召开工作推进会，发布学生社区建设状况白皮书。指导各地加强工作台账动态管理，分类分级指导社区建设，常态化推进经验交流。遴选一批学生社区综合管理创新基地，提升党建引领学校基层治理水平，打造新时代高校版‘枫桥经验’”。这充分体现出各级领导要高度重视学生社区建设工作，切实用党建引领学校基层治理工作。因此，要构建党委统一领导、党政齐抓共管、职能部门联动、学院积极参与的工作机制，规范辅导员、班主任、学业导师、校外导师等聘任制度，明确工作职责，推进学校、院系领导深入社区一线，健全激励机制，保障多支队伍形成合力，统筹推进社区建设。通过构建科学有效的体制机制，有力推动“一站式”学生社区建设。

三、主动性发挥存在不足

政策执行主体的主观能动性是一项政策落地见效的最主要因素。因此，高校要以全员育人理念推进“一站式”学生社区建设，强调多元主体共同参与，形成协调联动机制，发挥育人合力。“学生在哪里，我们的思想工作就到哪里”，高校要落实全员全过程全方位育人，就要把思想政治工作融入学生学习、生活的全过程和各环节。

中共中央、国务院颁发的《关于进一步加强和改进大学生思想政治教育的意见》中明确指出，高校要高度重视大学生生活社区、学生公寓的思想政治教育工作，发挥大学生自身的积极性和主动性，增强教育效果。然而，在调研中发现，当前陕西部分高校“一站式”学生社区的育人主体，还存在“不想做、不会做”的现象，影响了全员育人的效果。“不想做”，即主体在认知上存在偏差，如在调查中发现，学生主动参与社区建设的热情并不高，大部分教师也未充分认识到学生社区的重要性，在实际工作过程中出现“部分积极参与、部分相对配合、部分事不关己”的状况。“不会做”，即面对学生社区这一全新的育人阵地，职能部门、二级学院的职责定位、协同机制等存在模糊不清的地方，联动调整不到位。在访谈中，也了解到管理人员有“做不好”的现象，即部门之间相互配合不够，在开展工作中仅从自身角度思考问题，不关注其他部门的开展情况，不注重与其他部门协调联动，致使多元主体未能真正凝聚合力，实现“资源下沉”。

四、聚力环境亟待改进

环境因素是客观存在的，并且始终贯穿于政策执行的过程中。美国心理学家勒温的场动力理论认为，个人能力与条件及其所处的环境直接影响个人的工作绩效，个人绩效与个人能力、素质、环境之间存在着函数关系。“一站式”学生社区作用的充分发挥，不仅需要育人主体的聚力合作，而且需要一个良好的物理空间和社会环境。

物理空间是学生社区建设的基础载体。我国诸多高校建校时间较早，在校园建设初期并未设置或预留学生公寓区公共空间，部分高校还存在公寓楼分散、学生多校区居住等情况，这在客观上对“一站式”社区建设的推进工作造成了现实困难。2020 年 4 月，教育部等八部门联合发布的《关于加快构建高校思想政治工作体系的意见》明确提出，“推动‘一站式’学生社区建设”，要将学生社区是打造成为集学生思想政治教育、文化活动、心理育人、劳动育人、职业生涯规划、生活服务等功能于一体的育人场域。根据建设目标，学生社区内应建设有：学习交流空间，包括图书角、阅览室、自习室、心理咨询室等小范围交流空间，满足学生个性化的发展需求；文化育人空间，在公寓区公共空间的门厅、走廊设计文化墙，打造浸润式思政育人场域；集合式事务大厅，实现“一站式”办理各类业务，为学生提供方便、便捷的服务；管理育人空间，包括辅导员工作站、辅导员宿舍、党团活动室及学生社团场地，为落实学生社区的管理服务提供空间保障。

在近四年的推进过程中，由于主客观原因，部分高校学生社区的育人环境仍存在不容忽视的问题。究其原因，一是一些高校并未完全将学生社区建设纳入学校整体发展规划和人才培养方案，也未能统筹优化好社区物理空间和校区建筑规划布局。二是线上育人有待开发。随着信息技术的发展，高校将互联网、大数据等技术融入“一站式”学生社区，建立起线上事务办理中心。尽管线上信息化系统加强了高校对学生的服务与管理，但学生的思想工作、成长规律还难以完全靠信息化掌握和判断。三是第一课堂和第二课堂衔接有待优化。在高校中，第一课堂已经拥有较为完善的教育教学体系，第二课堂仍处于摸索当中，在内容、结构和安排上与学生实际需求之间存在一定差距。以上因素导致“一站式”学生社区建设的育人空间由“面”向“体”的转变速度变慢。因此，以全方位育人推进“一站式”学生社区建设，旨在突破空间和环境上的桎梏，应该重新对物理空间进行科学布局和改造，同时需要整合线上线下、课内课外的资源，构建起人才培养的立体化格局，创设良好的社会环境，真正实现育人空间由“面”向“体”的转变。

对于高校“一站式”学生社区建设所取得的成效，我们在肯定成绩的同时，也要保持客观冷静，特别是对其存在的问题，还需要进一步加以研究解决。

第六章　国外高校学生事务及公寓管理模式的关照与镜鉴

现代高等教育模式起源于西方，发达国家依托实践教学经验，逐渐构建出具有本国特色的学生管理工作模式。本章将对美国、德国、英国、法国等国家的学生事务及公寓管理模式进行阐释，并进一步探究国外学生管理模式对我国高校学生管理及社区建设的启发。

第一节　国外高校学生事务管理模式经验镜鉴

高校学生事务管理，即高校通过一系列的组织活动来规范、指导、帮助学生，并为其提供服务，把校园文化内化为学生个体文化，从而促进学生全面发展。高校学生事务管理的主要目标是确保学生的健康成长和全面发展，它与教学、科研等活动相互支持、配合，共同构成了一个完整的高等教育体系。在这个过程中，学生事务管理既有相对的独立性，又受到特定教育思想、教育制度和历史文化传统的直接制约和深刻影响。不同的高校，由于其校情和校园文化的不同，学生事务管理也会呈现出各自的工作模式与特点。但无论如何，它都始终以学生为中心，致力于为其提供一个安全、和谐、积极向上的学习和生活环境。美国和欧洲的一些国家，不仅对于大学生事务管理理论体系研究涉猎较早，实践经验也比较成熟，值得我们借鉴学习。

一、美国高校学生事务管理模式

美国的高等教育已经有将近四百年的历史，学生事务管理经验也经历了从无到有、从不完善到成熟的过程。美国各高校都独立设置学生事务管理的组织机构，自主开展学生事务管理工作。

（一）强调人文理念和自我管理

美国高校的学生管理工作，强调人文理念。多数高校中，非教师职务的管理人员，通常会超过教职工总人数的 50%，其中多数管理人员承担着专业顾问的工作职能。美国高校学生事务管理内容十分广泛，包含了学生的入学注册、宿舍生活、社团活动、心理咨询、健康服务、就业指导、贫困资助等所有非学术事务。在具体的事务中，专业顾问会为学生开展心理辅导、助学辅导以及针对留学生群体的生活辅导。同时，美国高校极为关注学生群体的自我管理，并会在学生宿舍内设置学生管理员。通常情况下，学生宿舍管理部门中的教职员工与学生管理员之比为 1∶4。美国学生事务管理者把学生的全面发展，作为学生事务管理的终极目标，充分尊重学生的主体地位，强调以学生为本的理念，其宗旨是树立一切为了学生服务的工作理念，以服务促进学生的发展。高校为满足学生多层次、全方面的需求，给每个学生提供平等的发展机会，激发学生的学习积极性，并为其提供在个人发展、身心健康、社会交往等方面全方位的极富人性化的服务，以充分挖掘学生的潜能。

（二）建立严格的学生管理人员筛选考核制度

美国高校的学生事务管理之所以井然有序、富有成效，与学生事务管理队伍专业化的素质是分不开的。自从 1913 年哥伦比亚大学颁发并授予第一个学生人事工作硕士学位以来，美国培养学生事务管理专业人员已有一百年的历史。美国的诸多高校设有培养学生事务管理研究生的专业，高等教育博士学位的培养计划也有专门设置针对高校学生事务管理的培养方向。申请进入美国高校学生事务管理工作相关领域的初级岗位工作人员，必须要具备心理咨询、学生事务管理等方面的硕士学位。此外，还需要通过学生事务管理协会的职业考试，如果想取得学校中层的职业，还需拥有相关专业的博士学位。每一级别的选拔和选聘工作都要经过严格的筛选和考核。在美国，许多人都认为学生事务管理是高等教育不可或缺的一个重要组成部分，而学生事务管理工作是一项可以终身从事的职业，有很高的社会认可度。

（三）健全学生管理的法规制度

美国是一个法制系统完善的国家，崇尚法律至上。依法治校是美国学生事务管理的指导思想，学生事务管理已经实现了法制化。学生事务的有效管理，在很大程度上得益于完善的法律法规的保障。全国性的教育组织，出台了关于学生事务管理的工作准则，如《高等院校学生事务管理》《学生事务应用手册》等，以指导学生事务管理规范有序进行。学校按照政府的法律，根据学校的实际情况制定完善的纪律管理监督和仲裁体系。高校的校纪、校规涉及学生事务管理的方方面面，对于学生违纪事件，都会严格按照校纪、校规执行，并给予学生申诉的权利。

二、英国高校学生事务管理模式

（一）树立“以学生为中心”的理念

树立以学生为中心的工作理念，体现了高等教育的服务意识，其核心是专注学生的需求，在教育过程中明确学生的主体地位。英国高校学生事务管理“以学生为中心”的工作理念，体现在日常工作的每一个方面，把尊重学生的成长作为一切工作的出发点，给予学生充分的成长空间。高校设有“平等和多元化委员会”，强调每个人享有平等接受服务和教育的机会。英国高校学生会的地位很高,学校的重大事宜必须要有学生会的参与。学校的管理机构中也设有学生席位,保证学生在学校的决策机构中能充分发挥作用。尊重学生的自主权,发挥其主体地位,鼓励并重视学生参与到自身事务管理的过程中,是英国高校完全尊重学生的个性发展、培养其个性化和专业化能力的重要体现。

(二)建立"一站式服务"中心

英国高校学生事务管理的"一站式服务",体现的是面对学生服务的人性化、专业化和高效性,并不仅仅是形式上的工作整合。"一站式服务"中心内,包括了住宿服务、心理咨询、就业服务、学习咨询、注册缴费等多项与学生学习、生活密切相关的服务机构。通过"一站式服务",即将原本并无合作关系的部门融合在一起,各部门之间相互联系、共享资源,为学生提供及时、高效的服务。学校最大限度地为学生提供方便,与学生相关的任何事务都可以在"一站式服务"中心予以解决,以便更好地为学生服务。

(三)实施"导师制"

"导师制"是英国高校学生管理工作的主要模式,该模式起源于牛津、剑桥等高校。英国的教育理念认为,大学生群体具备较强的求知意愿与自我管理能力,因此高校应给予大学生充足的自由空间,从而使其主动将自我意识融入社会体系。在这一教育理念的引导下,英国高校将学生管理工作界定在学术指导与人格构建的层面中,实施了"导师制"。导师是学生学习的促进者,关注学生个体的发展,通过与学生之间的互动,让学生清晰地表达自己的思想,培养其独立思考、探索创新的能力。导师制的应用,扩展了专业教师的教学范围。英国高校的导师,会结合言传与身教塑造学生人格,并传播专业知识。每位学生入学后,学校都会为其安排一名专业教师作为导师。导师不仅要负责指导学生专业学习,还为学生的个人生活、职业生涯规划等方面提供全方位的指导。"导师制"的实施,是学生事务和学术事务的相互补充,使导师与学生的联系更加紧密,充分体现了"以学生为中心"和"以教学为本"理念的交互融合,实现了由学生事务和学术事务共同促进学生全面发展的目标。

三、德国高校学生事务管理模式

(一)设立城市"大学生事务局"

"大学生事务局"是德国高校学生管理工作的主体部门。"大学生事务局"是公营性质的社会部门,是独立于高校的管理机构,带有企业的运作特点。事务局由独立的法人管理,且德国一个城市只设一个服务中心,辐射城市的各高校。事务局不以追求利润为目的,而是以服务学生为宗旨,如提供餐饮服务、住宿服务、就业服务、资助帮扶等,以便于使高校更加专注于教学和科研。在具体业务中,"大学生事务局"会实施企业化管理,管理机构分为两级,分别由联邦政府与州政府管理,同时便于高校精简机构,实现资源共享,提高服务效率。"大学生事务局"与德国高校不存在隶属关系,二者的工作界限泾渭分明。高校负责学术事务,"大学生事务局"负责全体学生的生活管理。高校只专注于学术研究,这也正是这一管理模式的主要优势所在。

(二)成立宿舍管理委员会实现学生自我管理

德国的高校十分重视学生关键能力的培养。在学习上,德国高校注重培养学生自主学习的能力,所学课程都可以由学生自主选择,还可以选择自己的毕业时间。德国高校的学生自发组织成立专业的机构,由高年级的同学为低年级的同学提供学习指导和信息发布服务。在生活上,德国高校注重采取学生自我管理的模式。高校成立宿舍管理委员会,成员主要都是在校学生。宿舍管理委员会维护学生的合法权益,负责学生宿舍的日常管理工作。德国高校的学生议会,是学生的最高组织机构,享有与校方完全平等的地位。学生议会选举出的学生联合委员会,负责日常学生工作,并参与学校重大事务的决策,代表全体学生的权益。

四、国外高校学生管理模式对我国高校"一站式"学生社区建设的启示

(一)树立"以生为本"的管理理念

以学生为本、促进学生的全面发展,是国外高校学生事务管理工作的核心理念。以学生为本的本质,是强调尊重学生、关爱学生。提倡以学生为中心,所有的教育、管理和服务活动都以促进学生的成长成才为目标而开展,最大限度地挖掘学生的潜能,为学生的成长提供良好的环境,促进每个学生的全面发展。英国高校将学生的人格培养置于首位,并建立起对应的导师制管理模式。其核心理念是将品格优秀的教师引入学生的日常生活中,从而对学生人格养成有更深刻的影响。我国高校在管理过程中,也应当充分尊重学生的选择权利,正视学生作为独立个体的现实,确立学生的主体地位,不断丰富和完善服务学生的形式。我国高校可依托学生社团,为师生之间搭建起互助平台,通过导师和专业教师的介入,让学生感悟到教师的人格特质,对自身形成积极影响,同时提高社团的专业技能。学校不仅要从宏观的层面来提高教学和管理质量,更要关注到学生个体的微观层面,教学、服务、课程等各方面都要关注学生的主观感受和体验,尊重学生主体地位,满足学生个性化的需求,加强对学生在课堂之外的学习辅导和学习服务,提高学习效果。

(二)完善学生自治自管体系

从国外高校学生事务管理模式中可以看出,学生参与管理已经成为一种普遍

现象，美、英、德等发达国家的高校都充分给予学生参与学校管理的权力，而且也取得了理想的效果。在我国，许多高校还未能允许学生组织真正参与到学校的管理中来。借鉴西方经验，我国高校应给予校学生会、社团组织参与学校管理的更大权利和更多机会，成立学校、院、班等不同层次的学生自主管理委员会，发挥学生组织在自我管理、自我教育和自我服务中的主体作用，不断完善学生自治自管体系。高校管理者应将学校的各项政策和管理措施及时向学生公开，并鼓励、支持学生参与到学校重大决策的讨论中，鼓励学生积极建言献策。

(三)建设高素质专业化的学生管理队伍

国外高校学生事务管理工作者普遍学历较高，且根据各自的特长有明确的分工，这表明只有专业化的学生事务管理团队，才能为学生提供最优质的服务和指导。在我国，部分高校学生管理工作岗位犹如"中转站"，认可度还不够高，人员流动也大，而且学生事务管理工作者有些并不具备相应的学生管理的专业背景。借鉴美国的学生管理模式，我国高校应逐渐转变传统教学观。借鉴美国的学生管理模式，我国高校的管理教师，也应加强对学生的心理辅导和学业、职业规划，并利用现代化的信息传播手段为学生答疑解惑，而关键抉择则由学生自主完成。目前，我国高校已把辅导员作为一项专门的职业，摆在了重要位置，但是在入选关上还不够严格。高校应挑选具有相关专业背景、有良好的职业素养、有一定工作经验的人从事学生工作，构建专业化职业化的队伍体系。同时，要建立系统的培训体系，加强培训力度，组织"职业指导师""心理咨询师"等多种职业能力培训，要求从事相关工作的人员必须持证上岗，提高为学生服务的能力。

美国、德国、英国的高校管理模式在发达国家中极具代表性。在借鉴国外经验的过程中，我国高校在"一站式"学生社区建设中应参考美国模式，给予学生充分信任，并依托德国模式分解管理工作。同时，可借鉴英国导师制，引导教师参与到学生社团活动中，从而使学生的人格得到正面塑造。总之，借鉴国外的先进经验，可使我国高校学生管理工作的效率得到提升。

第二节　国外高校学生公寓管理经验镜鉴

国外高校学生的管理体制，不仅体现在事务性管理上，更突出表现在学生宿舍生活和公寓管理方面，尤其是"住宿学院"制度在英美国家是比较典型的。英国和美国主要采用的是高校直接参与的公寓管理模式，与德国、法国不同，高校并非仅仅负责教育和科研，英美的高校直接参与后勤管理事务，设有自己的后勤事务管理部门，对于高校后勤事务进行管理有自身独特的一套系统。

一、美国高校：直接参与型公寓管理模式＋协议室友制

在美国，大部分的正规学校都有自主运营的学校宿舍，学生可以通过向相关宿舍管理部门提交申请以获得学校公寓住宿的权利。而学校的公寓主管机构会有自身的管理规定，学生应当严格遵循相关制度，而公寓主管机构也要认真履行职责。比如，学生不能够在公寓中赌博、携带枪支等；公寓主管机构应当保障学生的安全，确保安保措施的实施等。另外，美国大学生可以通过组建宿舍管理委员会对宿舍管理工作进行定期评估，这种方法使学生可以直接参与宿舍管理，也使得宿舍管理部门受到了学生的监督。

美国大学生在住宿方面的优势，是享有相对的自由选择空间，室友间的融洽关系往往是通过学校一系列活动来增进的。虽然学生在宿舍室友的选择方面可以自由选择，但是自由的前提是必须双方愿意，其中的一种方式是向宿舍管理部门提交宿舍申请表，另一种方式可以在学校的申请系统——“找室友”网站进行申请。学生必须向学校提出申请，并在双方面对面进行交流之后才能确定成为室友。另外，学生确定室友也可以采用协议的方式。在美国高校宿舍，一个协管员一般负责每一层的学生宿舍，通常情况是由高年级的学长来担任协管员，并且美国的高校均有严格的宿舍管理制度。一般的办理程序是：学生首先向主管部门递交申请，其次再确认好房价、住房条件，最后与宿舍管理部门订立合同。在公寓管理方面，配备专职人员来管理和监督，但是要求学生严格遵守宿舍管理的制度。

在高校直接参与型的公寓管理模式下，学生与高校之间的法律关系也具有双重属性。在美国，高校直接参与公寓管理事务。由于美国大部分高校属于私立高校，具有独立的法人地位，实行企业化管理，因此在私立高校中，学生与高校的法律关系更多的是民事法律关系。而公立院校则由国家、州政府财政支出设立，有明显的行政特质，因此高校与学生之间是行政法律关系。

二、英国高校：直接参与型公寓管理模式＋住宿学院制

英国高校最典型的宿舍管理模式是“住宿学院”。现在英国许多著名高校仍保持剑桥大学、牛津大学这种管理模式，高校大学生一年级时采用集中住宿，大学二年级学院就会打乱集中住宿，重新分配不同专业、不同年级的学生混住在一起。另外，由于老师和家人也与学生一起住在住宿学院里，因此可以经常邀请学生们和父母一起吃饭聊天，以此使学生能近距离与老师和家人交流。

英国的历史名校，比如牛津大学，对于学生公寓管理会采取自主经营的模式。一方面，可以此种方式缓解经济的压力，给学校创收；另一方面，便于满足学生的各方面诉求。由于学生数量比较大，而学校能够自主提供的住宿有限，因此，还有大

部分学生的住宿问题是通过校外组织解决的。英国的高校也会通过竞标方式和校外组织签订协议，并且由校内专门机构实行监督。

三、德国、法国高校：专门机构负责型公寓管理模式＋大学生服务中心

德国高校公寓主要由大学生服务中心管理，以提供服务为主，并不以经营为主，经费由政府财政划拨。服务中心的服务原则，是为学生提供价廉物美的服务，让学生满意。服务中心尽管也实行的是企业化管理，但获得的收入主要用于其日常运行管理和后勤服务的支出，剩余的部分就会用于社会公益活动。在德国，高校仅仅负责教育和科研，而不参与后勤管理事务。大学生服务中心是一个不以营利为目的的机构，其日常运行和管理主要依靠政府的财政划拨。中心负责人由州政府任命，其负责的主要范围为各大高校的食堂管理、经营高校公寓。虽然依靠政府财政，但大学生服务中心还是按照市场运行的规律及机制为学生提供服务。当然，不同于一般市场机构的是，大学生服务中心以学生为导向，向学生提供优质且廉价的物品。也不同于一般的政府机构，大学生服务中心采取的是独立经营、自负盈亏的企业化管理模式，在保证日常运营的同时，也关注改善高校学生的内部生活环境和外部社会环境。

与德国类似，法国的高校学生公寓管理主要依靠的也是大学生事务中心。法国大学生事务中心是一个具有行政性质的机构，分为中央和地方两级。法国高校学生公寓管理的运行，主要依靠政府财政的划拨，大学生事务中心机构内部的职员属于国家公务员，且机构及其人员的活动和行为既受到国家财政部门的监督，也受到高等教育部的监督。

德法两国的高校后勤管理中心，都在管理的基础上设立了完善的监督机制。参与监督的人员组成极为合理，不仅包括国家的相关代表，也吸纳学生代表提出意见和建议。此外，还有学校派出的相关代表和专门机构，这也充分体现了这种专门机构负责高校后勤和公寓管理的合理性。德国、法国的专门机构负责型模式中，机构中内部职员属于国家公务员，因此，在公寓管理中高校与学生并没有直接的法律关系，大学生服务中心与学生之间具有行政法律关系。

四、日本高校：专门机构与学校共同经营型公寓管理模式

日本作为一个善于学习的国家，通常在各领域有其独特的方式。在高校公寓管理模式上也不例外，日本采众家之长，形成了高校与专门机构共同经营的管理模式。日本的高校采取的是评议会领导下的校长负责制，因此学校的后勤事务会由相关的部门统一管理。但具体到高校的各项服务，日本高校会采取合同租赁的方式将各类服务交由社会企业进行经营。双方各自履行合同义务，同时高校保留少

数的维修工人，并对社会企业的服务进行监督。在住宿方面，日本高校很少给自己本校的学生提供住宿，这是由种种原因引起的，比如缺少必要的空间，即使有住宿，也大多为留学生提供；其余大部分交由社会企业进行管理经营。

日本高校高度重视对学生的服务，日本政府曾颁布过《生协法》，即“消费生活协同组合”。学校根据《生协法》组织群众性生活组织，以对学生的日常生活进行保障。而对于“生协”提供的各项服务，学校应当给予便利，各项服务及商品价格一般会低于市场价格。高校与专门机构共同经营的管理模式中，由于高校采取合同租赁的方式，将各式后勤服务交给社会企业经营，因此在高校和学生之间并没有直接的法律关系，而社会服务企业与学生之间存在民事法律关系。

五、韩国高校：自选宿舍制管理模式

韩国高校的宿舍制度比其他国家更灵活些，实行自选宿舍制。目前，韩国有一些学校宿舍管理和中国的学校直接管理很类似，很多大学的宿舍都是由学校委托社会物业公司进行管理。为了更优化学生宿舍的管理，一般情况下学校每隔几年就会对物业管理公司进行社会招标，多个物业公司同时参与竞标项目，胜出的公司属于高性价比的物业公司，更利于优化管理。如果有的学生因不能适应宿舍环境而想退宿，要先提出申请再填写调查问卷，最后办理退宿。若在校外已经住了一段时间，但是又想回到学校宿舍也是可以的，并且可以选择不住原来的宿舍，自由度比较大（冷志勇，2018）。

六、国外高校公寓管理模式对我国高校“一站式”学生社区建设的启示

从上述国外大学的公寓管理经验可以看出，发达国家在高校学生公寓管理方面的实践经验已经比较成熟，我们可以获得以下启示。

（一）国家给予财政拨款，为高校公寓管理提供资金支持

一些国家通过财政拨款、立法、减免税负等方式，对于高校后勤管理予以支持。这无论是对于高校本身，还是对于那些引入社会企业的高校都有着积极作用，减轻了高校和社会企业的负担。一方面，高校可以集中精力专注于教学、科研和人才培养；另一方面，财政和政策的支持能够吸纳社会企业加入高校后勤管理工作，为高校后勤改革注入市场的竞争活力，政府行为和市场导向为高校指明了后勤管理的发展方向。

（二）引入市场机制，推动高校公寓管理改革

欧美国家发达的经济，给高等教育提供了充裕的财力支持，并且给予后勤管理更大的发展空间。引入社会市场机制，能够使得市场竞争模式推动高校后勤服

务改革。此外，市场上社会企业的加入，很大程度上减轻了学校的经济负担，使得学校能够凝心聚力专注教学和科研事业。同时，由于企业的营利性特征，人员冗杂、机构繁杂的问题会相对减轻，进而提高后勤的效率。在我国，高校学生公寓管理工作也应创新机制，最大限度地满足学生的需要，同时解决人员冗杂的低效管理问题。

（三）显现非营利性特征，彰显公寓管理的公益性质

发达国家的高校后勤管理，虽然社会化程度比较高，引入了市场机制，但是服务体系依旧具有非营利性的特点，显现出福利为主、市场为辅的特征。由于一些高校后勤服务中心的运行和经营费用来源于政府的财政拨款，因此其提供的后勤服务会有明显的公益性质。同时，德国和法国的高校服务中心工作人员均属于国家工作人员，由政府聘用并发放工资，也体现出非营利性的特征。

（四）多元化的监督体系为高校公寓管理提供有力保障

德国、法国和美国高校的学生公寓服务部门会受到各方监督，监督的来源是多元化的。一方面，监督来源于学生本身；另一方面，来源于国家公务人员和学校专门机构。此外，大部分的学校都有自身严格的后勤管理制度，比如，美国的高校有严格的规章制度来规制学生在公寓中的行为；英美高校在招投标时，也会有严格的协议条款明确双方的权利义务等。

（五）发挥学生主动性，培养学生自主管理公寓的能力

国外高校培养学生进行自主管理公寓，充分调动学生的主动性，明确自主管理的意义，让其主动参与到学生公寓的管理之中。我国高校也应强化学生的各个团体组织在公寓管理中的功能。目前，我国高校在学生社区中还缺乏学生自治组织，还不能完全依靠学生自行组织管理宿舍，在这方面需要我们进行更深层的探索研究。

由以上的分析可以看出，国外高校的公寓管理制度经过了长期的社会实践发展，因此在一定程度上，学生和学校已经形成了比较强烈的参与意识，学生和学校都很注重双方的参与度。同时，诸多高校都能够根据自身的发展特点和实际情况，或选择或借鉴或发展自身特有的后勤高校管理制度。因此，我们也应有选择地借鉴其有益于我国高校学生社区建设的经验来促进改革。在我国新时代的教育背景下，高校应更加注重内涵发展，进一步提高育人质量，学生社区的管理不能忽视“育”的作用，学生社区建设必须探索更优质的管理新模式，为学生更好地成长成才保驾护航。

第三节　国外高校学生事务管理队伍建设经验镜鉴

一、国外高校学生事务管理者的选聘、培训与绩效管理机制

(一)基于胜任力理论的视角提升高校学生事务管理者的必备素养

国外高校是基于胜任力理论，开展学生事务管理者的选聘、培训与绩效管理等工作的。所谓胜任力，即一个组织中绩效优异的人员所具备的能够胜任工作岗位要求的知识、技能、自我概念、价值观和个人特质。

美国哈佛大学著名教授兼心理学家戴维·麦克利兰(David McClelland)提出了胜任力理论。"胜任力特征"包括专业能力、技能水平、综合素养、工作动机、职业精神、职业操守、职业态度、自我形象、思维模式、心理定式、思考、感知和行动的方式等。胜任力理论认为，组织在获取、配置或管理人才时，不能局限于对技能和知识等表面特质的评价，而应对动机、品质、价值观、自我认知和角色定位等隐性胜任特征进行综合考虑。高校可以利用"胜任力指标"，来识别团队中工作绩效领先者、突出者与绩效较为普通者，并可以对领导行为与高校发展目标的拟合程度进行预测。

由于表现"胜任力"的显隐性程度存在差异，因此可以根据其显隐性的不同将胜任力划分成两种类型：外显胜任力、内隐胜任力。其中，外显胜任力——基准性胜任力(threshold competence)，主要包括了从业者的自身技能水平、专业能力及综合素养等。外显胜任力较为直观，如果将胜任力视为一座冰山，那么外显胜任力就是胜任力冰山结构中露出水面的显性部分。外显胜任力受个体在成长过程中行为感知和后天培养方式的影响，它是一个胜任者最为基础的从业标准与聘用要求，是一种基本能力诉求。内隐胜任力——鉴别性胜任力(differentiating competence)，主要涵盖企业员工的性格特点、职业精神、职业操守、职业态度、工作动机、人生观、价值观、世界观等多个方面。通常情况下，内隐胜任力不易通过行为感知与后天培养的方式予以养成与提升。内隐胜任力作为企业员工的内生性因素，是将企业中的工作绩效领先者、突出者与绩效较为普通者予以有效区分的核心与关键因素。

国外高校在学生事务管理者的培训与绩效管理中，特别重视学生事务管理者胜任力的培养与提升，他们认为学生事务管理者的必备职业素养是团队精神、忠诚度、沟通能力、适应力、解决问题能力等，而主管的必备职业素养则是领导力、绩效管理和项目管理。国外高校在学生事务管理部门内部推行教练文化，即潜在地在主管与学生事务管理者之间建立一种契约化的教练关系，主管有责任和义务为学

生事务管理者职业发展提供辅导与反馈，使学生事务管理者能够及时洞悉自己、改进绩效、激发潜能、认清目标，以最佳状态去创造成绩。在绩效管理中，国外高校对学生事务管理者应用 360 度全方位绩效评估法，旨在向主管提供多方位的学生事务管理者工作绩效附加参考信息，且主要采用自上而下的绩效评价方式，即主管对学生事务管理者的绩效评价拥有权威性和决定性。

以下以美国俄亥俄州立大学为例，阐述国外高校学生事务管理选聘机制、培训培养机制和管理考核机制。

(二)国外高校学生事务管理者的选聘:内聘＋外聘

学生事务管理，在国外高校已经成为一种职业方向。国外高校要求应聘学生事务管理工作人员，必须通过国外高校学生事务管理职业协会的职业考试，具有心理咨询、职业指导、学生事务实践等(如心理咨询学、心理学、社会学、高等教育学)方面的硕士学位。应聘中高层管理职务人员，要求必须具备相关领域的博士学位，且有丰富的学生事务管理经验和实践经验。

美国大学学生事务管理，大都采用内、外结合的选聘形式。一般说来，高层学生事务管理岗位，是以外部选聘为主，辅之以内部选聘相结合的形式；中层学生事务管理岗位，以推行内部选聘为主；低层学生事务管理岗位，则以外部选聘为主，通过多种媒体刊登招聘启事，争取多渠道，通过广告信息物色到合适的人选。

应聘人员的简历，先由第三方机构进行背景检查，主要是检查应聘人员是否有犯罪记录、不信任记录，是否遵守适用的法律、法规和标准，专业背景是否合适等。简历经过背景检查筛选后，相关学生事务管理部门会安排面试，面试之前大都安排应聘人员在本部门实习一天，并与所有的部门学生事务管理者交流学习。面试时，主要是个人汇报并回答问题。汇报的内容大都是自我介绍、对岗位职责的认识及工作设想。面试后，部门所有的学生事务管理者会向部门主管反馈对该应聘人员的看法及聘用的个人意见，所有的信息汇总至主管处并由主管进行最终决策。部门主管与学生事务管理者在招聘过程中，非常注重应聘人员是否有学生事务管理实习经验或者兼职经历，很看重应聘人员的沟通能力、适应力、团队精神和分析问题解决问题的能力。

国外高校学生事务工作部门，普遍倾向于聘用在本部门担任 2～3 年兼职的优秀毕业研究生，因为他们更加适应并熟悉本部门的相关工作。确定录用的应聘人员，须在学生事务管理部门度过半年试用期，根据试用期绩效考核结果签订聘用合同。

(三)国外高校学生事务管理者的培训:学分制＋证书制

国外高校管理人员的培训，一般实行学分制与证书制。若不具备与岗位要求相符合的职业资格证书，是不能申请相应管理职位的，即使担任行政领导也要先参加培训。在培训的方式上,以研讨与讲习为主,培训旨在提高管理人员的问题分析能力、沟通交流能力和决策判别能力,更多关注的是解决问题的能力,而非单纯的知识学习能力。

俄亥俄州立大学学生事务管理者的培训,大致分为入职培训和专业培训两种。入职培训的主要内容是多元文化的交融问题。多元文化,是国外高校尤为关注的问题,不同文化背景的师生融合往往涉及语言、行为、风俗习惯等,培训的目的是教育大家减少隔阂、增加容忍与包容度,营造和谐、宽松、友好的文化氛围。专业培训,具有多样性的特点,包括学生事务管理者入职定位、人力资源开发、组织行为、财务管理、信息管理、服务管理等多项培训,旨在提升学生事务管理者的沟通能力、团队精神、计划执行能力、财务管理能力、监督能力、适应性、领导艺术等多项技能。

(四)国外高校学生事务管理者的绩效:"计划+辅导+反馈+审核"全程化管理模式

国外高校关于学生事务管理者的绩效管理,包括绩效计划、绩效辅导、360度反馈和绩效审查四个环节,是一个全程化的管理过程。科学的全程化绩效管理,有益于帮助高校专业化和高效率地做好学生事务管理工作。

1.绩效计划

通过让学生事务管理人员填写绩效计划工作表,使学生事务管理者明确清晰的工作目标,在计划中实现个人目标与组织目标的高度融合。工作表的内容,包括详细描述自己工作的性质与职责,并列出工作中若干项重要任务的服务质量、价值成本、工作期限与工作量等。

2.绩效辅导

采取多样化的形式,使主管从观察、非正式方式到正式会议和书面文件来激励学生事务管理者,帮助其成长。绩效辅导是作为绩效改进过程中不可回避的一项重要工作。通过绩效辅导,主管易于了解学生事务管理者绩效预期值与绩效改进的措施是否达成一致。每一次的绩效辅导内容都会保留成一份辅导工作表,其中包括达到或超出预期的绩效领域、仍需待改进的绩效领域、补充讨论的话题(譬如当前的项目、优先事务的进展情况、培训和职业发展、雇员关注的问题等)、学生事务管理者的下一步发展计划。辅导工作表作为后期学生事务管理者和主管绩效考核的重要参考。

3.360度反馈

对学生事务管理者采用360度全方位绩效评估法,对合作者、本人、同事和主管进行多源多角度的评估。通过建立科学有效的评估制度,使学生事务管理者了解自身优势和仍待改进的地方,以此促进管理者扬长避短,并进一步成长。每年在对学生事务管理者进行绩效审查大约三个月前,主管都会收到一份"绩效管理同行反馈选择表”。首先,由学生事务管理者选出 3 名合作伙伴对本人工作业绩进行评估和反馈,然后主管选出 2 名合作伙伴或者同事对该学生事务管理者工作情况进行评估和反馈。进行评估和反馈的人员,是该本部门的学生雇员、学生助管,抑或是其他部门了解该学生事务管理者工作的人员。学校学生生活人力资源部会将绩效审查表邮寄给“绩效管理同行反馈选择表”中列出的 5 名同事。同事们匿名填写审查表后,邮寄给学校学生生活人力资源部,之后会将五份绩效审查表的复印件分别提供给学生事务管理者和主管各一套。不难看出,多源绩效评估,旨在向主管提供全方位的学生事务管理者的工作绩效附加参考信息。

4. **绩效审查**

该阶段是由学生事务管理者和主管通过填写绩效审查表,对该管理者的工作进行评估和打分,而主管的评分具有最终决定性。先由本人填写绩效审查表进行自评,之后主管与学生事务管理者面对面座谈,最后由主管完成绩效审查表填写,并对该学生事务管理者的工作进行评估和打分。在打分过程中,学生事务管理者可以与主管沟通交流,对自己各方面工作进行说明与陈述。管理者绩效考评结果,直接与个人下一年度的工资是否上涨(涨幅 3%～5%)挂钩。虽然主管的评分具有很高的权威性,但是学生生活人力资源部仍会将同事、个人、主管及他人(包括同事和主管)四方主体的各项关键绩效考核指标评分分数统计,并进行方差分析,将方差分析表反馈给学生事务管理者。标准方差即通过对不同评分主体评分结果均值的比较分析,进行均值差异的显著性检验。方差的数值越小,证明不同主体评分越一致。在分析表后,学生事务管理人力资源部会附加如下问题,让学生事务管理者反省与思考:①在工作哪方面我对自己的评价低于或者高于他人对我的评价?②对我而言,工作哪方面是我急需改善并提高的? 如何提升这方面的技能? ③我的优势在哪里? 如何在优势的领域再进一步提升? ④我下一步向主管请教的重点工作应是哪一方面?

二、国外高校学生事务管理队伍的特征分析

(一)职业定位:服务者+管理者+研究者

国外高校学生事务管理人员,通常被认为是“以促进学生发展的专业人员”,职能主要分为服务、管理、研究三个方面。在强调专业化的同时,更加注重为学生服务,以此促进学生的全面发展,因而大多秉持“尊重个体”“以生为本”“促进发展”的专业理念。

在美国,将高校学生事务管理人员界定为“首先是一个服务者、管理者,然后才是一个研究者”,并且通过完善的法律法规、职业标准、行业规范等对高校学生事务管理人员的职责进行界定,从而使高校学生事务管理人员有着清晰的职业定位。

学生事务本就包罗万象，面对不同的学生群体，具体的业务也不尽相同，因此国外高校将学生事务细分为方向不同且规范严格的专业性岗位。例如，美国高校将服务分为心理咨询、日常生活和管理三方面，心理咨询包括心理咨询服务、就业服务等，日常生活服务包括学生的食、宿、娱乐、生活等，管理包括学生行为、安全保障等。同时，又依据职业素养的高低，将岗级分成不同层次并设置相应标准。美国高校的从业者，大都具有教育学、教育管理学、学生事务专业的硕士和博士学位，并依据职业素养与胜任力标准分为初、中、高三层岗位等级。初级人员，通常要具有心理咨询、学生事务实践等方面的硕士学位；中级人员，要具有相关领域的硕士、博士学位；高级人员，除了学位要求，还需要丰富的学生管理实践经验，并根据岗位性质再对工作职责进行细分，从而构成完整、规范、标准的学生管理职业体系。

（二）从业要求：严格的资质认证＋专业的培训体系

虽然发达国家在发展历程中形成了各自高校独有的特色，但对于高校学生事务管理队伍却有着大致相同的专业化的从业要求。例如，美国高校学生事务管理人员在招聘之初，除了如我国一样，具有学历与行政管理能力的要求之外，还兼具相应岗位所需的“教育学、教育行政学、职业指导、心理咨询”等专业与资质认证方面的要求。在英国，对于不同的学生事务管理岗位都有严格的专业背景要求，例如心理咨询老师，通常具备心理学或教育学博士背景，就业指导老师除了专业的学历背景，还应具有人力资源管理、决策和风险管理等技能。法国则将高校学生事务全权委托给专业化的社会机构进行专门管理，其经费与全部活动受财政部与高等教育部的双重监管，自负盈亏，其专业化程度和工作效率直接决定其收入。

各国高校学生事务管理都有严格的从业要求、标准化的职业体系与清晰的职业定位，因此，专业化的培训体系也应运而生。高校学生事务管理人员和大学中其他专业人员一样，有系统的职前和在职培训、专门的培养计划、专业协会推行的职业标准。以日本为例，对于新从业人员一般在上岗前会有一个集中研修期，正式入职人员除了会定期进行培训之外，还对于人员培训有详细的文件规范和制度保障。对于不同阶段的培训也提出了不同要求，并由相应的专业学科作支撑。在美国，除了有专门的文件和制度保障外，还有大量的专业协会为人员的学习与培训作支撑，并且各州至少有一所大学开设高等教育学生行政专业，并设有学生事务方面的博士点。除了有传统的正式课程教育，还依据不同的岗位性质进行针对性强的非正式教育。

（三）管理制度：健全的法律法规＋定期的监考报告考核

国外高校专业化的学生事务管理队伍，离不开法律法规“保驾护航”。健全的法律法规，是任何行业实现专业化并得以良性发展的基本条件，也是明确行业规范、岗位职责、人员待遇、职业发展的基本保障。例如，法国在 1987 年至 1996 的十年里，政府先后七次出台或修订了大学生社会服务的相关法律法规，对人员待遇、财务运转、组织结构等都做了详细规定。英国通过《教育改革法》《高等教育白皮书》《继续教育和高等教育法》等法律法规，对高校学生事务的详细内容及管理人员的工作职责、人员待遇、职业保障等做了详尽规定。健全的法律法规，不仅明确了高校学生事务管理人员的职责与规范，更保障了其薪资待遇、社会地位及未来发展，保证了队伍的稳定。

完备的管理制度，是国外高校学生事务管理队伍专业化与职业化不可或缺的重要保障，从奖励晋升到考核淘汰均有详尽的规定与可操作的评价指标。例如，英国的高校事务管理人员，虽然多是“招聘制”，但享有与教学科研人员同等的地位、待遇与职权，虽然不会随意解聘，但会以严格的考核方式要求从业人员的工作质量，以学生问卷调查来考察人员履职情况，以学校内部定期的监考报告考核、年度职工发展回顾等来进行评审。依据评审结果，决定其薪金涨幅、是否晋升或续约。美国高校学生事务管理人员，除了有较高的准入门槛，入职后还面临着定期的美国高等教育标准促进委员会推出的实务专业标准 CAS 考评、学生主观评价考评、学校内部监察等专业的工作考评，对于工作考评成绩较差或不通过的学生事务管理人员，也会采取降职降薪、调离岗位甚至直接解聘的相应措施，对于考评成绩较好的，会提供更多的进修与深造机会。

（四）专业组织：多元化专业协会＋学术性的专业研究

国外学生管理事务，拥有各类职业化的专业组织，这些组织对于专业标准制定、行业规范确立、教育培训开展等都有着巨大的推动作用。在美国，全国性的学生事务专业协会有 37 个，地区性的则更多，每个协会都有明确的任务和服务范围。这些组织不仅凝聚行业人才增强行业吸引力，制定行业标准、规范行业发展，更会组织成员交流学习，从而促进相关领域的专业研究。例如，英国高等教育行政管理协会、英国高校大学毕业生就业指导服务协会、英国心理学家学会、大学教授发展培训联合会等职业化的专业组织，不仅在技术、能力、学术等方面，对学生工作人员进行规范和系统培训，更承担了行业要求与具体规范的确立、培训计划的制定、职业资格的认证等专业工作。职业化的专业组织，不仅保障了学生事务管理队伍的稳定性与规范性，更明确了其未来发展的方向，在推动专业化进程的同时，更提高了其职业化程度。

在美国，高校学生事务管理人员的培养课程中安排了学生事务专业知识与学生事务专业研究的相关理论与实践课程，并且从高校、地方政府到专业组织，均设立了专项的研究基金，以鼓励学生管理团队进行学术研究，帮助其树立起“教育者”“服务者”及“研究者”的角色定位，既反哺了相关学科的发展，也大大促进了学生事务管理人员的专业化与职业化水平(程翔宇 等,2019)。职业人员的专业化发展,与学术性的专业研究是相辅相成、密不可分的。学生事务管理人员,仅仅作为优秀的管理者和服务者是远远不够的,而是应该将学生事务作为学术事宜的有益补充,每个学生事务管理人员也应该是学术工作者。

三、启示与借鉴

从对高校学生事务管理者的选聘、培训、绩效考核及特征分析中我们不难看出,国外高校非常重视学生事务管理队伍建设,注重过程管理与目标管理相结合。通过资源配置、制度约束和政策配给,精心打造了一支职业化、专业化、国际化的高绩效团队。我们可以获得以下几点重要启示。

(一)建立学生管理队伍激励机制

在我国,学生管理是高校整体工作的重要组成部分,也已成为一个专门的职业方向。高校应通过品牌标识系统的构建和大学精神的弘扬,运用一定的管理手段和管理方式将健康向上的校园文化内化渗透到辅导员心智、心灵中去,在促进辅导员全面发展的过程中,不断增强其归属感。同时,要有计划、有步骤地选送他们攻读与教育、管理相关的硕士或博士学位,安排其面向本院学生讲授有关德育、职业生涯管理、心理咨询等课程,制定科学有效的激励保障机制,不断增强其职业荣誉感,使其能将此项工作作为自己的终身职业对待,以此保持队伍的稳定性。

(二)提升学生管理队伍胜任力与职业素养

我国高校已经通过大量调研、行为事件访谈、样本数据分析与问卷统计等,归纳提炼出辅导员队伍的胜任力要素与职业素养关键指标,以此为依据不断提升学工队伍的职业素养。胜任力要素和职业素养关键指标,应着力贯穿并彰显于辅导员队伍的选聘、培训与绩效考核之中,应努力在工作中弘扬并宣传优秀辅导员的典范力量。在学生事务管理部门内部,可仿照国外高校推行教练文化,即潜在地在分管领导与辅导员之间建立一种契约化的教练关系,即传帮带关系。分管领导有责任和义务为辅导员职业发展提供辅导与反馈,使其发挥潜能、认清目标,创造更多的业绩。

(三)完善学生管理人员的绩效考评体系

在我国,不断完善建立辅导员队伍绩效考核管理体系、强化辅导员胜任力要素和职业素养关键指标的测评,对于高校来说至关重要。在选择评分对象时,要选择了解并熟悉辅导学生事务管理者工作的同事和学生,尽量强化分管领导的评分权重,保证评分的客观、公平、有效。在绩效考评中,借鉴美国高校,可针对每项关键指标引入多元统计分析,即将学生、同事、领导、学工部四方实体的评分,进行均值比较和标准方差分析，最终形成个人绩效考核反馈与辅导报告。通过绩效考核的结果反馈与辅导报告，辅导员能够更加客观评价自己的工作绩效，并发现问题与不足，有的放矢地加以改正。

（四）建立开放交流与信息共享的服务平台

我国高校应建立合理的开放交流与信息共享体制机制，使学工队伍可以通过平台互通有无，在信息交流中实现知识流动、共享、迁移与创新。平台搭建的形式，为跨学院、跨分部的学生工作定期研讨会、培训讲习班和体验式培训等。学生事务工作，应以创新为导向，采取求异思维，提倡师生与同事间互动。同时，学生事务工作应建立完备有效的第三方咨询服务体系，重视工作的科学研究、规划与评估，实现学生管理的科学化决策。

第七章　高校“一站式”学生社区建设的优化路径

在新形势下，深化“一站式”学生社区建设的内涵探究，积极探索育人实效的实践理路，营造多元融合、社区互动、激发内生动力的创新场域，既是高校思想政治工作的客观要求，也是体现“三全育人”效果的重要途径。在构建“大思政”格局的背景下，“一站式”学生社区建设比以往任何时候都更迫切需要全员的教育力量、全过程的培养方案、全方位的协同育人体系。在优化路径上，高校应以问题导向为切入点，借鉴国外先进经验，综合运用系统思维、互联网思维，进一步拓展社区综合育人平台、创新协同保障体系、强化信息资源支撑、建立空间联动机制，以此不断提升“一站式”学生社区的治理效能。

第一节　“一站式”学生社区的综合育人平台搭建

党的二十大报告明确指出，“育人的根本在于立德”。站在新的历史起点，如何搭建全方位、立体化的育人平台，引导青年“怀抱梦想又脚踏实地，敢想敢为又善作善战”，做“有理想、敢担当、能吃苦、肯奋斗的新时代好青年”，是高校的重大责任与使命。高校“一站式”学生社区综合管理模式，是构建浸润式思政育人共同体的重要载体，是加强党的思想建设、实现学生全面发展、构建平安校园的重要抓手，是打通育人“最后一公里”的重要举措。“一站式”学生社区依托楼宇宿舍，聚合空间、队伍、资源、技术、制度等要素，把校院领导力量、思政力量、管理力量、服务力量压到学生一线，打造集学生思想政治教育、师生交流、文化活动、生活服务于一体的综合协同育人体系。

一、树立“以生为本”的育人理念

2021 年，教育部思政司印发《关于深化“一站式”学生社区综合管理模式建设试点工作的通知》，进一步明确“一站式”学生社区的育人目标和育人功能。强调深入学习贯彻习近平总书记“七一”重要讲话精神和关于教育的重要论述，围绕立德树人根本任务，结合党史学习教育，深化“一站式”学生社区综合管理模式改革。但是，在近几年的试点和推进过程中，将学生社区作为高校思政教育及育人重要阵地的认同度还不够统一。专业教师承担第一课堂教学任务，育人场所主要集中在教学楼、实验楼等，通常认为学生社区只是学生的生活场所；职能部门工作人员主要从事党务和行政工作，通常认为学生思政教育工作主要是辅导员的职责，其在学生社区开展思政教育工作的内在动力还不足。高校“一站式”学生社区建设的落脚点在育人，以全新的载体使高校各方力量在育人理念、目标等方面达成一致，是高度契合人才培养模式改革的重要举措。因此，“以生为本”的管理理念，是“一站式”学生社区综合管理工作应该始终遵循的教育理念。社区工作人员应以为学生服务为出发点，为大学生的学习生活提供便利，以解决学生学习生活中面临的实际困难。同时，应坚持学生主体地位，从大学生个性化需求出发，充分调动大学生参与“一站式”学生社区综合管理的主观能动性，引导大学生正确处理人际关系，帮助其树立正确的人生观、价值观，促进学生的全面发展。

二、“一站式”学生社区综合育人平台的建设目标

“一站式”学生社区综合育人平台，针对学生特点和个性化需求给予针对性解决方案，力求使目标、学习和评价融为一体，实现无缝对接。平台对提高大学生综合素质和人才培养及资源利用效率，具有极其重要的作用。

（一）加强职业规划指导，实现人才培养目标

平台从大学生毕业“就业难”的问题出发，帮助学生掌握职业化知识，提高职业素养。平台可与校就业办、人力资源公司、优秀毕业校友等主体合作，提供就业咨询、实习指导、职业生涯规划等服务。

（二）运用互联网技术，实现线上线下高效管理

持续地运用信息技术优化平台流程，确保平台高效运转。通过线上小程序实现对线下课程的选课预约、课后评价、筛选投票等功能，运用智慧服务对课程进行监督和管理，提升学生的满意度和认可度。

（三）促进多主体育人联动，共享校内外资源

将学生的利益放在首位，积极调动校院领导力量、思政力量、辅导员、专业教师、行政管理人员、后勤人员与各方教学力量，将思政教育、师生交流、心理咨询、学术指导、职业规划、就业创业指导等，有机融入平台服务内容之中。整合校外企事业单位、社会组织、优秀校友力量，加强高校与政府、企业、社会的协作，从而保证学生利益最大化。

（四）建立区域高校示范点，带动平台发展

作为教育主管部门，在积极探索全新发展模式的同时，可积极推动各地“高校伙伴计划”。平台模式具有可复制性，将平台的发展模式总结优化，有利于推广到各地其他高校之中。同时，各高校平台之间互通有无，资源共享，有益于加强校校合作。

三、凝聚"一站式"学生社区建设的育人力量

(一)党建引领,夯实育人基础

要有效发挥"一站式"学生社区综合育人功能,加强党的领导至关重要。高校要形成具有自身特色的党建品牌,积极打造学生社区思想政治教育园地,将办学治校理念、学科专业优势、中华文化传承等,融入"一站式"建设。一是选派马克思主义学院青年教师入驻社区,定期指导社区党建,开展理论宣讲和思想引领活动;二是实行社区党员"网格化"管理,可按照楼宇划分若干网格,学生党员全部纳入社区党支部管理,院校领导干部要定点联系社区党支部,实现全覆盖;三是通过"阳光午餐会"等方式倾听学子心声,回应学生诉求,切实解决学生在思想、学习、生活、工作等方面的实际问题;四是在社区设置"党员先锋岗""党员服务站",挂牌"党员宿舍",组织师生党员提供帮扶服务,发挥党员在社区文化建设中的先锋模范作用。

(二)协同育人,体现全员育人效能

要有效发挥"一站式"学生社区综合育人功能,形成多方力量的有机融合至关重要。高校要明确部署多支育人队伍进驻社区,党政领导干部、思想政治理论课教师、专业教师、心理健康专任教师、专兼职辅导员等,要共同组成育人综合体,开展思政领航、专业教导、生活指导方面的综合育人工作。思政导师队伍应定期深入社区开展午餐会、座谈会,对学生进行思想道德品质教育;专业导师队伍应以生涯规划指导为主线,对学生进行专业学习教导、科研方法指导、学科前沿引导和学术规范督导;心理导师队伍应深入社区提供生活指导与心理疏导,结合学生成长需求,提供必要的、有针对性的心理支持等。例如,高校可借鉴英国高校学生事务管理模式,实施本科生"成长陪伴计划",组建"导师+导生"模式的成长陪伴团队,构建教学与学生管理相交叉的一体化指导体系。同时,高校要建立校院两级、党政齐抓共管、校内外联动的协同育人体系,多方引入专业力量和社会资源,使管理力量深入一线、落到实处。

(三)自我服务,强化社区育人活力

发挥学生主体作用,是充分发挥"一站式"学生社区综合育人功能的基础保障。一方面,高校要突出学生主体地位,建立学生参与社区文化建设的有效运行机制,使学生能够真正参与到社区公共事务管理、决策、评议中,实现自我治理。要组织各班团集体、学生组织、社团进驻社区,负责社区多功能实体空间的日常运营和维护,并自主开展相关文化活动,强化社区运行活力,实现自我服务(严明 等,2022)。另一方面,高校要紧密围绕"以学生为中心"的管理服务理念,扎实推动服务下沉,

在社区建立“大学生事务中心”，将与学生息息相关的教学教务指导、成长发展指导服务送进社区，立足社区开展相关教育活动。同时，要强化社区纪律安全管理、文明卫生管理、意识形态风险管理等。

四、搭建“一站式”学生社区的育人立体平台

基于学生需求及学校提供的资源，设计“一站式”学生社区综合育人平台六大功能板块。

(一)党建平台

坚持“党建＋社区”模式，持续推进党建与学生社区各项工作深度融合。线上平台设立“党团”学习模块，线下搭建学生社区“党建活动室”。结合时政更新线上线下学习内容，通过知识竞答、红色电影等新颖的形式，将党建知识传递给大学生党员。一方面，形成“一站式”党建运行机制。建好网格化党建，打牢根基。融合“专业-班级-学生”纵向管理体制与“社区-寝室-学生”横向服务体系，做实网格化党建，打造“学生社区党委-学生公寓党支部-宿舍党小组”全链条，形成“一站式”党建运行机制，真正做到基层党建工作引领协同育人，形成共建共治共享理念的社区。另一方面，打通社区学生党员全过程培育链条。加大学生党员培育，突出育人质量。依托学生社区，打通学生党员发展、教育、管理与考评的一站式、全过程培育链条，设立党员先锋岗、党员服务站，挂牌党员宿舍，全体学生党员、入党积极分子亮身份做示范，积极开展政策宣讲、安全提醒等，激发基层党建活力，切实加强网络空间安全。依托社区活动室，开展“红色党史宣讲团”“榜样力量”等形式多样的社区党员主题教育，成立社区党支部工作站等，打造“行走的红色课堂”，营造良好的育人氛围。

(二)学术指导平台

一是开展创新创业培训和学术竞赛指导。平台整合校内外各类竞赛指导教师、具有相关经验的优秀校友、相关企业客座教授等，对参加各类创新创业、学科竞赛的学生进行专业培训和指导。学生可以在线上进行一对一的咨询预约，也可以预定相关课程，预约成功的师生可以在线下平台内进行交流。二是建立园区英语角。在学生活动园区建立社区英语角，由平台邀请教师或校外的专业英语教师开展英语角活动，营造大学生英语口语能力训练的良好氛围，提高大学生学习英语的热情。三是设立地理位置优越的学生生活园区内自习室，为学生提供良好的学习环境。

(三)师生交流平台

平台整合高校辅导员、专业教师、班主任等个人信息，打造平台品牌化交流服务，为师生跨院系专业交流提供便利。平台将校内各个院系的专业教师及辅导员

的基本信息及工作时间进行整合分类，学生可根据自己的需要在线上预约教师的空闲时间。学生可以在线上预约一对一咨询服务，也可以预定相关课程，预约成功的师生，可以在线下平台内进行咨询与交流。

(四)日常事务平台

线上平台，通过同步校内各部门的时间安排、完善部门简介、梳理部门职能范围和办事流程等方式，完善校内各单位的线上预约和线上展示工作。线上注重优化流程节点、提升用户体验，坚持“高标准”的质量要求，力求提高学校行政部门的效率与服务能力，节约部门和学生的时间成本，简化事务办理程序，提高行政部门在学生群体中的认可度与满意度。在线下平台，相关职能部门可深入宿舍园区，在园区内设置“一站式大学生事务中心”，提供定时定点服务，方便学生咨询办理，如打印在学证明、校园卡挂失补办等日常大学生事务。

(五)健康教育平台

平台为高校学生提供较为专业、舒适的心理咨询环境，可在社区设立“阳光花房”等舒适的心理咨询室。线下为学生建立心理健康档案，持续关注学生心理状况的变化。平台需要在心理咨询师诊断后，对特殊学生进行心理咨询周期的记录与提醒，辅助学生心理问题的解决，也帮助心理咨询师高效地实施心理治疗。建立线上心理咨询预约服务，学生可以根据自己的时间安排在线预约心理咨询。与此同时，系统将记录学生心理咨询状况，且平台可以精准地推送心理健康相关内容给对应学生。

(六)职业规划与就业创业指导平台

线上平台实时更新汇总实习、就业招聘信息，方便学生一站式查阅，定期邀请优质企业进入园区开展校内小型招聘会，为有实习和就业需求的学生提供机会。线下为大学生提供职业生涯规划指导和就业指导，平台邀请校就业办指导教师为应届生开展就业指导、政策指引、形势分析等讲座，邀请企事业单位优秀 HR 到园区开展笔试面试指导，为校内优秀的创业项目提供创业场地，对其进行扶持与指导。

五、建构“一站式”学生社区的育人模式

(一)“社区＋党建”育人模式

高校党的建设，是高校党组织在马克思主义建党理论的指导下，“具体内容随着时代的发展有所变化，但始终是党的性质、指导思想、纲领、路线宗旨和使命的具体体现”。为了进一步健全高校党的组织体系，将党的领导和党的建设深入学生一线，“一站式”学生社区综合管理模式建设试点工作成为 2019 年全国高校党建重点

推进的十项任务之一。2021 年,《中国共产党普通高等学校基层组织工作条例》从制度角度又明确指出,可以依托重大项目组、科研平台或者学生社区设置师生党支部。发挥学生社区党组织育人功能,不仅是坚持党对教育事业的全面领导,也是践行党的群众路线的具体实践。2022 年,教育部再次要求,全面开展"一站式"学生社区综合管理模式建设,常态化机制化地打造学生社区党建前沿阵地。学生社区作为党建前沿阵地,如何把党组织的育人功能和"一站式"社区综合管理的目标耦合到培养德智体美劳全面发展的社会主义建设者和接班人的核心目标上来,已成为一个重要的时代课题。

一是以顶层设计完善运行机制。成立以学校党委书记、校长为组长,党委副书记为副组长,党委组织部、学工部、研工部、教师工作部、校团委、后勤处、保卫处、校医院等职能部门负责人以及二级学院党委书记为成员的领导小组,定期组织召开专题会、现场办公会,确保"一站式"学生社区综合改革建设工作落实落地。制定和完善"进一步加强和改进学生社区党建与思想政治工作的实施意见",坚持学生社区党建与二级学院学生党建工作协同发展,将优势育人资源引入学生社区,推动形成具有学校特色的党建育人新格局。积极探索联系学校党委常委"挂领"指导"一站式"学生社区党建工作制度和社区楼宇联系点制度,形成整体联动、合力推进的工作格局。实行二级学院分党委书记抓社区党建工作清单管理,指导建立责任、问题、任务"三张清单"。

二是以网格化管理补足社区党建"空白点"。以楼宇为单位成立党支部,以社区活动为单元设置理论学习党小组、学习帮扶党小组、体育活动党小组、劳动实践党小组、心理咨询党小组等,实现党组织有效覆盖。建立学生社区网格化管理体系,划定责任区,设立党员先锋岗,制定党员承诺制度和党员值班制度,使党建工作和思想政治教育下沉到学生社区、扩大到每间宿舍、覆盖到每一名学生。充分发挥党员在理论宣讲、社区服务、文明创建、宿舍融合等方面的示范带动作用,促进党支部工作与社区业务工作深度融合。定期开展优秀学生社区党员评选表彰工作,通过选树先进典型,充分发挥示范带动作用。

三是以"党建+"融合模式引领高质量社区发展。构筑"党建+"自我管理、自我服务、自我教育、自我监督模式。成立学生社区学生自我管理委员会,下设学生党员服务站以及学生社区团工委、学生会等组织,由学生党员、入党积极分子担任负责人,完善各项管理制度,明确相关职责及激励办法,引导学生积极参与"一站式"学生社区公共事务管理以及各类实践服务项目,在高度自治深度参与的氛围下,充分引导学生挖掘自我潜力、形成学生自治的育人新机制。由宿舍楼党支部牵头组织社区学习交流、学业帮扶、就业指导等专项教育活动,由学生党员带头对困难学生进行"点对点"帮扶,在互帮互助中提升向上向善向学的综合素质。

(二)“社区+学习”育人模式

学生社区既是学生生活的载体,也是学生学习的阵地。学生社区内容丰富,形式多样,是多维一体的思政育人载体。从学习角度看,在学生社区设立学习的场所,能够有利于学生在课堂学习之余,将课堂学习延伸至生活学习。根据学生的学习兴趣,开展相关的学习活动。在学生社区,可以组织形式多样的学习活动,相互研讨,将自己的学习兴趣与社会需要联系起来,通过沟通交流,提高自我专业技能水平。

(三)“社区+志愿服务”育人模式

2020年教育部提出,加快构建德智体美劳全面培养的教育体系,强调了新时代“劳动教育”的重要性。劳动贯穿于人类发展的始终,是推动人类社会不断进步的重要工具。高校应挖掘社区劳动教育资源,开展富有学校特点的劳动教育,引导学生在自我管理、自我教育中成长成才。要积极组建志愿服务队伍,在学生社区广泛开展形式多样的志愿服务,使其成为劳动教育的重要组成部分。志愿服务的过程,也是学生从校园走向社会的过程,学生通过自我管理,充分体现主体意识,使其在自我参与、自我服务中提高自身的能力与素质,以此促进学生社区管理水平的提高。

(四)“社区+双创教育”育人模式

高校是国家创新型人才培养的摇篮,大学生创新创业教育(以下简称“双创教育”)是推进“双一流”大学建设、促进学生全面发展的重要举措。习近平总书记勉励青年:“希望你们扎根中国大地了解国情民情,在创新创业中增长智慧才干,在艰苦奋斗中锤炼意志品质,在亿万人民为实现中国梦而进行的伟大奋斗中实现人生价值,用青春书写无愧于时代、无愧于历史的华彩篇章。”现阶段,高校双创教育培育模式和条件仍有待完善,空间设施、培养体系、师资力量等方面的问题依旧突出。究其原因,高校未能将双创教育紧密嵌入学生生活,对于学生在创新创业领域的发展需求,缺乏系统的保障与支持。当前,“一站式”学生社区综合管理模式为双创教育提供了新的思路。

一是以党建进公寓推进双创与思政教育深度融合。各高校开设的双创教学理论、实践模式难以满足实际需求,双创实践课多在校内完成,与校外企业缺少有效联动,导致很多创新创业项目停滞在理论层面。双创教育很难真正与专业教育和思想政治教育相融合。而“一站式”学生社区建设要求党建进公寓,发挥社区生活“零距离”优势,突破传统创新创业实训课程的理论弊病,促进创新创业课程与思想政治教育相融合,有利于培养学生创新精神与创业技能,促进高校创新人才培养的改革。

二是以育人合力为双创教育提供力量支撑。目前，大学生双创教育开展主要还是以就业指导中心教师、学生双创中心教师为主，由专业教师开设创新创业课程的情况较少。大部分教师自身缺乏创业经历，缺少实际案例和创业经验。“一站式”学生社区，将院校领导力量、管理力量、思政力量、服务力量下沉，为学生全面发展提供了力量支撑。一方面，在人力资源上，将领导、管理人员、专业教师、校外专家、辅导员各方队伍整合，形成一线育人合力，为大学生创新发展与创业实践提供全方位、全过程指导服务，促进双创教育与专业教育相融合，促进校企协同发展。另一方面，在思想指导上，通过将党支部建设到社区，由各创新创业团队、思政教师、专业老师、学生骨干组建功能型党支部，凝聚思想，将红色资源与创新创业充分融合，让红色文化走进创新创业理论课程与实践锻炼中，不断培养大学生求真务实、改革创新的精神。高校可鼓励专业教师主动承担创新创业教育课程，通过专业选修课、职业生涯规划课等第一课堂，结合专业进行创新创业教学工作，使之更加有针对性和时效性，增强专创融合实际成效。同时，可聘任企业高管、社会行业专家、政府工作人员作为社区兼职导师，建设校企平台，定期与学生进行创新创业交流，鼓励“高工进课堂，学生进企业”双向交流。通过优化教师培养方案，提供系统的双创理论培训和实践模拟，帮助教师成长为大学生创新创业教育的排头尖兵。

三是以社区生活空间优化双创平台。“一站式”学生社区管理模式，可以为学生提供全员、全过程、全方位的双创生活空间。在社区内，增设创新实验室和创业工作室，将安全设施硬件功能升级，满足学生专业基础实验需要和创业研讨交流需求。打造双创文化宣传空间，在社区党建工作室、双创工作室、文化室等活动空间，融入专业教育、创新创业教育元素，营造双创育人的良好氛围。一方面，高校要贯彻落实国家创新创业政策要求，设立专项资金；另一方面，高校要积极拓展与政府部门和企业合作，争取政府和企业扶持资金。在社区内，增设创新创业类社团，积极开展双创活动，培养学生实际动手动脑能力。举办各类创新实验挑战赛，分享创新科技，捕捉创业灵感，不断激发学生创新实践能力。同时，加大双创资金扶持力度，优化资金平台。

(五)“社区＋劳动实践”育人模式

一是打造劳动教育特色阵地。学生社区中劳动教育的阵地建设，要以先行的物理空间和网络空间为堡垒，为劳动教育的有序开展提供可靠的支持。一方面，规划设置劳动教育实践场地。注意充分利用学生社区中的其他功能模块，设置各类社区志愿劳动岗、社区安全员等劳动示范岗，以社区共同体推动劳动教育有效推进。另一方面，开设党员志愿服务岗位。鼓励党员带头劳动，营造劳动氛围。设立党员服务站，在学生社区中建立健全基层党组织网络。

二是建立信息化劳动服务平台。要开辟网络协同阵地，通过社区的信息化服务平台，发布劳动信息、做好劳动教育宣传；还可依托大数据，实施精准劳动教育，跟踪记录学生劳动实践全过程并进行成果评价。

三是营造社区劳动氛围。学生社区可组织环境美化活动、负责公共空间管理、开设体育锻炼项目等，让学生在参与社区建设中感知劳动价值、感受美育内涵、加强身体锻炼，推动美育、劳育、体育与社区生活有机结合。因而，学生社区将理论教育与实践养成相结合，显性教育与隐性教育相融合，让“五育”通过社区空间延伸、浸润，深化第一课堂和第二课堂的协同育人效果，促进学生德智体美劳全面发展(周远 等，2022b)。策划社区文化节、劳动技能竞赛活动，加大劳动模范事迹的宣传力度，增强学生的荣誉感、体验感与获得感。同时，打造社区劳动小课堂，在教授专业知识的教学课堂之外，依托社区开办常态化的劳动课堂，形成有益补充，例如开办“非遗手工课”等，由领域内专家讲授贴近生活的劳动技能，让学生深度参与动手实践，使得学生在中华文化传承中培养自己的兴趣爱好。

第二节 “一站式”学生社区的协同保障机制构建

教育部自启动“三全育人”综合改革工作以来，聚焦实现全员、全过程、全方位育人。在“一站式”学生社区综合管理模式下，高校通过将校院领导、专业教师、思政人员、管理人员等多方力量下沉社区，将党建、团建、教学、后勤等资源进行优化与整合，进而营造了一个全员、全方位育人的环境，为学生成长成才奠定了坚实的基础，不断提高协同保障机制的治理效能。“一站式”学生社区协同管理的质量和效率取决于制度、规则、机制等“软环境”的建设，要用系统化、规范化、科学化的制度体系推动社区规范运行。一方面，要注重制度建设的系统化。学校要出台完善社区建设指导性意见，对社区建设的目标要求、内容重点、体系设计、教育管理服务、队伍建设、评价激励、实施保障等作出整体规划，并注重动态运行、持续发展。要围绕社区人员组成及其职责范围，明确社区事务范畴及教育活动审批范围，修订完善与“一站式”学生社区定位一致的学生管理条例，巩固规范学生日常行为管理。另一方面，要注重制度建设的规范化和科学化。要提升社区各场地、各平台的使用频次，降低空置率。要建立适合多部门协作的工作机制及考评指标，按照分层、分级、分类原则，激励各部门做到协同育人，完善过程性评价办法，建立综合评价体系，作为推动工作、指导实践、促进发展的政策依据，使管理制度机制更加规范完善，使各项工作有章可循、有规可依。

一、建立整体性治理机制

（一）整体性治理的实践价值

2020 年，教育部等八部门联合印发《关于加快构建高校思想政治工作体系的意见》，在“管理服务体系”部分中明确提到，要推动“一站式”学生社区建设，将园区打造成为集学生思想教育、师生交流、文化活动、生活服务于一体的教育生活园地。2021 年底，全国“一站式”学生社区从 10 所扩大至 100 所试点高校。但是，目前高校学生社区从传统意义上的生活场域转型为育人场域，其综合管理模式尚未形成统一范式，在体制机制、育人要素等方面还存在碎片化现象。整体性治理理论作为近年来广受学界关注并在国家改革、精准扶贫等公共管理领域进行应用的现代化治理理论，探讨其应用于高校学生社区建设中用以解决碎片化问题，具有很强的实践价值。“一站式”学生社区整体治理效率的提高，不仅可以简化高校学生社区管理组织结构，满足当代大学生学习生活方面的个性化、多元化需求，而且能充分利用第二课堂挖掘“一站式”学生社区管理的思政价值，树立大学生正确的人生观、价值观，是高校充分重视学生社区育人价值的重要表现，具有重要的现实意义。

（二）整体性治理的理念

“一站式”学生社区综合管理模式，以习近平新时代中国特色社会主义思想和中国特色社会主义核心价值观为指导，在传统思政课程改革的基础上，将育人场所从课堂向课外转移，其中学生社区是学生课外生活的重要场所，高校需要将其发展成为育人的全新空间。教育部明确提出，“全面推进‘一站式’学生社区综合管理模式改革，指导高校打造党委领导、学工牵头、教师协同、学生参与、支部引领、社团助力、辅导员入驻的学生党建前沿阵地、‘三全育人’实践园地、平安校园样板高地，创造高校版‘枫桥经验’”。各高校依据此项要求，成立专项工作领导小组，统筹组织人事、学工、教务、后勤、资产、财务、保卫等多部门，系统性、整体性推进该项工作。一方面，“一站式”学生社区综合管理，需要立足于立德树人的根本任务，发挥各个组织的协同作用以及依靠互联网技术的支持，创建大学生课外育人基地，以强化学生社区的育人功能、服务功能和管理功能。另一方面，“一站式”学生社区建设，需要将思政育人元素、社区服务以及管理元素等，整体融入学生社区中，并且要适应社会主义核心价值观的要求，体现出高校自身特色，促进学生的个性化发展，系统推进全员育人、全方位育人格局的形成。

（三）整体性治理的机制

在技术要求上，整体性治理是以信息技术为治理手段，通过信息共享、互联互通来打破组织边界，通过信息的有序整合和科学分析来提升管理的科学化水平。从某种程度上来说，信息技术的使用能力，直接影响着整体性治理的成效。信息技术的设计、开发、使用都有着较高的技术要求门槛，而高校作为科学研究的高地、青年人才的集聚地，无论管理人员、教师还是学生，其信息技术的掌握程度和使用能力都相对较高，是整体性治理得以高质量应用和发展的最佳场所。

1. 党建引领，凝聚队伍共识

整体性治理是一种先进的治理方式。坚持党委领导、党建引领，是我国高校"一站式"学生社区整体性治理的鲜明特点。习近平总书记在全国高校思想政治工作会议上指出："办好我国高等教育，必须坚持党的领导，牢牢掌握党对高校工作的领导权，使高校成为坚持党的领导的坚强阵地。""一站式"学生社区的整体性治理，需要通过加强党委领导来凝聚共识，强化党建引领来贯彻落实。2022 年，国家把全面开展"一站式"学生社区综合管理模式建设，作为教育部工作要点之一，要求常态化机制化打造学生社区党建前沿阵地。同时，多所高校积极响应《关于深化"一站式"学生社区综合管理模式建设试点工作的通知》等文件要求，先后开展试点工作，结合自身发展实际和特色亮点，不断挖掘和优化学生社区的育人功能，发挥学生社区的感染作用，联动思想政治理论课等，实现全员全过程全方位育人（冯刚等，2021）。"一站式"学生社区建设是一项系统工程、树人工程，由学校党委牵头，成立专项专班工作组，便于更好地凝聚思想，统筹资源。在推进"一站式"学生社区建设中，全校师生需凝聚共识：学生社区是新时代高校践行立德树人根本任务的重要育人场域，是第一课堂的有力补充，是第二课堂的延伸拓展；学生社区综合管理，要在党委的统一领导下，进行综合性改革，推进整体性治理，才能够凝聚合力，提升育人实效。

2. 打破壁垒，整合社区资源

"一站式"学生社区涉及管理部门较多，实现整体性治理需努力打破职能部门间壁垒，构建职能部门间的协调管理机制。高校应构建科学的"一站式"学生社区管理制度（简盖瑞，2020）。一方面，学生社区管理制度应保障各个部门管理的权利，保障其合法利益不冲突；另一方面，应明确构建部门间的协调沟通机制，提高社区管理效率，真正从学生的角度提供更加贴近大学生生活实际的多元化服务。"一站式"学生社区建设，要求基于学生成长需求来改善空间环境，改革管理机制，这必然需要多元主体发力的整体性协调。在整合资源的过程中，要党委挂帅，将学生社区建设放置在"三全育人"改革的大背景下，成立学生"一站式"社区工作小组，引入学工办、研工部、公寓办、教师工作部等多个部门协同治理。在协同治理机制中，在横向上，划定管辖范围、权责关系；在纵向上，理清管辖归属，保证政令畅通；对于涉及多部门职责的"中间地带"，应在领导小组的协调下协商一致，努力将"中间地带"

透明化。同时,还应定期召开工作务虚会,汇报工作成果,提出工作计划,通过明确主导牵头部门、协同配合部门、具体实施部门和综合激励保障等,做到统一目标,统一行动,尽量避免出现政出多门的情况。

3. **信息共享,提升整体治理效能**

高校应将信息科技资源赋能学生社区综合管理,不断创新学生工作形式,提升社区治理能级。一方面,要推进学生社区的硬件升级。运用智能门禁、人脸识别等信息技术手段记录学生作息、夜归信息,代替传统的宿管查寝,降低后勤工作成本,提高数据的准确性,提升社区安全管理能级。另一方面,要推进软件升级。整合各部门学生事务,整体性推进线上"一站式"服务平台建设,简化程序、再造流程,运用大数据技术为学生提供线上个性化导航服务,实现学生事务线上一站式办理,建设"方便、快捷、高效"的社区一体化虚拟服务平台。

4. **学生自治,构建师生共同体**

社区的整体性治理,强调以学生需求为中心,注重整合多方力量参与到学生事务的治理中。高校在推进学生社区建设中,应充分调动学生参与社区治理的积极性和主动性。同时,应根据学生特点,加强教师对学生自治的指导和引导,将社区作为促进学生自我管理、自我服务、自我教育的场所,培养学生的责任心和使命感。一方面,可借鉴德国高校学生事务管理模式的经验,整合社区学生自治组织。由学工部门牵头,根据各校学生社区治理模式的特点,整合学生党团组织、社区楼管会等正式学生组织,以及学生社团、事务中心助理等非正式团体的组织力量,进行组织革新。例如,在施行书院制的高校中,可以将班团组织与原有社区的楼、层、舍的学生楼管会组织合二为一,以提升学生自治组织的整体性和运行效率。在学生自治组织中,尤其要重视遴选学生党员、入党积极分子担任负责人,组织学生通过社团活动、志愿服务、勤工助学、实践锻炼等方式参与社区建设、楼宇管理,学生人人参与,以社区为"家",提升主人翁意识,构建以服务奉献为导向、以素质培养为目标、以经历认证为保障的学生社区自治长效机制。另一方面,可借鉴英国高校学生事务管理模式的经验,强化教师对学生自治组织的分类指导。学生社区主管部门,应根据社区事务的不同情况进行分级自治。例如,在学生事务大厅、学生社区安全卫生检查等具有流程操作的标准化的工作中,可完全放手由学生自主完成。但是,在学生社区文化建设、党团组织建设工作中,需要指导教师对意识形态方面的内容严格把关。指导教师需要运用适切的工作方式方法,找到既能有效引导,又不会"越俎代庖"降低学生积极性的平衡点,充分发挥学生的主体作用,培养学生的自主意识。

二、建立本科生全程导师参与制度

本科生全程导师制，起初只是一种源自西方的小众精英教育体制。在国内高等教育不断改革的过程中，部分高校借鉴该制度，使其与我国高等教育人才培养目标相适应，推动其由单一的人才培养模式，发展为促进学生、教师共同成长的机制。全程导师制与"一站式"学生社区建设有相似的逻辑内涵，二者之间理念相融、模式相通。"一站式"学生社区的建设，要求多元主体队伍入驻，做到全程全时全员育人服务，引导干部教师践行"一线规则"，特别指出要选派优秀专任教师在学生社区做好学生学业、科研训练指导等工作。全程导师作为培养学生的教育主体，其与辅导员、专业教师的角色定位相辅相成。

（一）本科生全程导师制的核心要义

"一站式"学生社区建设过程中，学生社区从生活服务职能丰富为思想教育、师生交流、文化活动、生活服务等多项职能，其核心理念在于打造富有中国特色、体现思政要求、贴近学生实际的生活园区，将学生社区转变为新的育人阵地，在空间上体现"全程、全方位"的育人要求。导师全程指导，是本科生全程导师制的核心要义，"全程"是指在指导领域上覆盖学生的学习课业、科研竞赛、生涯规划、心理健康、日常生活等方面。人才培养目标，要求导师了解学生，走进学生，育人场域从三尺讲台和一方书桌不断延伸，有着多功能模块的"一站式"学生社区恰恰为全程导师提供了更契合的育人阵地。

（二）本科生全程导师制实施的现实意义

全程导师进驻社区，以专业教师的身份使其在育人过程中一定具有鲜明的专业特色，将学生专业与思政相结合。在学生社区的第二课堂上，课程思政也能发挥出重要作用。在帮助学生学习，助力学生参加相关学科竞赛、科研项目时，全程导师也能发挥出自身较强的专业优势。在导师进入社区后，无形中扩大了科学研究、讨论的范围，能更好地让学生感受到科研的气氛，在潜意识中推动学生多思考、多研究。同时，全程导师所拥有的硕士生、博士生团队，也能起到重要的梯队作用，在学习和生活等方面，都能够给予本科生帮助，这增强了团队的凝聚力和向心力，更有利于科研创新工作，更丰富了学生生活园区的各项职能（李阳光，2023）。

（三）全程导师进驻社区的组织管理

全程导师进驻社区，由学工办、教师工作部牵头管理，多个部门协同配合。通过学生组织、问卷调研等途径实时了解学生思想，并以此为导向设计学生社区第二课堂，导入各类型育人资源。教师工作部作为教师的管理机构，定期发布工作提示、科研课题，给全程导师工作指方向；教务处作为学生通识教育的主管部门，应适时调整人才培养计划，落实社区第二课堂中的学分制、选课制等问题。同时，后勤处、国资处、保卫处等其他部门做好后勤保障工作。二级学院也应发挥主观能动性，根据自身学院人才培养目标调整导师育人重心，并适当加大一线导师进驻社区的激励力度。全程导师可在学生社区党支部开展学术沙龙、社区公开课，丰富组织生活方式与内容，拉近导师与学生距离，强化二者之间的纽带链接。

三、建立学生社区工作质量评价机制

质量评价是实践工作的标尺和指引。“一站式”学生社区是新时代高校思想政治教育的重大实践，要推动“一站式”学生社区建设的长效化、持续化发展，需要建立科学有效的综合性评价机制，来总结、反思、改进建设过程。

(一)评价标准

在“一站式”学生社区建设中，紧紧围绕建设目标和实践路向，建立综合性评价体系，其评价标准可体现在思想政治教育的“四要素”上：从主体要素来看，教育队伍的知识水平、道德素养、能力素质，决定了“一站式”学生社区建设的质量，影响到学生社区的思想政治教育的基本效果。从客体要素来看，学生的思想理论水平、道德素质状态、政治意识强弱，是判断“一站式”学生社区建设效果的重要维度和依据。高校要对学生在“一站式”学生社区建设前后的政治思想变化情况进行分析掌握，把学生志愿服务和综合表现与党员发展和评优结合起来，压实思想引领至学生一线。从介体角度看，在“一站式”学生社区开展思想政治教育的内容、方法、载体均属这一范畴，如高校围绕“五育”开展的主题讨论、理论学习、文体活动等，对介体的评价反映了时代所需，反映其是否达到了“八个相统一”的要求。从环体要素来看，包括“一站式”学生社区的空间设置、功能定位、文化环境和制度环境，对其评价是确定“一站式”学生社区是否达到思想政治教育创新发展需要的关键所在。

(二)评价体系

1. 完善多部门共享的绩效评价制度

建立更加科学的绩效评价制度，将建设成果实现多部门共享，激励各部门向着整体性治理目标不断努力。坚持把“一站式”学生社区党建，纳入学校党建总体布局，把“一站式”学生社区发展成效纳入目标考核、党建述职评议、干部考察等重要内容之中。辅导员应首先进驻学生社区，并成为多元育人主体中的协调者，任课教师以导师身份进入学生社区开展工作。以“教授”为学术代表的教师资源进入学生社区的导入量、主动程度、育人效果，是判定学生社区整体性治理成功的最重要表征之一。

2. 健全专业教师下沉学生社区的激励制度

专业教师，是下沉学生社区的重要育人力量。高校应健全完善专业教师下沉学生社区的激励制度机制，以激励驱动下沉，在相应的职称评聘、年度考核中设置一定比重，让专业教师在下沉学生社区中有获得感，从而逐步扭转专业教师"重科研、轻育人"的观念。学校应以绩效驱动等方式，激励教师将育人场域延伸到学生社区，教师也应意识到进入学生社区有利于构建更加平等的新型师生关系，物理空间的变化对师生而言都会产生心理上以及感受度上的差异。机制化组织教师进驻社区开展常态化答疑，建立起"导师沙龙""学业加油站"等线下学生成长平台，推动名师大家为学生提供核心课程学习辅导。

3. 完善学生综合素质评价制度

高校要建立学生社区相关管理部门的联席会议机制，定期研究"一站式"学生社区建设中的重要问题，统筹协调解决工作推进中协调联动、效力衔接等问题。因此，可由学工部门设立学生素质综合评价机制，追踪学生作为教育主体的参与度、技能掌握度，在合理的综合评价机制体系基础上，赋予每一名学生考评得分。通过联席会议机制，建立起学生自我治理考核机制。高校合理设置相关考核评价指标，将自我管理成效与学生评奖评优及入党积极分子、预备党员的考察挂钩，促进自我管理的有效落实。评选出"劳动达人""创新之星""最美宿舍"等，并在评奖评优、党员发展等方面给予一定程度的优先考虑，保证建立起正向的激励反馈，形成重视社区思政教育的氛围。

第三节　"一站式"学生社区的信息资源技术支撑

近年来，大数据、云计算、物联网等先进数字化技术的广泛应用，特别是教育数字化转型的深入发展，为在数字化时代的高校构建起"以学生为中心"的服务创新机制提供了良好的契机。高校要运用数字化思维，全方位赋能学生社区的党建引领、队伍入驻、学生参与和条件保障，充分运用物联网、大数据、云计算等开展智慧党建、精准育人、安全防护工作，使"一站式"学生社区工作更加智能化、专业化、安全化。

一、打造"数字化"学生社区

大数据是以容量大、类型多、存取速度快、应用价值高为主要特征的数据集合。高校应走在应用大数据的前列，通过对大学生的高度结构化数据和基于文字、图片、视频等半结构化数据的挖掘、采集、分析，生成以基本信息、学习活动、校园生活为主的学生个人大数据和群体大数据，建立实时采集、智能分析、交互作用的大数据分析中心。通过数据挖掘、分析和预测，为大学生健康成长、顺利成才赋能。

(一)建立实时采集的大数据中心

互联网时代，高校学生学习、生活的方方面面都离不开网络，大学生更加趋向于借助网络工具来获取信息，满足个性化需求。“一站式”学生社区，利用互联网资源，开展线上学生服务，是新时代背景下学生管理信息化发展的时代要求。因此，高校创新“一站式”学生社区信息化平台，对于提高学生社区综合管理效率十分必要。一方面，高校应基于自身办学实力，选择购买或者开发“一站式”学生社区综合管理线上业务办理平台和相关软件。学生社区可以将各个管理部门的业务办理事项整合到网络平台上，大学生可以通过特定软件和网络渠道，了解业务办理信息和相关流程，并结合自身需求，随时随地办理线上业务，在节约时间与空间成本的同时，满足在校大学生个性化需求(林慷祺 等，2020)。同时，信息化软件的质量，应可以支撑网格化管理的运用，保护学生信息数据安全。另一方面，“一站式”学生社区综合管理线上线下服务应协同发展。例如，学生可以利用线上软件，查询学生考试成绩、线下打印成绩单。当线上服务无法满足业务需求时，可以利用线上软件进行业务办理预约服务，同时了解业务办理所需要的全部资料与办事流程，按照预约时间去学生社区进行线下办理，真正做到线上与线下管理服务的协同性与一致性，为学生提供高效、便捷、贴心的服务。

(二)建立智能分析的大数据中心

基于社区成员的校园一卡通，通过语音识别、人脸采集、可穿戴设备等方式，采用物联网感知技术、网评网阅技术、智能爬虫技术等，将大学生出入社区、运动就医、图书借阅、选课评价、生活消费、网络浏览等及时记录、实时上传至大数据中心，建立起大学生个人数据中心和大学生群体数据中心。运用云计算等，在海量数据中抽取关键性指标进行关联性分析，既对个人的现实表现进行一般性描述，又对个人发展前景进行预测性分析；既对大学生个体进行及时诊断“精准画像”，又对大学生群体进行整体扫描“整体成像”。基于时代新人的培育要求，运用智能算法、人工智能等技术，从身心状况、学业表现、社会服务、职业规划等方面，建立起优秀大学生发展模型，将大学生的各项数据导入模型，建立评估系统，及时生成大学生个体发展报告和大学生群体发展报告。

(三)建立交互性的大数据中心

根据大数据分析形成的“精准画像”和“整体成像”，在遵循大学生身心发展和成长成才规律的基础上，“一站式”学生社区既可以采取跨学科、跨专业、跨年级师生、生生的学习研讨、思想汇报、情感交流、创业设计等方式，又可以采取导师面对面辅导、辅导员谈心谈话等方式，在学业、职业、爱情等方面有针对性地引导大学生，因材施教，为其成长成才提供靶向决策和有力支持。在实践层面，要在充分调研学生需求和科学规划设计的基础上，加大对社区设施设备的“数字化”投入，同时对传统的设施设备实施智能化提升，打造“数字化社区”。坚持“一网通管”“一网通办”的理念，打破各部门主体之间的行政壁垒，为社区学生提供更好的服务。例如，西安交通大学建立了学生工作管理信息系统，依托“一卡通”，有效实现了对所有学生、全部课堂、各个环节数据的实时记录，动态开展精准画像、学情分析、就业指导；南昌大学开发了“数字家园”学生信息平台，动态分析学生心理健康状况，研发资助“AI 机器人”，实现人员定位、健康打卡、奖助评优等 60 余项功能。通过传统设施智能化，提升和打造“数字化社区”，构建“以学生为中心”的服务创新机制，可以为社区内的学生提供更优质、便捷的服务，更好地满足当代学生对校园美好生活的需求。

二、构建学生社区智慧党建体系

互联网时代，无处不网、无事不网、无人不网。互联网不仅改变了人们获取信息的途径和方法，而且改变了人们的思维方式和行为方式。在高校“一站式”学生社区建设过程中，可采用“互联网＋党建”方式，构建由党务信息数据系统、党务信息传播系统、党务教育活动系统和党务工作评价系统构成的全方位智慧党建模块，有力提升学生党建工作的智能化水平。

（一）建立完整的党务信息数据系统

党务信息数据系统，是高校智慧党建的中枢。学校要将“一站式”学生社区党员、基层党组织等信息，及时录入、适时更新。在全面、完整收集信息的基础上，一方面可以自动生成大学生党员基本情况报告，通过数据、图表、曲线等方式呈现社区基层党组织情况；另一方面可以通过系统完成入党申请书、志愿书、党建活动计划总结的提交，党费的收缴，组织活动的参加，组织关系的转接等，推动高校党建工作电子化、数字化。

（二）建立主体式的党务信息传播系统

高校通过在“一站式”学生社区建立立体式、全方位、多领域的宣传阵地，使党的声音无时不在、无处不在。通过手机 App、微信公众号等途径，将党的最新动态、时政热点及时传播，使学生党员关心国家大事，培养其主人翁精神。通过直播或重播的方式，将国家重大会议、世界重大事件通过电脑、电视快速传递，增强“听党话、跟党走”的信心和决心，培养社区党员集体观念和全球意识。

（三）建立便捷的党务教育网络系统

在学生社区内，通过网上党课等将学习强国、党建网等线上资源有效聚合，为社区党员提供充足的可选择课程，使他们能利用各种时机自主地学习。在线开展

“三会一课”、组织生活会等，使党务工作更加公开、透明、民主。在党建活动中，大胆采用VR(虚拟现实技术)、AR(增强现实技术)等，不仅能使大学生党员在沉浸式体验中接受教育、坚定信念，而且将生成的数据实时传输到评价系统，智能分析、科学决策、及时反馈，促使党员自我提升，不断改进支部工作，提升党建工作质量。

(四)建立科学的党务工作评价系统

高校学生社区通过党务信息数据整合、党务信息传播、党务教育活动等，将大学生党员接受教育、参与活动、个人总结等予以汇总、智能分析，形成个人发展报告和党组织工作报告，既可以针对党员个人发展提出改进建议，又可以对党组织工作提出改进措施，充分发挥学生党员在“一站式”学生社区建设中的先锋模范作用，推进基层党组织工作高质量发展。

三、构建学生社区智慧安防体系

在“一站式”学生社区建设中，应基于大数据中心构建“一体化”信息管理平台，提供“一站式”社区安全网络服务，筑牢安全防线，为大学生健康成长、顺利成才塑造一个便捷、健康的环境。

(一)智慧服务“最后一公里”

充分运用信息技术，是提升学生社区治理的科学化水平的有效手段。以学生为中心的信息整合和数据交互，能够促进部门实体之间的业务协调和整合，从而有效改善因部门分置所导致的碎片化问题，为学生提供“一站式”的教育服务。高校应建立全覆盖、综合性的“一站式”学生社区综合管理数据信息平台，实现信息集成共享。各二级单位、职能部门应开展数据联动，打破长期以来形成的以部门为主体的信息运作模式。学校信息化工作部门等第三方技术供应部门作为单一网站入口，来进行数据整合，建设以学生为中心，涵盖学生学习情况、党团(社团、学生组织)活动情况、校园行为、社区生活等全息大数据信息平台，使其成为海量学生数据的集散地，并且在各部门的专业指导下，对数据进行可视化分析。因此，来自不同部门的数据得以互相耦合验证，从而可以得到更加完整且真实的学生“画像”。育人工作要实现精准识别、分析、预测、实施、评价和追踪，形成工作闭环。各部门既是源数据的提供方，更是数据共享的获益者，从而增强数据共享的积极性，实现数据共赢的良性循环。学生社区通过“一体化”信息管理平台，打通了社区服务“最后一公里”，使人机互动、网上网下服务联动，让数据多跑路，让学生少跑路、不跑路，使大学生足不出“区”，就能完成学费缴纳、选课评价、故障报修、帮扶求助等，满足其专业学习、社会交往、日常生活的基本需要，及时解决他们最关心、最现实、最需要的问题，增强大学生在社区生活中的获得感与归属感。

(二)科学构建联防安全网

在“一站式”学生社区建设中，应以大学生为中心，以寝室、楼层、楼宇为单位推行网格化管理，动员学校各种力量参与社区建设，形成人人参与、群防联治的格局，密织共建联防共享的安全大网，为学生健康成长、顺利成才创建平安校园。在日常生活中，各方力量注重对社区成员的安全教育，增强其防骗意识，提高其防骗能力，帮助其识别各类诈骗，保证大学生在社区的人财物安全。“一站式”学生社区践行“一线规则”，通过专业教师、辅导员、后勤服务人员、管理人员等入驻社区的方式，与大学生同吃、同住、同行，压实了育人主体责任，加强了对发展异常大学生的有效干预，及时化解了学生社区的各类风险。

(三)有效保护学生信息安全

“一站式”学生社区不仅要重视大学生的人财物安全，而且应高度重视大学生的个人信息安全。学校应加强对大学生的信息安全教育，使其从个人思想上重视信息安全，通过及时升级系统、安装防护软件、多种加密保护等方式，增强个人信息自我保护能力。“一体化”信息管理平台工作者，应不断提升自身的专业水平，运用和发展先进网络技术，提高对信息的识别和处理能力，增强信息传输的安全性。“一站式”学生社区对“一体化”信息管理平台，应有相应的管理办法和应急预案，通过数据备份、建立防火墙等技术手段，防止黑客入侵、数据丢失、信息外泄，保护个人信息安全和保障“一体化”信息管理平台的有效运转。

第四节 “一站式”学生社区的空间联动机制构建

发达国家的学生公寓注重交往空间设计，创设人性化场所。美国耶鲁大学在住宿制书院建设过程中，发展和完善了空间设计人性化这一理念，确保住宿制书院能为每位学生提供足够的交往机会和场域，增进师生之间、学生之间的沟通与交流。自 20 世纪 60 年代起，美国高校开始逐渐关注学生宿舍的建设问题，公寓设计的重点开始倾向于改善物质环境。学生事务专家不断强调宿舍在教育中的重要性，认为大学提供宿舍的重要性并不亚于提供图书馆、实验室和教室，指出大学宿舍不仅是提供休息的场所，更是创设一种良好的教育环境和文化环境。在我国，为了更好地推动“一站式”学生社区建设，高校应充分借鉴发达国家先进经验，针对学生的活动空间需求开展调研，对公共活动空间进行改造，真正把学生公寓作为高校育人的重要阵地，将学生公寓从单纯的住宿空间向兼具学习、生活、体育、美育和交流等多功能的复合型空间转变，建立空间联动机制。

一、空间联动的内涵要义

所谓空间联动，即指通过相应的体制机制安排，实现高校学生社区物理空间和社会空间的有机融合。社区的物理空间建设，是社区发挥育人功能的现实载体，在“一站式”学生社区建设中起着基础性作用。在传统的住宿功能外，各高校都在加强社区楼宇公共空间的建设，并结合楼宇分布特点，通过各片区学生活动中心和楼内“轻空间”建设的结合，充分满足学生党团班活动、阅读研讨、健身休闲等需求，提升学生在社区的学习生活体验。同时，单纯物理空间的建设，往往难以发挥“一站式”在功能整合、服务供给等方面的要求。因此，在实践中，要进一步融入社会空间的打造。所谓“社会空间”，即学生生活、服务、交流等需求依托的载体。例如，通过建设“云上学生服务”等信息化系统，打造学生线上“一站式”服务平台，精准对接学生需求，常态化提供便捷服务；推进完善线下“一站式”服务大厅建设，实现线上、线下服务的高效融合。

学生社区的空间设计应突出物理空间与社会空间的有机融合，即将学生日常生活、服务等需求有效嵌入学生社区，尽可能在社区范围内满足学生日益多样化的学习、生活需求，促使学生社区改变原本仅仅作为单一居住功能区的定位，变成集合居住、生活、日常社会交往互动等多功能的生活共同体，从而增强学生对于社区的归属感与认同感，这将为学生社区构建更为有效的协同育人机制提供强有力的空间支撑。

二、空间建构的功能定位

拓展优化“一站式”学生社区育人空间，是营造育人生态的重要基础，为创设社区良好物理环境和社会环境，教育管理者需立足学生特点和学校特色，强化价值导向，对“一站式”学生社区进行深入实践探索，将社区功能实现的主体要素进行集聚整合，对社区多维育人功能进行升级。在调研中我们发现，学生对宿舍楼内公共活动空间需求迫切，对空间的功能定位有明确的指向性，具体表现在以下四方面。

（一）多元化功能

在全球化背景下，“Z 世代”学生追求个性独立、综合发展，大学也着重培养具有综合素质的全面发展人才。因此，学生对于公共空间内的学习交流、运动休闲等多元需求更为关注。美国教育家埃德温·基斯特曾提出：“只有当校园规划具备能够激发好奇心、促进随意交流谈话的特质时……它所营造出的校园氛围才具有真正最广泛意义上的教育内涵。”作为学生活动的主要场所，学生社区公共活动空间的功能多元化，才能满足学生人际交往、思想交流、情绪放松等多种需求。在访谈中，我们了解到学生出于交往需求，大多倾向于在社区增设自修室、活动室、公共厨房、舞蹈室、心理辅导室、健身房等功能空间。交往需求是大学生的基本需求，层次丰富的交往空间可以满足不同层次的师生行为需要。一方面，学生步入大学校园，离开原先熟悉的学习、生活环境，出现暂时性人际关系空缺。学生公寓的公共空间承载着丰富多样的课余活动和频繁的交往活动需求，最易于被学生感知。另一方面，随着国家对大学生综合素质培养的日益重视，学生对艺术、体育的个性化需求与日俱增。以艺术类场地为例，学生对公寓内的琴房、舞蹈房、瑜伽房、视听工作室、画室、书画篆刻室等公共空间需求旺盛，体育类的体操房、健身房需求也同样迫切。因此，围绕学生交往特点，建设生活、学习、交流、体育和美育等多元化功能房将成为未来学生社区公共空间改造的必然趋势。

(二)生活化场景

教育家苏霍姆林斯基提出，"孩子在他周围——在学校走廊里的墙壁上、在教室里、在活动室——经常看到的一切，对于他的精神面貌的形成具有重大的意义"。在距离学生生活最近的社区内，通过绿化、装饰画、海报、公告栏等展示想要传递给学生的理念，在各类社区装饰和活动中渗入党建、爱国、爱校教育，在走廊设计中渗透学校历史文化、校友榜样等，做到以文化人、以文育人，用隐性因素耳濡目染地影响学生，帮助其养成积极向上的精神追求，培养良好的生活习惯和自觉行为，把教育融入日常生活场景，从而让学生社区成为教育生活化的文化载体。

(三)便捷化使用

创设人性化的交往场所，本质上就是空间的开放、共享、便利，学生对空间使用便捷性需求的反应程度较高。一是物理空间的便捷性。空间的硬件设施要充分从学生的实际需求出发，体现学生社区的人文关怀。例如，除基本设施外，自修室要考虑配备足够的插座、书架和存包柜，适当地布置桌面绿植；舞蹈室要配备镜子、把杆、地垫、音响设备；公共厨房要配备公共冰箱、厨房工具、微波炉；会议室或活动室考虑配置无线 Wi-Fi、智能电气开关、智能投屏、电子白板等，为学生活动开展和综合素质的培养创造良好环境。二是流程的便捷化，即最大程度利用信息化手段简化学生借用公共活动空间流程，让学生使用更加便利。学生在考虑空间借用时，除了关注空间是否满足其功能外，还会考虑借用流程、借用方法和管理单位等因素。与室外空间相比，学生更倾向于无须办理手续或可网上借用的室内空间。三是交往的便捷性。物理上的邻近可以更好地激发人际互动，特别是居住在同一片区的学生更容易交往，合理充裕的空间使得师生和生生之间交流便捷，容易集聚正面效应。人类有从众的习性和集群本能，有研究表明，当人群密度超过 1.2 人/平方米时，就会出现滞留现象。滞留时间越长，集结人群越多，才能吸引更多的人进入该空间。从这个意义上说，把公共空间集聚化安排，会有较强的集聚效应，吸引更多的学生到公共空间交流。同时，人性化的社区也应考虑学生社区的居住属性，在功能室的创设上重视隔音降噪、减少污染，与学生的住宿区域充分隔离，减少对学生社区"居民"日常生活的影响，方便师生交流。除正式交往空间外，也可增设一些非正式交往空间，如咖啡店、小吃店、便利商店等。

(四)现代化设计

调研中多数学生认为，公寓公共空间的美学品位和舒适程度有待提升。学生对改善采光和色彩方面的需求意见较为集中。明亮而温暖的空间采光对提升学生交往能力起着积极作用。色彩方面，同学们明确表示喜欢淡雅明快的色彩，对各自楼宇的标识系统色有亲切感。色彩是最具表现力的外在因素，它能使人产生一系列的生理和心理反应，达到育人的本质目的。因此，环境优美、有品质的氛围营造也是学生倾向选择社区内公共空间开展活动的重要因素。

三、空间联动的路径

近年来，随着"一站式"学生社区建设力度的不断加大，高校越来越关注对学生公寓的整体空间改造的全局性谋划。一方面，以修缮为契机，加大物理空间改造，改善学生住宿条件，优化功能布局，并将学生公寓及周边环境也纳入改造范畴；另一方面，以学生全面发展为导向，注重社会空间与物理空间的联动融合，对局部空间进行功能定位和精心设计，满足学生生活、学习和交流需求，创设昂扬向上的校园文化氛围。

(一)根据学生需求，对学生社区公共空间进行改造升级

一是满足学生基本生活学习需要。学生公寓的公共空间应包括生活、学习、交流、体育和美育等方面的功能，其中生活、学习和交流是基础功能，包含盥洗、淋浴、洗衣、健身、自习、党团活动等功能房。同时，可结合学科特色，对学生社区公共空间进行改造升级，开辟党员之家、社团活动室等场地，受物理空间限制的楼栋可以探索社区虚拟交流空间。二是满足学生深层次服务需求。推动辅导员办公室、学业促进室、导师活动室、创新创业工作坊、"阳光心灵花房"入驻学生社区，满足学生学业辅导、心理、创业等高层次需求，多方面促进学生成长成才。学生社区应将学生党建、导师进驻空间作为必选项纳入审批标准，任课教师、辅导员、心理健康教育教师、优秀校友等多元主体充分、有序进入学生社区发挥作用，以制度保障空间资源共享。三是激发学生自我服务意识。通过学生社区组织开展志愿服务、"最美宿舍"评比、劳动教育等活动，发挥学生社区"五育并举"的综合育人价值，让学生在自我服务中增强对社区的归属感，促进学生健康成长(蔡庆淞，2022)。存量学生社区应根据各高校实际情况进行空间综合改造，规划劳动实践场地、艺术社团活动室等，各楼幢、园区公共空间都应在同一平台上实现整体性共享，降低空置率。

(二)通过优化设计,构建物理空间和社会空间的融合机制

在"一站式"学生社区建设中,物理空间的建设无疑是重要一环,它是社区育人功能的现实载体,但仅有物理空间的建设是不够的。在实践中,部分高校过于注重社区物理空间的建设,缺乏对物理空间中社会空间的打造,最终导致物理空间的作用未能得到有效而充分的发挥。一方面,在物理空间建设中,应在形态上符合新时代大学生的审美观念,宏观层面到学生社区的整体设计风格,微观层面到研学室、交流室内的桌椅风格和布局形态,均要符合大学生的审美观念。高校应顺应当代大学生的审美要求,打造出一批社区学习共享空间、创客空间,使之成为校园学生热捧的"网红空间"。另一方面,在社会空间的设计上,应突出物理空间与社会空间相融合的特征,将大学生的生活、服务、交流、美育等需求有效嵌入社区,使社区空间变成有效集合居住、生活与日常社会交往互动等功能的生活共同体,增强学生对于社区的归属感与认同感。

(三)注重文化浸润,营造特色文化楼廊

在"一站式"学生社区建设中,高校应打造具有自身特色的学生社区文化,以中华优秀传统文化、校园文化、宿舍文化浸润,培育良好的文化育人环境。例如,挖掘学生社区楼栋历史,讲好社区故事,打造百年学院文化楼廊;邀请校友开设讲座,通过讲好楼栋故事,建立学生社区情感共同体,增强学生的认同感、归属感。校园环境不仅要有各类功能性建筑,还要穿插园林绿化景观,重视园林文化景观的教化作用,使其能文化浸润、参悟自然,实现心灵内省和思想创新。

附　录

附录 1　调研问卷

高校“一站式”学生社区建设情况调研问卷

（学生卷）

亲爱的同学：

您好！为了了解高校“一站式”学生社区建设的现实状况，进一步提升学校管理服务学生效能，我们设计了本问卷。本问卷采取无记名的方式，不会对您产生任何影响，请如实填答。您对全部问题的真实回答对我们的研究非常重要，调研组将严格保密，并且只用于统计分析，请您不要有任何顾虑。

感谢您在百忙之中对我们的调查给予大力支持与合作！

Q1、您所在的高校名称是__________。

Q2、您所在的高校是哪一类？

1. 部属高校
2. 省属高水平大学
3. 普通高校

Q3、您的性别是男还是女？

1. 男
2. 女

Q4、您所在的年级是哪个年级？[单选题]

1. 大一
2. 大二
3. 大三
4. 大四
5. 研究生

Q5、您的政治面貌是哪一类？[单选题]

1. 中共党员
2. 预备党员
3. 入党积极分子
4. 共青团员

5. 群众

Q6、您是否担任过学生干部？[单选题]

1. 是

□宿舍长 □班干部 □学院学生干部 □校级学生组织学生干部

□学生党支部支委

2. 否

Q7、您认为建设“一站式”学生社区的意义有哪些？[多选题，最多选择 4 项]

1. 构筑学生党建前沿阵地，发挥党组织战斗堡垒作用
2. 校院领导干部、行政管理人员、专业教师、辅导员等多元主体践行“一线规则”，下沉学生社区，开展教育管理及服务工作
3. 推进提升智慧服务能力，保障学生全面发展
4. 打造平安校园，维护师生安全和校园稳定
5. 提升大学生思想政治教育工作效果的有效途径
6. 高校学生管理模式改革的重要抓手和实现途径
7. 改造学生公寓区的物理空间，改善学生学习生活环境的重要抓手

Q8	是	否
您所在的宿舍是否为党员宿舍？		
您是否为公寓临时党支部成员？		
您是否了解公寓设置了临时党支部？		
您是否参加过公寓楼内党员志愿服务？（党员、预备党员、入党积极分子填写）		
您是否了解公寓楼内有党员志愿服务？（非党员填写）		
您是否参加过在学生社区开展的党团活动？		
您是否了解过思政进公寓党员主题教育活动？		

Q9、您认为学生党员在学生社区亮明身份是否有必要？[单选题]

1. 很有必要
2. 一般
3. 完全没必要

Q10、您认为学生党员在学生社区最应该承担什么角色？[多选题]

1. 在本宿舍起到模范带头作用
2. 开展各类志愿服务
3. 参与楼内学生管理
4. 不用做什么，做好自己就可以

Q11、您认为党组织(公寓临时党支部/学院党组织)在学生社区应开展哪些工作?[多选题]

1. 开展党员培训/主题党日活动
2. 开展志愿服务工作
3. 开展党员朋辈帮扶
4. 选树党员示范宿舍
5. 学生党员亮明身份
6. 开展安全教育和安全检查
7. 其他__________(请注明)

Q12、您的辅导员是否走访过宿舍或您听说辅导员走访过宿舍?[单选题]

1. 有,经常(约一个月 2 次)
2. 有,偶尔(约每 2 个月 1 次)
3. 听说过,但没有见到
4. 基本没有见到

Q13、您所在学院的任课教师、班主任是否走访过宿舍或您听说过任课教师、班主任走访过宿舍?[单选题]

1. 有,经常
2. 有,偶尔
3. 听说过,但没有见到
4. 基本没有见到

Q14、您所在学院的管理干部(含学院领导、行政人员)是否走访过宿舍或您听说过管理干部(含学院领导、行政人员)走访过宿舍?[单选题]

1. 有,经常
2. 有,偶尔
3. 听说过,但没有见到
4. 基本没有见到

Q15、您是否参加过学校/学院在宿舍区举办的学校领导、学院领导与学生面对面交流活动?[单选题]

1. 有,经常
2. 有,偶尔
3. 没有参加过
4. 听说过,没有参加过

Q16、您是否知晓每天学院在学生公寓区值班人员信息?[单选题]

1. 知道
2. 知道学院有此值班安排,如有需要,可以找到相关信息
3. 不知道

Q17、您是否知晓每周学校在学生公寓区的值班信息？［单选题］

1. 知道

2. 知晓学校有此值班安排，如有需要，可以找到相关信息

3. 不知道

Q18、您认为辅导员入驻学生社区最主要开展哪些工作？［多选题］

1. 与学生谈心谈话，了解学生实际需求

2. 开展学业指导活动

3. 开展就业、人生规划指导活动

4. 参加各类学生活动

5. 其他＿＿＿＿＿＿＿＿＿＿

Q19、您认为教师入驻学生社区是否有必要？

1. 有必要，最主要开展哪些工作［多选题］

□开展学业指导，课后答疑解惑

□开展就业、人生规划指导

□开展除课堂以外的知识分享沙龙等

□其他＿＿＿＿＿＿＿＿＿＿

2. 没必要，完全不需要

Q20、您认为学校管理干部（含各级领导、行政干部）入驻社区是否有必要？

1. 有必要，最主要开展哪些工作［多选题］

□了解学生学习生活情况

□解决学生在学生社区的实际困难和问题

□开展与学生成长相关的各类文化活动

2. 没必要，完全不需要

Q21、您对学校“一站式”学生社区的了解程度有多少？［单选题］

1. 非常了解

2. 了解

3. 一般了解

4. 不清楚

Q22、您了解学校“一站式”学生社区建设的渠道是什么？［多选题］

1. 学院活动

2. 辅导员告知

3. 学校公众号

4. 其他（填空）＿＿＿＿＿＿＿＿＿＿

Q23、您是否参与过在“一站式”学生社区举办的活动？［单选题］

1. 是

您参与活动的感受是什么？［多选题］

□很有意义

□能学到一些东西

□没有特别的感受

□很无聊

□其他(填空题)________________

2. 否

Q24、您是否参与过“一站式”学生社区建设工作?

1. 是[可多选]

□学校学生宿舍管理委员会(校级学生组织)

□班级生活委员

□学生事务大厅志愿者

□学生公寓楼临时党支部成员

□学生公寓楼志愿者

2. 否

Q25、您是否满意学校在关爱和服务学生方面的做法?

1. 是

2. 否

Q26、请您根据实际情况,对以下描述进行主观判断,问卷调查所涉及的问题没有对错之分,您只需要按照实际情况填写即可(表中分值分别代表:1=非常不满意,2=不满意,3=无所谓,4=比较满意,5=非常满意)。

对学校在学生公寓区服务保障体系的满意程度	1	2	3	4	5
对学生公寓住宿条件的满意程度	1	2	3	4	5
对寝室内的基础设施配备情况的满意程度	1	2	3	4	5
对目前学生公寓相关信息化线上服务平台的满意程度	1	2	3	4	5
对目前学生公寓区公共活动空间的满意程度	1	2	3	4	5
对目前学生公寓区提供的各类公共设施的满意程度	1	2	3	4	5

Q27、您所在寝室内提供了哪些基础设施?[多选题]

1. 网络端口

2. 空调

3. 电视

4. 独立卫生间

5. 电话

6. 其他(填空)________________

Q28、您是否通过网上服务平台报修过宿舍内的公共设施？

1. 是
2. 否

Q29、您希望在学生社区开展哪些活动/提供哪些服务？

1. 医疗保障
2. 安全保障
3. 自习研讨
4. 图书阅览
5. 信息化建设
6. 微体育活动
7. 其他______________

Q30、您觉得"一站式"学生社区建设现存的主要问题有哪些？[限选 4 项]

1. 党建引领不够突出
2. 体制机制不够健全
3. 学生社区基础设施不够完善
4. 学生社区物理活动空间不够充分
5. 服务模式不科学，服务功能不够优化
6. 学生社区信息化建设水平不足
7. 校院领导、专业课教师参加学生社区活动程度不高
8. 宣传形式不够多样
9. 学生参与度不够
10. 其他______________

Q31、为更好建设"一站式"学生社区，您的建议有哪些？[多选题，至多选 4 个]

1. 学校、各职能部门、学院需提高对于"一站式"学生社区建设的思想认识，凝聚共识，建设学院与学生社区联络沟通、协同保障机制，完善工作考核评价体系
2. 改善学生公寓区硬件设备设施，打造公寓走廊文化、公寓楼活动室等公共空间
3. 学校领导、职能部门、学院领导、专业课教师及辅导员下沉到学生社区一线，开展调查研究，形成全员参与的育人工作格局
4. 加强学生社区数字化管理建设，利用大数据，促进学生管理服务水平高质量发展
5. 丰富宣传形式，形成"线上＋线下"联动互通的宣传矩阵
6. 改进和丰富学生社区活动形式内容，提升学生参与社区活动积极性
7. 其他______________

Q32、您对住宿条件改进的建议是[填空题]______________

高校“一站式”学生社区建设情况调研问卷

（管理人员）

尊敬的先生/女士：

您好！感谢您参加“一站式”学生社区建设情况调研。

本次调研的目的，主要是了解您对您所在学校“一站式”学生社区综合管理模式建设的评价、意见和建议。

本问卷不记名，您的填写没有对错之分，请如实填写。

真诚感谢您的支持与配合！

注意：请仔细阅读填答方法，按以下方法填答问卷。 • 所有题目均为必答题，请根据题目进行单项选择或多项选择； • 填空题，请直接在“______”上填写文字或数字。

【说明】

实施“一站式”学生社区综合管理模式建设，是深入学习贯彻习近平总书记关于教育的重要论述，适应新形势新情况、加强高校党的建设和思想政治工作的重要体制机制创新。

近年来，高校学生社区日渐成为学生交流互动最经常最稳定的场所，成为课堂之外的重要教育阵地。自 2019 年起，教育部遴选了 2 批 31 所高校开展先期建设试点，通过政策指导、试点推进、过程管理、经验推广等基础性工作，到 2022 年实现了全国 1447 所高校参与建设。“一站式”学生社区综合管理模式建设工作，通过树立“以学生为中心”的办学治校理念，提升围绕学生、关照学生、服务学生的工作质量，在学生社区探索形成一站式集成、网格化管理、精细化服务、信息化支撑的综合管理模式，构筑学生党建前沿阵地、建设“三全育人”实践园地、打造智慧服务创新基地、争创平安校园样板高地，将高校育人力量和资源整体下沉到学生社区，陪伴学生健康成长。

【背景信息】

Q1、您所在的高校名称是__________。

Q2、您所在的高校是哪一类？

1. 部属高校
2. 省属高水平大学
3. 普通高校

Q3、您在学校的岗位是哪一类？［单选题］

1. 学生
2. 专业课教师
3. 辅导员

4. 行政管理人员

Q4、您的性别是男还是女？

1. 男

2. 女

Q5、您的工作年限是多长？[单选题]

1. 5 年以下

2. 5 年≤工作年限<10 年

3. 10 年≤工作年限<15 年

4. 15 年≤工作年限<20 年

5. 20 年及以上

Q6、您的政治面貌是哪一类？[单选题]

1. 中共党员

2. 共青团员

3. 民主党派成员

4. 其他__________

Q7、您的最高学历或学位是哪一类？[单选题]

1. 大学本科

2. 硕士

3. 博士

4. 大专及以下

Q8、您所在的部门是哪一类？[单选题]

1. 党政机关

2. 教学单位

3. 学术科研机构

4. 后勤服务部门

5. 教辅部门

6. 直属附属单位

7. 其他__________

Q9、您的职务是什么？[单选题]

1. 校级

2. 正处级

3. 副处级

4. 正科级

5. 副科级

6. 科员

7. 其他____________

Q10、您是否有过辅导员或学生工作经历？

1. 是
2. 否

【认识情况】

Q11、您是否了解什么是学校“一站式”学生社区建设？[单选题]

1. 完全了解
2. 基本了解
3. 不太了解
4. 完全不了解

Q12、您知道学校已成为教育部“一站式”学生社区建设试点单位吗？[单选题]

1. 知道
2. 不知道

Q13、您认为建设“一站式”学生社区的意义是什么？[多选题，最多选择5项]

1. 构筑学生党建前沿阵地，确保学生在哪里，党员在哪里，高校党的工作就推进到哪里
2. 校院领导干部、行政管理人员、专业教师及辅导员下沉到学生社区开展工作，落实“三全育人”
3. 提升智慧服务建设，保障学生全面发展
4. 多渠道维护师生安全，确保校园稳定平安，打造校园样板高地
5. 提升大学生思想政治教育工作效果的有效途径
6. 高校学生管理模式改革的重要抓手和实现途径
7. 改造学生公寓区域的物理空间，改善学生学习生活环境的重要抓手

Q14、您是否参与过“一站式”学生社区活动？[单选题]

1. 经常参与：每月四次
2. 较少参与：每月两至三次
3. 偶尔参与：每月一次
4. 从来没有

Q15、请您根据实际情况，对以下描述进行主观判断，问卷调查所涉及的问题没有对错之分，您只需要按照实际情况填写即可（表中分值分别代表：1＝非常不重要，2＝比较不重要，3＝一般，4＝比较重要，5＝非常重要）。

Q15-1

信息技术保障	学校信息化程度对“一站式”学生社区建设效率提升的影响	1	2	3	4	5
	技术保障对“一站式”学生社区建设协同共享资源的影响	1	2	3	4	5
	信息化反馈渠道优化对“一站式”学生社区建设优化的影响	1	2	3	4	5

Q15-2

基础设施及资源投入	学生公寓基本硬件设施提升对“一站式”学生社区建设的影响	1	2	3	4	5
	学生公寓特色设施建设对“一站式”学生社区特色建设的影响	1	2	3	4	5
	校园配套设施对“一站式”学生社区建设的影响	1	2	3	4	5
	经费投入对“一站式”学生社区持续发展的影响	1	2	3	4	5

Q15-3

关系协同	各部门沟通协作方式选择对促进“一站式”学生社区协同建设发展的影响	1	2	3	4	5
	各部门沟通协作平台搭建对促进“一站式”学生社区协同建设发展的影响	1	2	3	4	5
	各部门沟通协作频次对促进“一站式”学生社区协同建设发展的影响	1	2	3	4	5

Q15-4

体制机制保障	学校通过构建“一核多方”组织管理体系，在制度规范、运行机制等方面提供良好的资源与条件配置，对推动“一站式”学生社区建设落实的影响	1	2	3	4	5

【实践情况】

Q16、您认为“一站式”学生社区建设的主体有哪些？［多选题］

1. 学工部/团委
2. 辅导员队伍
3. 党委机关
4. 行政部门
5. 教学单位
6. 学术科研机构
7. 后勤服务部门
8. 教辅单位（图书馆/信息化处·信息技术中心/校医院）
9. 其他________________

Q17、您认为您所在的部门有参与“一站式”学生社区建设的必要吗？［单选题］

1. 非常必要
2. 很必要
3. 不太必要
4. 完全没必要

Q18、您认为您所在的部门能够参与“一站式”学生社区建设的方面有哪些？［多选题］

1. 思想政治教育
2. 日常事务办理
3. 学业指导

4. 心理帮扶
5. 就业指导
6. 生活保障服务
7. 其他________________

Q19、您认为您所在的部门能够参与"一站式"学生社区建设的方式有哪些？[多选题]

1. 提供空间
2. 搭建平台
3. 供给资源
4. 入驻队伍
5. 探索机制
6. 其他________________

【意见建议】

Q20、您对目前学校"一站式"学生社区建设现状是否满意？[单选题]

1. 非常满意
2. 比较满意
3. 不太满意
4. 不满意

Q21、您觉得您所在学校"一站式"学生社区建设现存的主要问题有哪些？[多选题，最多选 5 项]

1. 党建引领不够突出
2. 体制机制不够健全
3. 基础设施不够完善
4. 物理活动空间不够充分
5. 服务功能不够优化
6. 信息化建设水平不足
7. 育人主体的合力不够
8. 宣传形式不够多样
9. 学生参与度不够
10. 其他________________

Q22、为更好建设您所在学校"一站式"学生社区，您的建议有哪些？[多选题，最多选 4 项]

1. 学校、各职能部门、学院需提高对于"一站式"学生社区建设的思想认识，凝聚共识，建设学院与学生社区联络沟通、协同保障机制，完善工作考核评价体系
2. 改善学生公寓区硬件设备设施，打造公寓走廊文化、公寓楼活动室等公共空间

3. 学校领导、职能部门、学院领导、专业课教师及辅导员下沉到学生社区一线，开展调查研究，形成全员参与的育人工作格局
4. 加强学生社区数字化管理建设，利用大数据，促进学生管理服务水平高质量发展
5. 丰富宣传形式，形成“线上＋线下”联动互通的宣传矩阵
6. 改进和丰富学生社区活动形式内容，提升学生参与社区活动积极性
7. 其他________________

高校“一站式”学生社区建设情况调研问卷

（专业教师）

尊敬的先生/女士：

您好！感谢您参加“一站式”学生社区建设情况调研。

本次调研的目的，主要是了解您对您所在学校“一站式”学生社区综合管理模式建设的评价、意见和建议。

本问卷不记名，您的填写没有对错之分，请如实填写。

真诚感谢您的支持与配合！

> 注意：请仔细阅读填答方法，按以下方法填答问卷。
> • 所有题目均为必答题，请根据题目进行单项选择或多项选择；
> • 填空题，请直接在“______”上填写文字或数字。

【说明】

实施“一站式”学生社区综合管理模式建设，是深入学习贯彻习近平总书记关于教育的重要论述，适应新形势新情况、加强高校党的建设和思想政治工作的重要体制机制创新。

近年来，在高校实施“学分制”“大类培养”等改革的背景下，“同班不同学”“同学不同班”成为常态，传统的班级建制管理方式受到越来越多的挑战，学生社区日渐成为学生交流互动最经常最稳定的场所，成为课堂之外的重要教育阵地。在此背景下，自2019年起，教育部遴选了2批31所高校开展先期建设试点，通过政策指导、试点推进、过程管理、经验推广等基础性工作，到2022年实现了全国1447所高校参与建设。“一站式”学生社区综合管理模式建设工作，成为中国特色社会主义大学治理体系下学生管理模式改革的重要抓手和实现途径，通过树立“以学生为中心”的办学治校理念，提升围绕学生、关照学生、服务学生的工作质量，在学生社区逐步探索形成一站式集成、网格化管理、精细化服务、信息化支撑的综合管理模式，构筑学生党建前沿阵地、建设“三全育人”实践园地、打造智慧服务创新基地、争创平安校园样板高地，将高校育人力量和资源整体下沉到学生社区，用最温暖的关爱陪伴学生健康成长。

【背景信息】

Q1、您所在的高校名称是____________。

Q2、您所在的高校是哪一类？

1. 部属高校
2. 省属高水平大学
3. 普通高校

Q3、您在学校的岗位是哪一类？[单选题]

1. 专业课教师
2. 辅导员
3. 思政课教师

Q4、您的性别是男还是女？

1. 男
2. 女

Q5、您的工作年限是多长？[单选题]

1. 5 年以下
2. 5 年≤工作年限<10 年
3. 10 年≤工作年限<15 年
4. 15 年≤工作年限<20 年
5. 20 年及以上

Q6、您的政治面貌是哪一类？[单选题]

1. 中共党员
2. 共青团员
3. 民主党派成员
4. 其他____________

Q7、您的最高学历或学位是哪一类？[单选题]

1. 大学本科
2. 硕士
3. 博士
4. 大专及以下

Q8、您的职称是什么？[单选题]

1. 正高级
2. 副高级
3. 中级
4. 其他____________

Q9、您是否有过辅导员或学生工作经历？

1. 是
2. 否

【认识情况】

Q10、您是否了解什么是学校“一站式”学生社区建设？[单选题]

1. 完全了解
2. 基本了解
3. 不太了解

4.完全不了解

Q11、您知道学校已成为教育部“一站式”学生社区建设试点单位吗？[单选题]

1.知道

2.不知道

Q12、您认为建设“一站式”学生社区的意义是什么？[多选题，最多选择5项]

1.构筑学生党建前沿阵地

2.校院领导干部、行政管理人员、专业教师及辅导员下沉到学生社区开展工作，落实“三全育人”

3.提升智慧服务建设，保障学生全面发展

4.多渠道维护师生安全，确保校园稳定平安，打造校园样板高地

5.提升大学生思想政治教育工作效果的有效途径

6.高校学生管理模式改革的重要抓手和实现途径

7.改造学生公寓区域的物理空间，改善学生学习生活环境的重要抓手

Q13、您认为“一站式”学生社区建设的主体有哪些？[多选题]

1.学工部/团委

2.辅导员队伍

3.党委机关

4.行政部门

5.教学单位

6.学术科研机构

7.后勤服务部门

8.教辅单位(图书馆/信息化处·信息技术中心/校医院)

9.其他____________

【实践情况】

Q14、您是否参与过“一站式”学生社区活动？[单选题]

1.经常参与：每月四次

2.较少参与：每月两至三次

3.偶尔参与：每月一次

4.从来没有

Q15、您认为专业课教师有参与“一站式”学生社区建设的必要吗？[单选题]

1.非常必要

2.很必要

3.不太必要

4.完全没必要

Q16、您认为专业课教师参与“一站式”学生社区建设的方式有哪些？[多选题]

1.学生思想政治教育

2. 学生学业指导
3. 学生心理帮扶
4. 学生就业、人生规划指导
5. 其他____________

【意见建议】

Q17、您对目前学校"一站式"学生社区建设现状是否满意？[单选题]

1. 非常满意
2. 比较满意
3. 不太满意
4. 不满意

Q18、您觉得您所在学校"一站式"学生社区建设现存的主要问题有哪些？[多选题，最多选 5 项]

1. 党建引领不够突出
2. 体制机制不够健全
3. 基础设施不够完善
4. 物理活动空间不够充分
5. 服务功能不够优化
6. 信息化建设水平不足
7. 育人主体的合力不够
8. 宣传形式不够多样
9. 学生参与度不够
10. 其他____________

Q19、为更好建设您所在学校"一站式"学生社区，您的建议有哪些？[多选题，最多选 4 项]

1. 学校、各职能部门、学院需提高对于"一站式"学生社区建设的思想认识，凝聚共识，建设学院与学生社区联络沟通、协同保障机制，完善工作考核评价体系
2. 改善学生公寓区硬件设备设施，打造公寓走廊文化、公寓楼活动室等公共空间
3. 学校领导、职能部门、学院领导、专业课教师及辅导员下沉到学生社区一线，开展调查研究，形成全员参与的育人工作格局
4. 加强学生社区数字化管理建设，利用大数据，促进学生管理服务水平高质量发展
5. 丰富宣传形式，形成"线上+线下"联动互通的宣传矩阵
6. 改进和丰富学生社区活动形式内容，提升学生参与社区活动积极性
7. 其他____________

高校“一站式”学生社区建设情况调研问卷

（辅导员）

尊敬的先生/女士：

您好！感谢您参加“一站式”学生社区建设情况调研。

本次调研的目的，主要是了解您对您所在学校“一站式”学生社区综合管理模式建设的评价、意见和建议。

本问卷不记名，您的填写没有对错之分，请如实填写。

真诚感谢您的支持与配合！

> 注意：请仔细阅读填答方法，按以下方法填答问卷。
>
> • 所有题目均为必答题，请根据题目进行单项选择或多项选择；
>
> • 填空题，请直接在“______”上填写文字或数字。

【说明】

实施“一站式”学生社区综合管理模式建设，是深入学习贯彻习近平总书记关于教育的重要论述，适应新形势新情况、加强高校党的建设和思想政治工作的重要体制机制创新。

近年来，高校学生社区日渐成为学生交流互动最经常最稳定的场所，成为课堂之外的重要教育阵地。自 2019 年起，教育部遴选了 2 批 31 所高校开展先期建设试点，通过政策指导、试点推进、过程管理、经验推广等基础性工作，到 2022 年实现了全国 1447 所高校参与建设。“一站式”学生社区综合管理模式建设工作，通过树立“以学生为中心”的办学治校理念，提升围绕学生、关照学生、服务学生的工作质量，在学生社区探索形成一站式集成、网格化管理、精细化服务、信息化支撑的综合管理模式，构筑学生党建前沿阵地、建设“三全育人”实践园地、打造智慧服务创新基地、争创平安校园样板高地，将高校育人力量和资源整体下沉到学生社区，陪伴学生健康成长。

【背景信息】

Q1、您所在的高校名称是____________。

Q2、您所在的高校是哪一类？

1. 部属高校
2. 省属高水平大学
3. 普通高校

Q3、您的性别是男还是女？

1. 男
2. 女

Q4、您从事辅导员工作的年限是多长？［单选题］

1. 3 年以下

2. 4～6 年

3. 7～9 年

4. 10 年(含 10 年)以上

Q5、您是下列哪一类工作人员？

1. 专职辅导员

2. 兼职辅导员

3. 班主任

Q6、您所带学生年级有哪些？［可多项选择］

1. 大一

2. 大二

3. 大三

4. 大四

5. 硕士生

6. 博士生

Q7、您目前的职称是什么？［单选题］

1. 初级职称

2. 中级职称

3. 高级职称

Q8、您的年龄是多少？［单选题］

1. 25～30 岁(含 30 岁)

2. 30～35 岁(含 35 岁)

3. 35～40 岁(含 40 岁)

4. 40～45 岁(含 45 岁)

5. 45～50 岁(含 50 岁)

6. 50 岁以上

【认识情况】

Q9、您了解高校“一站式”学生社区的建设目标吗？［单选题］

1. 完全了解

2. 基本了解

3. 不太了解

4. 完全不了解

Q10、您认为建设“一站式”学生社区的意义是什么？［多选题，最多选择 5 项］

1. 构筑学生党建前沿阵地

2. 校院领导干部、行政管理人员、专业教师及辅导员下沉到学生社区开展工作，落实“三全育人”

3. 提升智慧服务建设，保障学生全面发展

4. 多渠道维护师生安全，确保校园稳定平安，打造校园样板高地

5. 提升大学生思想政治教育工作效果的有效途径

6. 高校学生管理模式改革的重要抓手和实现途径

7. 改造学生公寓区域的物理空间，改善学生学习生活环境的重要抓手

Q11、您所在学校的“一站式”学生社区已开展过哪些活动？[多选题]

1. 党团活动

2. 文体活动

3. 志愿服务

4. 教育培训

5. 其他____________

Q12、您所在学校的“一站式”学生社区建设的参与主体有哪些？[多选题]

1. 学工部/团委

2. 辅导员队伍

3. 党委机关

4. 行政部门

5. 教学单位

6. 学术科研机构

7. 教辅单位(图书馆/信息化处·信息技术中心/后勤管理处/校医院)

8. 其他____________

【实践情况】

Q13、您在学生公寓区是否有固定宿舍？[单选题]

1. 有

2. 没有

Q14、您在学生公寓区是否有办公空间？[单选题]

1. 在宿舍办公

2. 在值班室办公

3. 没有办公空间

Q15、学院党政领导、专业课教师参与学生社区活动情况如何？[单选题]

1. 经常参与：每月四次及以上

2. 较少参与：每月两至三次

3. 偶尔参与：每月一次

4. 从来没有

Q16、学校相关职能部门参与学生社区活动情况如何？[单选题]

1. 经常参与：每月四次及以上

2.较少参与:每月两至三次
3.偶尔参与:每月一次
4.从来没有

Q17、您日常进入学生社区开展哪些活动?[多选题]
1.走访宿舍
2.谈心谈话
3.主题教育
4.学生心理健康、就业指导等活动
5.学生沙龙
6.其他＿＿＿＿＿＿

Q18、您开展以上活动的频率是多少?

活动	每月四次及以上	每月两次至三次	每月一次	未开展
走访宿舍				
谈心谈话				
主题教育				
学生心理健康、就业指导等活动				
学生沙龙				
其他				

Q19、除以上活动,您认为作为辅导员应该在学生公寓区开展哪些活动?
答:＿＿＿＿＿＿＿＿＿＿＿＿

【意见建议】

Q20、您所在学校的学生社区建设着重围绕哪些方面?[多选题]
1.物理空间建设
2.组织党团活动
3.开展文体活动
4.进行心理帮扶
5.硬件设施升级

Q21、您所在学校的“一站式”学生社区建设中现存的主要问题有哪些?[多选题,最多选择4项]
1.党建引领不够突出
2.体制机制不够健全
3.学生公寓硬件配套设施建设不完善

4. 物理空间不够充分，活动场地受限
5. 相关职能部门入驻率低，学生社区服务水平有待提升
6. 学生社区信息化建设水平不足，影响学生社区管理效率
7. 各部门"一站式"学生社区建设协作沟通不够，未形成育人合力
8. 宣传形式不够多样
9. 学生参与度不够
10. 其他____________

Q22、为更好建设"一站式"学生社区，您的建议有哪些？[多选题，最多选择 4 项]

1. 学校、各职能部门、学院需提高对于"一站式"学生社区建设的思想认识，凝聚共识，建设学院与学生社区联络沟通、协同保障机制，完善工作考核评价体系
2. 改善学生公寓区硬件设备设施，打造公寓走廊文化、公寓楼活动室等公共空间
3. 学校领导、职能部门、学院领导、专业课教师及辅导员下沉到学生社区一线，开展调查研究，形成全员参与的育人工作格局
4. 加强学生社区数字化管理建设，利用大数据，促进学生管理服务水平高质量发展
5. 丰富宣传形式，形成"线上＋线下"联动互通的宣传矩阵
6. 改进和丰富学生社区活动形式内容，提升学生参与社区活动积极性
7. 其他________________

附录 2 访谈纪要

陕西省高校“一站式”学生社区建设情况访谈纪要

（学生组）

时间:2023 年 5 月 19 日

方式:“二对一”访谈

地点:W 大学长安校区大学生活动中心 207

问题一:您知道什么是“一站式”学生社区建设吗?

受访者 16:一站式学生社区建设是以学生共同生活区域为基础,以服务学生在课堂之外的成长成才为目标,以共同价值观念为联结的学生教育生活成长共同体。

受访者 17:该建设模式的核心理念是以学生为中心,要求学校、学院、职能部门等方面资源和力量下沉社区,服务学生,以多样化方式开展党的工作和思想政治工作,最终目标是服务学生健康成长成才。

受访者 18:该建设是系统工程,满足学生思政教育、事务办理、学业指导、心理帮扶、生活服务的线上线下空间、平台、资源、队伍等。

受访者 19:建设工作对区域不作要求,可以是一栋宿舍楼、一所书院、一片生活区、一个校区等,不求一步到位,可根据学校实际情况分阶段开展。

问题二:您认为“一站式”学生社区建设对您在学校的学习生活有什么意义?

受访者 16:“一站式”学生社区建设能够让大家在宿舍更亲近地接触到政治思想或其他文化,以及读书之类的能够让他们放松并且是脱离课堂之后还能接触到的形式。这就使得同学们的生活更加丰富多彩。

受访者 17:学生社区建设使大家的大学生活更加充实,让大家能够从除了学校教育之外的渠道了解到更多的知识与见闻。

受访者 18:学生社区建设拓展了大家的朋友圈,使大家的大学生活更加丰富多彩。除此之外,大家的个人责任感得以满足,个体价值得以实现。

受访者 19:参与一站式学生社区建设,能够锻炼自己的组织能力,使自己负责组织一些活动或总结复盘一些任务。这些都对自我能力的提升大有裨益。

问题三:您认为“一站式”学生社区建设对提高思政教育效果是否有推动作用?

受访者 16:我校是外国语类高校,有很多经典读书活动,因此无论从阅读书籍、文化还是更深层次的思政上,都大有裨益。“一站式”学生社区不仅潜移默化地净化了师生的心灵,而且为学生提供了“非形式教育机会”,达到了润物细无声的作用。思政教育并不需要占用大块的时间或较长的内容,有时几个字或一句话,通过长时间的浸润,更能记忆深刻。

受访者 17:高校思政教育不仅要贴近学生需求,更要紧紧贴近学生生活,时时可见、处处可见。“一站式”学生社区建设可以满足这一点。

受访者 18：学生社区建设可以把大家集合在一起，了解到大家的各种想法，对一些小思想方式进行纠正或提醒，这对思想教育大有裨益。

受访者 19：学生社区建设符合国家的大号召大趋势。它的工作内容更贴合基层，要求学生的身份是预备党员。它对政治面貌都是有要求的，也就是思想上必须走在最前面，这样在做学生工作和一些服务的时候就不会感觉是被安排了一个任务，而是每个人从自我觉悟的角度都是愿意去做的。学生社区每个月都会开展一些思想教育活动，如团日活动、党日活动等，这些活动将宏观的理论联系实际，从而更好地把它落到实处，这是一个理论走向实践的过程，能够更好地服务同学。

问题四：您认为“一站式”学生社区建设的哪些方面相对薄弱，您希望哪些方面做得更好呢？

受访者 16：一站式学生公寓建设已经足够好，但身边的很多朋友还没有足够的了解。因此，希望学生公寓建设的宣传力度可以更大一些，普及每一位学生，让大家都可以了解并参与一站式建设。

受访者 17：我们办活动的时候遇到了一些诸如活动场所缺乏等问题。有一些固定教室需要我们自己去申请，并且流程比较麻烦，除此之外，教室面积有限，同学参与的人数和活动形式都受限。我认为可以提供更大的活动场所，以增强同学们的体验感。

受访者 18：一些活动的参与人数还是有些少，可能是大多数同学还没有了解到。因此，这方面的宣传力度不足。还有医疗方面，可以在宿管阿姨那里放一些温度计或者检测试剂，方便同学们及时自我隔离，既有利于早日康复，又减少了传染的风险。

受访者 19：宣传力度较为欠缺。大家都是从线上的一些公众号推送里了解到的。但是，线下的宣传还有些欠缺。

问题五：您认为哪些职能部门能够进驻“一站式”学生社区，希望在学生社区开展哪些活动？

受访者 16：学生社区可以开展一些书香校园或是学风建设（活动），不光是在教室、图书馆，希望宿舍也会有图书角等文化熏陶形式。

受访者 17：我们应该寓教于乐，可以进行一些图书分享、观影、绘画等活动。

受访者 18：可以开展更多的校外活动，毕竟现在的学生社区建设主要集中于校内。为了更好地提升同学们的综合素质，应该走出校园，开阔眼界。

受访者 19：可以扩充一下空间，例如书香校园建设，可以在学生公寓放一些自习桌，当然还要考虑到诸如大声朗读会影响到同学等问题。还有一个公寓，有一个大电视，但是电视从来没有开过，可以在电视上循环播放一些防诈骗等有利于学生提高安全意识的信息，这样就可以在潜移默化中完成防诈骗等的教育。

问题六：为更好建设“一站式”学生社区，您有什么好的建议呢？

受访者 16:可以从智慧服务建设方面着手,调动学生积极性,除此之外,希望活动形式可以更加多元化。这样不仅是思政方面,还有心理以及文体方面都可以得到长足发展。

受访者 17:有些活动的名额十分少,需要同学去抢甚至都还抢不到,因此,希望可以扩张活动场所,提供更多的资源供同学们参与。

受访者 18:公寓指导老师应多关注学生身心安全,与学生建立更多联系,充分发挥楼长、层长、宿舍长的关键作用,关注学生心理健康状况。

受访者 19:学生社区管理各职能部门间应相互扶持,协同工作,守好岗位,营造和谐温馨的校园氛围。

陕西省高校“一站式”学生社区建设情况访谈纪要

（辅导员组）

时间:2023 年 5 月 18 日

方式:“二对一”访谈

地点:W 大学长安校区 H107

问题一:您从事学生工作的时间有多长？您是否承担学生党团组织、学生社团指导老师？请谈谈您对学校人才培养、学生思想政治教育、日常管理服务等方面所做的主要工作及贡献。

受访者 11:我从事辅导员工作 10 年，曾担任学生工作办公室主任、分团委副书记，目前负责 2022 级学生工作。

受访者 12:从事辅导员工作 5 年，目前是研究生辅导员，兼任学校“一站式”学生社区学工干部工作站站长。

受访者 13:我参加工作 6 年了，目前负责本科 2019 级毕业班的工作，兼任学校劳动教育教研室负责人。

受访者 14:我从事辅导员工作已有 5 年，曾担任 S 学院新媒体中心指导老师，现担任商学院研究生会指导教师，商学院研究生第一、第三党支部书记，日常主要负责 354 名研究生的思想教育和日常工作。

受访者 15:我从事辅导员工作 4 年，目前负责学院学生会工作，带 2019 级 246 名学生。

问题二:您知道学校“一站式”学生社区建设吗？您知道学校“一站式”学生社区建设都有哪些部门参与其中吗？

受访者 12:知道，我了解到我校学工部、校团委、马克思主义学院、组织部以及我校各个院系都有参与。

受访者 14:知道，我校 2019 年以来坚持探索、创新与实践“六位一体”思想政治教育进公寓育人体系建设工作，2022 年获批教育部“一站式”学生社区建设高校。

受访者 15:我知道，我们学院经常在“一站式”学生社区的场地举办学生活动，学校的组织部、学工部、团委、各学院都有参与。

问题三:您认为学校推进“一站式”社区以来，学生有哪些方面的变化？您认为推进“一站式”学生社区建设工作有什么意义？您认为“一站式”学生社区建设对提升学生思想政治工作效能是否有推动作用？

受访者 11:通过将学校内各服务组织进行资源整合、统一规划，更好地满足学生多元化、个性化学习生活等方面的需求，更好地解决学生的实际问题。空间距离无限接近的“一站式”学生社区，进一步拉近了师生之间的距离，成为高校开展思想政治教育和学生管理工作新的阵地。第一课堂的思想政治教育在时间、方式和范围上存在局限性，不可能渗透到学生学习生活的方方面面。“一站式”学生社区推动育人队伍走进学生、深入一线，随时随地为学生答疑解惑，满足了学生的成长诉求和发展需要，实现时时处处育人。

受访者12：增强了思想政治教育的情感性。学生是学生社区最主要的群体，“一站式”社区的建立为高校学生教育管理服务工作者提供了与学生产生思想共鸣、情感亲近、心灵聚拢的重要平台。

受访者13：学生社区聚焦学生的思想状况、价值取向、学业辅导、就业指导、劳动成效、体育锻炼、心理健康等方面，通过专业化、精细化、精准化的管理服务加强对学生的引导和培养，让学生从被动接受变为主动参与，有效加强了思想政治教育的针对性。

受访者14：学校推进“一站式”社区以来，学生在参与学生工作方面更加积极主动，并且会主动集思广益、提出建议去推进学生社区的工作；学生在思政学习方面也有了更多的收获，调动了学生们的积极性和主动性；学生们之间的沟通交流更加频繁有效率，这样互动交流有利于学生的互帮互助，团结了同学。同时，推进“一站式”学生社区建设工作有极大的意义。首先，因为它依托充沛的校内外资源，拥有着优质的育人力量，充分调动了学生的主动性，有利于引导学生将社会主义核心价值观内化为自我追求、外化为自觉行为；其次，“一站式”学生社区建设有利于培育学生的主体多元化，利于学生之间建立群体情感联结，以此来达到同频共振、同向同行、时空共进，从而反作用于学生个体，以提升认知、陶冶情感和调节规范；最后，学生社区还有利于涵育学生德行、滋养学生心灵，潜移默化地影响学生的价值观念、行为规范和生活方式等。

受访者15：“一站式”学生社区建设对提升学生思想政治工作效能有推动作用。“一站式”学生社区实现了育人工作理念、主体、组织、内容的价值一致性，将党建工作延展至学生日常教育管理服务一线，依托充沛的校内外资源、畅通的师生互动、优质的育人力量，充分调动学生的自觉性和积极性，引导学生将社会主义核心价值观内化为自我追求、外化为自觉行为，是新时代高校加强党的建设、提升人才培养质量和思想政治教育工作的重要抓手。同时，“一站式”学生社区充分发挥了基层组织的核心功能和战斗堡垒作用，加强了党的领导，实现了有学生党员的地方就有学生党组织，就有健全的党组织和组织生活。组织学生党员参与社区事务管理，以党建带团建、促班建，将党建工作扎实有效地落实在广泛的学生群体中，实现了“一名党员就是一面旗帜”“一个党员带动一片”的引领效果。

问题四：作为辅导员，您在学校推进“一站式”学生社区建设中做了哪些具体的工作？您开展的这些活动（工作）与日常学生教育管理工作有什么区别？学生的接受程度如何？

受访者12：第一，我作为工作站的副站长，我承担了如“奋进新时代”观影活动、“西外学工深耕计划”等一系列活动。第二，作为研究生辅导员，日常我会在思政进公寓的各个工作站展开就业委员的培训会、研究生会的干部培训会、支委会等活动，也会举行一些会议沙龙。同时我作为毕业班辅导员，一般会选择每年毕业班的同学，推选出优秀就业标兵宿舍和先进个人，线上与线下进行表彰，特别是线下会打印出海报进行宣传，以此来起到文化育人、隐性育人的作用。

受访者13：我们选择在“一站式”学生社区，就是因为学生离“一站式”学生社区距离上比较近，学生在“一站式”学生社区进行活动的时候，心态会更加放松；我们会选择一些小范围的学生干部，或者是个别的同学，我们谈心谈话的时候会选择这样一个场域，让学生彻底放松下来，拉近学生和老师之间的距离。第二个就像我们要把海报贴在宿舍一样，就用这样一些隐性的方式，能够起到和我们日常的管理工作一个互相辅助的作用。

受访者11：一方面，学生的接受程度我觉得整体来说还是比较好的，因为本身学生在宿舍区域活动的时间就会比较长，如果在宿舍区域开展活动的话，对他们来说比较便利啊；另一方面，我们学生在宿舍区域活动的话，他们的心态会比较放松，更愿意打开心扉和老师进行谈话。

受访者14：我曾经担任公寓文化驿站站长一职，负责建设学生公寓1A和1C爱国、创新文化驿站，主要负责文化驿站的设计、展示讲解工作。在学生社区开展工作，更有利于拉近师生之间的距离，扩宽学生思想工作的覆盖面，且在开展工作过程中，学生积极配合，接受程度较高。

问题五：您对学校推进“一站式”学生社区建设是否满意？（如满意，在哪些方面满意？如不满意，在哪些方面不满意？）

受访者11：满意，我校非常重视思政进公寓也就是“一站式”学生社区建设，并取得了肉眼可见的成绩，不论是领导重视还是队伍建设，不论是硬件投入还是活动形式，都要为学校点赞。

受访者15：满意，“一站式”学生社区可以从思想、学业、生活等多方面拓宽思政工作模式，也为学生在公寓区创建了温馨舒适、智慧便利的生活环境，深受学生支持。

问题六：您觉得学校在“一站式”学生社区建设工作中在党建引领、队伍入驻、学生参与、条件保障这四方面还需要做哪些改进？请具体说明。

受访者15：党建引领方面，一定要发挥党员宿舍、退伍大学生宿舍等关键少数作用，以青年影响青年、以学生带动学生，这一点在抗疫期间得到了验证，应该继续弘扬和推广；队伍入驻方面，学校在之前1、2、3号楼的基础上继续对4、5、6号楼加大投入，改善了值班宿舍、学生服务设施、文化墙等，希望能够再接再厉，将学生公寓打造成学生工作发力的主要阵地。

受访者13：首先在党建引领方面，学校应该强化组织领导，坚持党建引领。学校可以通过成立学生社区综合管理改革工作领导小组，切实加强领导与统筹规划，实现社区学生思想政治工作与教学、科研等工作协同发展；学校同时还可以建立管理与保障机制，在校内设立学生社区综合管理模式试点；学校还可以在每座公寓楼建设党团工作站，组织学生党员开展思政活动走入宿舍等。

受访者11：除了校领导班子参与社区建设，学校还可以组织学生担任各宿舍楼学生社区的楼长、层长，真正做到学生社区的自我管理、自我建设；学校还可以组织学工干部、学生社区辅导员以及心理健康工作室老师等队伍进驻学生社区，实施辅导员面对面谈心制度、走访宿舍制度，将进公寓工作情况切实落实到位。

受访者12：我觉得学校可以建立学生自我管理自我服务组织，组织学生通过社区活动、勤工助学、志愿服务、劳动课程等参与社区管理、楼层管理。学校可以在每层楼设立学生自我管理服务角，由各宿舍轮流自愿值班服务，以此来达到真正了解学生需求以及学生自我管理自我服务的目的。

受访者14：学校应该加强对“一站式”学生社区的宣传，可以组织辅导员和相关学工部工作人员进行学校相关政策的讲解，以帮助学生更好地了解，推进学生社区工作的开展。

问题七：您认为学校“一站式”学生社区建设还存在哪些问题？

受访者15：有两点小建议，第一是能够协调资源，逐渐将一个学院不同年级的学生尽量往一栋楼聚集，这样有助于形成学院内部的传帮带效应，也有利于形成具有显著学院特色的思政进公寓精品；第二就是不断完善智慧服务软硬件，目前的门禁安保、维修报修等方面大为改观，希望像文化墙、健身房、自习室等也能够逐渐增配改善。

问题八：为更好建设“一站式”学生社区，您有什么建议呢？

受访者13：要重点发挥“寝室长、楼层管理员、单元负责人、楼宇负责人、学校”五级管理体制的重要作用，从衣、食、住、行、学、医、网等各方面为社区学生提供教育服务保障。

受访者11：加强体制机制建设，完善落实学校相关制度，实现线上线下协调联动，高效完成信息传达；加强校领导、中层领导干部、班导师、辅导员等社区育人队伍力量，践行“一线规则”，深入学生社区，积极回应、关切学生诉求，及时发现和化解各类隐患。

受访者14：实施“精准思政”，还得依靠信息化技术的支持，加强对大数据的利用，才能提升学生工作的成效。

参考文献

布尔迪厄，华康德，1998.实践与反思：反思社会学导引[M].李猛，李康，译.北京：中央编译出版社.

蔡庆淞，2022.二级学院在高校“一站式”学生社区综合管理模式改革中的角色定位与建设路径探析[J].河南教育(高等教育)(11)：19-21.

程翔宇，秦弋，2019.国外高校学生事务管理队伍建设对我国的启示[J].教师教育论坛，32(5)：67-70.

党斐，2012.高校社区文化建设中的思想文化导向功能研究[D].重庆：重庆交通大学.

范春婷，2022.高校思想政治教育的政策流变与发展理路[J].内蒙古师范大学学报(哲学社会科学版)(05)：18-25.

方华英，王维，左臣婕，2023.高校学生社区开展劳动教育的实践探索：以清华大学学生社区劳动教育为例[J].高校后勤研究(03)：17-19.

冯刚，彭庆红，佘双好，等，2021.新时代高校思想政治教育学原理[M].北京：人民出版社.

冯刚，2018.改革开放以来高校思想政治教育政策设计与发展展望[J].国家教育行政学院学报(09)：28-35.

冯刚，2017a.服务育人理念在学生事务管理中的融入和深化[J].高校辅导员(5)：3-9.

冯刚，2017b.增强高校思想政治工作的文化力量[J].思想理论教育(7)：4-9.

韩兆柱，杨洋，2013.整体性治理理论研究及应用[J].教学与研究(06)：80-86.

贺武华，骆琼，2017.我国高校思想政治教育政策变迁的文本分析[J].杭州电子科技大学学报(社会科学版)(03)：28-33.

花春，2022.新时代高职院校“一站式”学生社区育人模式研究[J].中国多媒体与网络教学学报(09)：122-125.

黄洁，马思嘉，金大森，2022.“一站式”学生社区的公寓公共空间改造研究：以复旦大学住宿制书院为例[J].高校后勤研究(05)：14-16.

黄彦菲，张彤，2021.高校思想政治工作进学生宿舍的实践与路径：以中国人民大学住宿辅导工作为例[J].北京教育(德育)(04)：37-40.

简盖瑞，2020.高校“一站式”学生社区教育管理创新模式探索[J].黑河学院学报(07)：90-91.

江孤迅，2022. 互联网技术视域下“一站式”学生社区建设探析[J]. 中国高等教育(22)：53－55.

教育部社会科学司，2008. 普通高校思想政治理论课文献选编：1949—2008[M]. 北京：中国人民大学出版社.

冷志勇，2018. 国内外高校学生公寓主要管理模式及经验启示[J]. 教育教学论坛(10)：10－11.

李刁，陈志，2019. 高校“一站式”学生社区教育管理模式的构建策略[J]. 学校党建与思想教育(06)：66.

李娜，2017. 浅析高职院校学生管理工作中辅导员和班主任队伍建设[J]. 赤子(上中旬)(07)：213－214.

李伟，2022. 高校“一站式”学生社区建设的育人功能及实现路径[J]. 南华大学学报(社会科学版)(05)：23－27.

李阳光，2023. 全程导师参与“一站式”学生社区建设的逻辑、问题与路径研究[J]. 现代商贸工业(04)：139－141.

梁卉，2022. “一站式”学生社区综合管理模式建设探究[J]. 广西教育(18)：89－91.

林冬冬，徐硕，2023. “一站式”学生社区综合管理模式育人研究[J]. 学校党建与思想教育(01)：90－93.

林慷祺，冯一丹，2020. 高校大学生社区思想政治教育的路径探索[J]. 教育现代化(51)：116－118.

刘文博，陈城，2021. 新时代高校学生社区管理育人的内涵及实现进路[J]. 学校党建与思想教育(23)：67－70.

罗荣，罗颂，2022. 全面育人视角下高校“一站式”学生社区综合管理模式探究[J]. 湖北文理学院学报(03)：73－77.

马朝晖，2019. 基于“三全育人”理念的高校班主任育人工作研究[D]. 大连：大连理工大学.

马成瑶，2022. 整体性治理视域下推进高校“一站式”学生社区综合管理的思考[J]. 思想理论教育(03)：96－101.

毛海婷，2022. 高校“一站式”学生社区综合育人平台模式探究[J]. 吉林工程技术师范学院学报(10)：25－27.

梅贻琦，1941. 大学一解[J]. 清华大学学报(自然科学版)(00)：1－12.

裴刚，李雪，卓刚，1998. 高校学生宿舍与大学生心理特征分析[J]. 建筑学报(09)：49－52.

彭康华，乔一方，2009. 浅谈高校辅导员和班主任有机结合[J]. 管理观察(02)：109.

齐常辉，2022. 新形势下高校学生公寓党建工作发展趋势、挑战与应对[J]. 高校后勤研究(07)：21－24.

邱永建，刘凯，2022. 书院制下“一站式”学生社区综合管理模式的构建与实践：以新乡医学院三全学院智行书院为例[J]. 学园(12)：19－21.

屈洋,2022.高校“一站式”学生社区构建的实践与价值[J].太原城市职业技术学院学报(10):4－7.

沈燕,吴昊,周海英,2022.党建引领下高校“一站式”学生社区管理模式探究[J].常州信息职业技术学院学报,21(06):62－65.

沈悦青,刘继安,章俊良,等,2021.本科学术型拔尖人才培养过程要素及作用机理:基于上海交通大学“拔尖计划”首届毕业生的调查[J].高等工程教育研究(05):106－112.

史龙鳞,陈佳俊,2021.新时代高校学生社区协同育人的机制研究:基于浙江大学“一站式”学生社区综合管理模式的观察[J].思想教育研究(03):149－154.

史龙鳞,2021.场域理论视角下高校学生社区建设:基于教育部“一站式”学生社区综合管理模式建设试点案例分析[J].高校辅导员(03):57－61.

宋晓东,孙泽斌,2023.高校“一站式”学生社区试点建设的机制探索[J].北京教育(高教)(02):40－42.

孙海华,2023.西电:一站式学生社区用实践思政解码红色基因[N].中国青年报,2023－03－23(005).

孙元涛,陈港,2023.共同富裕时代教育价值的内敛与提升:马克思人的全面发展理论的时代性转化[J].教育研究,44(12):67－75.

孙正嘉,胡昊,2023.高校“一站式”学生社区模式下劳动育人实践理路研究[J].黑龙江教师发展学院学报(03):21－23.

童敏,周燚,2020.理情还是情理:社会工作理论的“中国框架”及其哲学依据[J].华东理工大学学报(社会科学版)(35):1－9.

佟思瑶,2019.多元治理视角下高校学生社区治理问题研究[D].沈阳:沈阳师范大学.

王军华,2022.高校“一站式”学生社区建设的内生价值、现实挑战与突破进路[J].思想理论教育(10):108－111.

王延隆,2022.党的十八大以来高校思想政治教育的政策工具组合运用:基于中央层面的政策文本分析[J].思想政治课研究(02):134－145.

王懿,2022.高校“一站式”学生社区建设的价值意蕴、现实问题与实践理路[J].思想理论教育(02):107－111.

王寓凡,杨朝清,2019.空间视域下高校学生社区情感共同体建设[J].中国青年研究(02):20－26.

魏晶,岳孟坤,2023.“四位一体”的“一站式”学生社区建设模式探究[J].北京教育(高教)(02):37－39.

吴杰,2021.“一站式”学生社区建设的逻辑理路与比较路径[J].理论观察,185(11):102－105.

伍冠星,程希泽,罗卯英,等,2021.高校党建领航“一站式”学生社区育人体系的构建:以南昌工程学院为例[C]//2021教育科学网络研讨会论文集(五).

武建斌,胡娜娜,2022.高校党建引领“一站式”学生社区治理模式建设初探:以荆楚理工学院为例[J].荆楚理工学院学报(04):1-4.
西安交通大学:“一站式”学生社区不断激发“三全育人”工作活力[EB/OL].(2022-08-05)[2022-09-16].http://news.xjtu.edu.cn/info/1429/185785.htm.
习近平,2017.习近平谈治国理政:第2卷[M].北京:外文出版社.
徐嘉辉,苏扬婧,彭明松,等,2022.“三全育人”背景下高校“一站式”学生社区育人模式与实现路径研究[J].创新创业理论研究与实践(22):75-77.
颜国辉,陈熙贞,郭荣鋆,2023.党建融入“一站式”学生社区建设的路径研究:以厦门华厦学院为例[J].时代报告(12):49-51.
严明,潘志娟,蒋闰蕾,2022.高校“一站式”学生社区综合育人研究[J].学校党建与思想教育(02):61-63.
尹庆双,肖磊,杨锦英,2023.人的全面发展:时代特质、内涵延展与理论意义[J].政治经济学评论(14):102-126.
杨爱华,2021.新时代大学生社区育人面临的挑战与优化路径[J].思想教育研究(05):154-157.
杨铁坚,1996.论学生社区的独特育人功能[J].高教探索(04):46-48.
杨兆强,2019.新中国成立70年来我国思想政治教育政策变迁的演进逻辑、特点及趋势分析[J].内蒙古师范大学学报(教育科学版)(10):22-28.
姚文浩,杨航,周梦,2022.高校一站式学生社区管理模式创新与探究[J].科教文汇(23):23-25.
姚欣,2007.武汉高校学生公寓内部公共交往空间研究[D].武汉:华中科技大学.
张宝兵,2020.高职院校“一站式”学生社区功能定位研究[J].大学(21):143-144.
赵静,2022.“一站式”学生社区党组织育人路径探析[J].党政论坛(04):35-37.
赵伟,张克勤,董召勤,2023.“一站式”学生社区综合管理模式下高校双创教育研究[J].学校党建与思想教育(03):87-89.
中共中央国务院印发《中长期青年发展规划(2016—2025年)》[N].人民日报,2017-04-14(1).
中共中央马克思恩格斯列宁斯大林著作编译局.马克思恩格斯全集:第23卷[M].北京:人民出版社,2016.
周远,张振,2022a.高校“一站式”学生社区的空间建构逻辑与路向[J].思想理论教育(07):102-107.
周远,张振,岳娅萍,2022b.高校“一站式”学生社区的内涵生成、结构要素和现实意义[J].中国高等教育(19):53-55.
邹建良,2015.探索大学生创新创业教育途径[J].中国高等教育(05):56-58.
SIX P. Towards holistic governance: The new reform agenda[M]. New York: Palgrave, 2002.